2013年度河北省社会科学发展研究重点课题（课题编号：201302003）

廊坊师范学院2015年度出版基金项目（项目编号：LSCB201501）

任侠与节义：
燕赵文化研究

陈新海　荣　宁◎著

中国社会科学出版社

图书在版编目(CIP)数据

任侠与节义：燕赵文化研究/陈新海,荣宁著. —北京：中国社会科学出版社，2016.6
ISBN 978-7-5161-8100-3

Ⅰ.①任… Ⅱ.①陈…②荣… Ⅲ.①文化史—研究—河北省—先秦时代~隋唐时代 Ⅳ.①K292.2

中国版本图书馆 CIP 数据核字(2016)第 099820 号

出 版 人	赵剑英
责任编辑	熊　瑞
责任校对	董晓月
责任印制	戴　宽

出　　版	中国社会科学出版社
社　　址	北京鼓楼西大街甲 158 号
邮　　编	100720
网　　址	http://www.csspw.cn
发 行 部	010-84083685
门 市 部	010-84029450
经　　销	新华书店及其他书店

印　　刷	北京君升印刷有限公司
装　　订	廊坊市广阳区广增装订厂
版　　次	2016 年 6 月第 1 版
印　　次	2016 年 6 月第 1 次印刷

开　　本	710×1000　1/16
印　　张	19
插　　页	2
字　　数	285 千字
定　　价	69.00 元

目　　录

绪　论

　　燕赵文化是产生于燕赵大地之上的一种地域性文化，是中国地域文化的组成部分，"既有中华文化的共性，又有其独特的个性。燕赵文化既体现在燕赵地域所发生的历史事件中，也体现在受其熏陶的历史人物当中，概括地说燕赵文化是燕赵地域所形成的物质文化、精神文化、行为文化和制度文化的总称"。①

　　燕赵，作为地域概念，指"燕"与"赵"两地。"燕"与"赵"分别来源于"燕国"与"赵国"这两个西周和战国时期的诸侯国。燕国位于易水、白沟河水系以北地区，包括今北京地区和河北的北部地区；赵国是从晋国中析分出来的诸侯国，在河北省境内据有易水、白沟河水系以南、黄河以北的地区。到战国时期，燕国和赵国都是独立的诸侯国和"战国七雄"之一。

　　秦朝统一全国之后，虽然推行郡县制度，但是，燕、赵故臣和百姓都对自己的故国念念不忘，秦末的反秦战争，燕、赵诸国臣民都是积极参与者，燕、赵作为一种政治身份和地域符号，深深地植根于燕、赵百姓心中。西汉时期，燕、赵开始有了合称或曰连称。

　　《史记》卷122《酷吏列传》：

　　　　齐有徐勃，燕赵之间有坚卢、范生之属。大群至数千人。

---

　　① 秦进才：《燕赵文化研究的回顾——以 2006 年为例》，《邯郸职业技术学院学报》2008 年第 1 期。

《史记》卷 121《儒林列传》：

> 韩生者，燕人也。孝文帝时为博士，景帝时为常山王太傅。韩生推《诗》之意而为《内外传》数万言，其语颇与齐鲁间殊，然其归一也。淮南贲生受之。自是之后，而燕赵间言《诗》者由韩生。韩生孙商为今上博士。

这里的"燕赵"是指将燕地和赵地作为一个整体的、独立的地理单元出现，其政治含义逐渐降低，地域含义增强，而且有具体的地理界标的意义。

魏晋以来，特别是唐代，以燕赵为地域名称来写作诗文的作品很多，如被尊为唐宋八大家之首的韩愈有："燕赵古称多感慨悲歌之士。"唐代诗人钱起有："燕赵悲歌士，相逢剧孟家。"王昌龄有："拂衣去燕赵，驱马怅不乐。"可见，燕赵已从政权名，转变成了地域名称，从而有了今天河北的概念。从燕、赵疆域演化的角度看，燕赵作为一个地域概念，有广义、狭义之分。广义的燕赵，包括今河北、北京、天津、内蒙古中南部以及山西北部、辽宁、山东、河南的部分地区。狭义的燕赵，一般指今河北省，也有指今河北省与北京、天津两市。也有学者认为应以自然地理界线作为燕赵这一地域的标志，"'燕赵'得名于先秦时期的燕国和赵国。燕赵区域当以战国时期燕、赵两国的疆域为主体，但完全依照两国的疆域来划定燕赵区域的界线则是不够确切的。因为战国时期在燕、赵两国中间还有另外一个大国中山国存在，元代以后又有作为全国首都的北京存在，而且燕、赵两国自己的疆界也常因战争的胜负而变化不定。今河北省别称'燕赵'，其省界大体与战国燕、赵二国疆界相合，但燕赵区域不能以今河北省界为界线。因为一个区域内持续存在的文化特征往往是比较模糊的，不会由人为的行政区划而截然分开。燕赵区域的划分应当以自然地理界线作为主要标志，即以黄河为它的南界，以太行山和燕山山脉为它的西界及北界"。[1] 燕山以北的河北省北部地区，在战国时期长期为燕国所有，其文化

---

① 张京华：《作为一种生命价值观的燕赵文化精神》，《河北学刊》2014 年第 6 期。

具有农耕文化向牧业文化过渡的特征，但是，其文化仍与燕赵文化一脉相承，是燕赵文化的重要组成部分。燕、赵之间的中山国后为赵国所并，就是在燕、赵、中山并存时期，各地间的文化交流、融合是很多的。所以，本书所说的燕赵是以狭义的燕赵作为地域范围的。

燕赵文化的研究始于 20 世纪 80 年代，1987 年 9 月，在邯郸举行了全国第一届赵文化研讨会，研究成果《赵国历史文化论丛》由河北人民出版社 1989 年出版。1995 年，第一部研究燕赵文化的专著——张京华先生的《燕赵文化》出版，该书分三篇：上篇以文化地理学的角度，从生活方式、政治、战争、民族融合等几个方面，宏观地论述了燕赵地域的历史发展；中篇对历史悠久的燕国及燕国与商民族的历史作了专门的论述；下篇从狭义的文化概念出发，叙述了燕、赵二地的人物、文学、学术著作。重点阐述了唐代以前，特别是先秦、秦汉时期的燕赵文化，对唐以后的燕赵文化用了一节——"余音遗响，不绝如缕——明末清初的北方学者"——进行了论述，并指出，"在狭义的文化概念上，燕赵区域同样具有完整的一以贯之的文化传统，这就是好气任侠、慷慨悲歌的文化特征"。① 2003 年，孙继民、郝良真等所著的《先秦两汉赵文化研究》②，从考古、文献资料入手，对赵国历史进行深入的考证和研究的同时，对反映赵文化特征的一些概念及词语进行了深入细致的研究与解读，使燕赵文化的特征更加明晰，成为具有影响力的释读。2005 年，秦进才的《燕赵历史文献研究》③，探讨了燕赵历史文献的发展演变历程、区域特征、时代特点、代表性的著述等，文献是学术研究的基石，该著作有力地推进了燕赵文化的研究。2013 年出版的由胡克夫、杜荣泉主编，多卷本的《燕赵文化史稿》④（目前已出版 3 卷），是燕赵文化研究 30 多年来的重大成果，从各个历史时期的燕赵人物、文学、学术、宗教、风俗、艺术等方面，全面展现了燕赵文化的风采。在燕赵文化研究的学术著作不断涌现的同时，大量研究燕赵文化的学

---

① 张京华：《燕赵文化》，辽宁教育出版社 1995 年版，第 392 页。
② 孙继民、郝良真等：《先秦两汉赵文化研究》，方志出版社 2003 年版。
③ 秦进才：《燕赵历史文献研究》，中华书局 2005 年版。
④ 胡克夫、杜荣泉主编：《燕赵文化史稿》，河北教育出版社 2013 年版。

术论文也涌现出来,如陈旭霞的《燕赵文化脉理探析》①,崔志远等的《燕赵风骨考论》②,魏建震的《由慷慨悲歌的民风到大气坦诚、重信守义的精神》③,梁世和的《圣贤与豪侠——燕赵人格精神探析》④,李新、王春光的《"燕赵文化精神"成因新探》⑤ 等,进一步丰富了燕赵文化的研究。

任何对燕赵文化的研究都离不开对燕赵文化特征的研究与概括,通过众多学者的大量研究,对燕赵文化的基本特征也取得了一些共识,"从人文精神看,有慷慨悲歌、勇武任侠、求实创新、重信守义、忧国忧民等特征。从文化构成看,有平原与高原文化、内地与边地文化、农耕与畜牧文化、华夏文化与游牧文化、京师文化与地域文化等相互冲突又相互融合的特征。从燕赵文化人的性格看,有兼容并蓄、海纳百川的气度,博采众长集大成的成就等特征。从负面影响来看,有安土重迁意识浓厚、主体意识淡薄,缺乏平等观念、权利意识等特征"。⑥ 特别是"慷慨悲歌"、"勇武任侠"作为燕赵文化的基本特征与标志,得到了学者们的共识。但是,这一文化特征在秦汉时期形成后,在秦汉以后千余年的历史过程中是如何发展传承的,研究得还不够深入,"现今的研究,从时间维度来看,详战国略后世,对燕赵文化流变历程的考察比较粗略;从空间来看,详赵文化略燕文化;从深度来看,一些论著详描述略分析,对研究对象背后的深层文化意义揭示、提炼得还不够"。⑦

慷慨悲歌、燕赵风骨,传承与升华、发展与变异,是一区域文化发展过程必然会遇到的问题,也是笔者最为关注的问题,也是以任侠与节义——燕赵文化研究作为探讨的主题申请课题的动力所在。

文化的发展既有时代的变迁,也有地域的差异。任何文化现象的历史

---

① 陈旭霞:《燕赵文化脉理探析》,《中华文化论坛》2004 年第 3 期。
② 崔志远等:《燕赵风骨考论》,《河北师范大学学报》2002 年第 5 期。
③ 魏建震:《由慷慨悲歌的民风到大气坦诚、重信守义的精神》,《河北学刊》2006 年第 2 期。
④ 梁世和:《圣贤与豪侠——燕赵人格精神探析》,《河北学刊》2006 年第 1 期。
⑤ 李新、王春光:《"燕赵文化精神"成因新探》,《理论纵横》2007 年第 10 期。
⑥ 秦进才:《燕赵文化研究的回顾——以 2006 年为例》,《邯郸职业技术学院学报》2008 年第 1 期。
⑦ 刘建军、鲍玉仓:《三十年来燕赵文化研究的主要进展与思考》,《河北大学学报》2008 年第 6 期。

演变总有地域上的表现相伴，而任何区域的文化面貌又总是特定历史过程的产物，所以，文化的全息图景必须由时间与空间这两个坐标轴来表现。而文化特征是区别不同文化区域的主要标志，同一文化区域内，我们近似地认为其文化特征是同质的，而不同文化区域的文化特征是异质的。最能表现文化特征的是语言、宗教和风俗。

语言的认同有时几乎就是文化的认同。如客家人的文化认同，首先是以客家话为第一要素，而地缘方面的认同却是次要的。因此，最能表现文化特征的首先是语言。

宗教是次于语言的重要文化要素。无论在东方还是西方，宗教的不同，甚至教派的相异有时就是势同水火的事，因此，以宗教的差异来表示文化的区别通常是可行的。

风俗包括民间信仰、风气习尚、居住方式、衣食特征等内容，既有物质层面，也有非物质层面，是区域文化研究中最多姿多彩的一部分。风俗差异能很直观地体现文化差异。

语言、宗教、风俗对于文化区域研究的重要作用，是就世界范围一般情况而言的，在我国则情况有些不同。在中国，宗教似乎不如风俗重要。因为一方面，中国人宗教观念比较淡薄；另一方面，在历史上政治体制从来就凌驾于宗教组织之上。因而，就国家宗教而言，在我国，区域性并不显著，往往只能就同一宗教的不同特征进行点状的分析。相反，在民间信仰方面，地域差异却是十分明显的，而民间信仰是应归入风俗范畴的。①

中国古代对风俗是十分重视的。历代对地方官的考核中有一项就是"观风俗"。

古者天子命史采歌谣，以观民风。（《孔丛子·巡狩篇》）

孟春之月，群居者将散，行人振木铎，徇于路以采诗，献之太师，比其音律，以闻于天子。故曰王者不窥牖户而知天下。（《汉书·食货志》）

---

① 周振鹤：《中国历史文化区域研究》，复旦大学出版社1997年版，第1—9页。

风俗淳厚是仁政社会的象征,是历代政府渴望实现的目标;风俗的厚薄,关系到国家的存亡。宋人苏轼说:"国家之所以存亡者,在道德之浅深,而不在乎强与弱;历数之长短者,在风俗之厚薄,不在乎富与贫。道德诚深,风俗诚厚,虽贫且弱,不害于长而存。道德诚浅,风俗诚薄,虽富且强,不救于短而亡。"① 明代的郭秉聪在为《良乡县志》作序中说:"观山川,则知地形之险易;观田赋,则知公敛之厚薄;观宦迹,则知吏治之得失;观民风,则知习俗之醇漓;观人才,则知世运之升降;观物产,则知民需之丰啬。"② 民风与人才是社会发展的晴雨表,是世运盛衰的标志,而民风又与人才密切相关,士之行为、喜好,是民风的重要内容。所以,笔者将民风习俗作为探讨燕赵文化的基本特征、传承与升华、发展与变异的重要研究对象。

民风作为慷慨任侠在不同历史时期燕赵文化的一种表现形式,是一区域文化的最为彰显的符号。笔者即从燕赵民风入手,来叙述燕赵大地不同历史时期的民风文化面貌。

燕赵文化的发展大致经历了四个时期。

第一个时期:春秋至西汉时期,这是燕赵文化的形成时期。春秋时期,燕赵地区有三个地域性方国,即北方的燕国、中部的中山国、南部的赵国,三个国家的发展历程、所处的地理环境不尽相同,燕国长期处在受游牧部族威胁的环境下,文化之中多少有些游牧文化的因素。中山国地处山区,游牧部族文化中又吸收了大量周朝文化,融合发展。赵国地跨晋北与冀南,既有与游牧部族相邻的地区,也有农耕文化区域,开拓进取、慷慨豪气,又因其都城邯郸是当时全国五大都会之一,商业兴盛,其文化之中又含有商业文化的元素。由于政治上的分裂,各自严守疆界,区域经济又为其发展提供了支撑,所以,在文化的表现上,呈现出各自独立的特征。如燕地的"民雕捍少虑";中山地区的"民俗懁急,仰机利而食。丈夫相聚游戏,悲歌忼慨";赵地的"微重而矜节",好气任侠。各地民风文化表现形式虽有不同,但是,在"慷慨任侠"这一点上却有相通之处。

① 苏轼:《苏东坡集》卷 15《上皇帝书》,江苏广陵书社 2012 年版。
② 周志中修,吕值等纂:《良乡县志·良乡县志旧序》,成文出版社 1968 年版,第 3 页。

秦朝统一全国之后，实行郡县制度，郡界虽然较国界弱了许多，但是行政界线在一定程度上仍是一种文化的界线。汉沿秦制，又推行州制，这种制度到了东汉有了固定的疆界，燕地为幽州，赵和中山为冀州。燕、赵民风文化面貌仍呈现出各自独立的特征，如燕地"其俗愚悍少虑，轻薄无威，亦有所长，敢于急人"，赵地"悲歌忼慨"，"土广俗杂，大率精急，高气势，轻为奸"。所以，这一时期的燕赵文化是区域文化的独立单元，具有典型性的特征，属于燕赵文化的原生形态。"慷慨任侠"所崇信的是重信义，言必信、行必果，不惜生死。更看重的是个人的名节。

第二个时期：魏晋至唐宋时期，为燕赵文化的融合升华时期。这一时期的融合主要表现在游牧部族的大量南下，据学者统计，南下的游牧部落有100余个，人口达到1000余万人。游牧文化也随之来到了中原地区，对燕赵文化影响很大，胡风在一定程度上成为燕赵地区的主流，也影响到燕赵地区的民风和文学创作。如《颜氏家训·治家》："邺下风俗，专以妇持门户，争讼曲直，造请逢迎，车乘街衢，绮罗盈府寺，代子求官，为夫诉屈。此乃恒、代之遗风乎？"学说鲜卑语、习琵琶、妇女主事等鲜卑族的文化，成为上流社会的主流文化。

在文学创作方面，《隋书·文学传序》："江左宫商发越，贵于清绮。河朔词义贞刚，重乎气质。"沈德潜《说诗晬语》亦云："北音竞奏，铿铙铿锵，《企喻歌》、《折杨柳歌辞》、《木兰诗》等篇，犹汉魏人遗响也。北齐《敕勒歌》，亦复相似。"隋唐时期，北方的征战仍然很激烈，燕赵地区成为防御突厥南下侵扰的重要阵地，设将置兵加强防御。一些科举落第的举子们往往将进入幕府，作为步入仕途的中转站。边塞风情、游牧文化、铁血征战等都成为他们笔下的歌咏之物，形成了边塞诗群体。如河间诗人张仲素的《塞下曲五首》："朔雪飘飘开雁门，平沙历乱卷蓬根。功名耻计擒生数，直斩楼兰报国恩。"尚武任侠之气跃然纸上。

长期的战争状态也使儒学的士子们失去了入仕为国出力的正常途径，他们将自己渴望为国尽忠的期望都寄托到了诗文之中，以无所顾忌、任意而为、救弱抑强的"侠"的面貌呈现出来。而战乱也使社会百姓的生活更加困苦，生命轻如草芥，他们也将自己对生的希望、对新生活的渴望，都寄托到了"敢于急人"的"侠"的身上。游侠成为其理想的化身,在诗文中或慷慨悲歌、激扬文字,或借游侠之形做他们想做而难以做到的事情,以表达其对理想人格精神的追求。最具代表的就是曹植的《白马篇》,曹植在诗中赋予了幽并游侠一种勇赴国难、视死如归的自觉精神。这种自觉精神到后来发展成了"侠骨"精神。晋代张华的《博陵王宫侠曲》:"雄儿任气侠,声盖少年场。""生从命子游,死闻侠骨香。"李白的《侠客行》:"纵死侠骨香。"王维的《少年行》:"纵死犹闻侠骨香。""侠骨"精神的传唱,使人们开始思考侠的意蕴,赵县人李德裕在《豪侠论》中指出:"夫侠者,盖非常之人也,虽以然诺许人,必以节气为本。义非侠不立,侠非义不成。"比起司马迁的《游侠列传·序》来,已从个人的喜好游侠,重其一诺千金的行为,发展到对任侠的本质特征的认识,对侠的认识已上升到"义"的新高度,《豪侠论》的侠义观更系统、更全面了。

第三个时期:元明清时期,为燕赵文化的传承发展时期。元代以来,北京城开始从北方割据政权的政治中心变成全国一统王朝的政治中心,燕赵作为京师腹地的政治、军事定位再无法被其他地区所撼动。地区定位的变化,至少在大多数人们的生活中,战争的阴影已经渐渐远去,"尚武"的精神也随之渐渐淡化。燕赵区域内的文化也形成了一些差异,明代冀北地区,"人性鸷悍,不惮战阵,喜立功业,勤俭务农,无浮末之习"。京师地区多沿浮华之风。冀南地区则耕读尚义,民风质朴,"轻生而尚义,有荆轲之遗风。民质朴劲勇,不以浮华为习,而以耕织为生"。

清代民风文化与明代多相沿袭,冀北地区依然旨悍尚武,"材技豪劲,习尚淳朴"。冀南的广大平原地区,"俗敦淳朴,人务农桑,有勤俭之风,多慷慨之气。果于行义,号为厚俗,人无远虑,农桑外不事商贾"。大运河一带是众多客商云集之地,南北货物汇聚斯城,各地武林高手纷纷至此开设武馆、镖局,促进了当地原有的尚武民风的再次兴起,运河两岸形成了一个尚武民风区,如《献县志》:"武风甲于河郡,故数有魁,多士者。"《沧州志》:"士尚气节,习于诗书,尊吏畏法,耻事斗讼。"《清河县志》:"清河以平干尾邑,僻处河滨,壤接山东,地多斥卤,惟侠烈之气,远过邻封。"

第四个时期：自鸦片战争至五四运动，为燕赵文化的近代转型时期。燕赵文化的近代转型是在国弱家破、西方列强侵略的大背景下进行的。面对国破家亡的现实和"东亚病夫"的蔑称，社会上兴起了一股尚武之风，梁启超是当时尚武精神的积极倡导者，他说："尚武者，国民之元气，国家所恃以成立，而文明所赖以维持者也。"并大声疾呼："今日群盗入室，白刃环门，我不一易其文弱之旧习，奋其勇力，以固国防，则立赢羊于群虎之间，更何术以免其吞噬也？"跟随其后的有谭嗣同、孙中山、黄兴等人。

在尚武精神思潮的推动下，燕赵地区民风振奋，其代表者为李大钊，他在《狱中自述》里回忆道："钊自束发受书，即矢志努力于民族解放之事业。"俄国十月革命的消息传到中国后，李大钊热情歌颂了十月革命的胜利，并预言："试看将来的环球，必是赤旗的世界。"伟大的十月社会主义革命使李大钊开始了由革命民主主义者向共产主义者的转变，经过长期的探索，他找到了一条可以拯救民族于危亡的道路，李大钊将燕赵慷慨任侠之精神融入了马克思主义的宣传与中国革命的实践之中。

在李大钊的推动下，京津冀地区成立了许多马克思主义小组，创办了许多宣传社会主义的刊物，组织了多次革命性的游行、暴动，使任侠慷慨的燕赵文化融入了马克思主义的宣传与中国革命的实践之中，给燕赵文化注入了新血液，使之有了新的升华。

慷慨任侠是燕赵文化最为显著的标识，是区别于其他地域文化的特质，是燕赵文化传承不息的侠骨精神，是一种忧国忧民、刚烈悲壮、舍我其谁的侠义豪气文化，是豪杰侠士重然诺、敢担当的一种行为方式，是自我牺牲、以成仁义的品质，是淡名利、轻生死、重节尚气的精神。慷慨任侠还是一种民风，是一种文化，是百姓崇敬、渴慕、效仿的榜样是一种生命态度，是对生命价值的追求，崇节尚义，使生命永恒……

第一章　慷慨悲歌、尚气任侠

——战国时期的燕赵文化

第一节　太行山东的诸侯国

西周建立之后，为巩固其在东方的疆域，周王采取分封诸侯的办法，来实现"封建亲戚，以番屏周"的政治目的。周王将大片土地连同土地上的人民一起封赐给了周王室的亲戚和功臣，建立了许多诸侯国。《左传·昭公二十八年》记载："昔武王克商，光有天下，其兄弟之国者十有五人，姬姓之国者四十人皆举亲也。"周王册封其兄弟为诸侯的有15人，册封同宗为诸侯的有40人，仅册封姬姓诸侯就有55人。又据《荀子·儒效篇》记载："（周初）兼制天下，立七十一国，姬姓独居五十三人。"周王册封宗室功臣为诸侯的有71人，其中姬姓诸侯达53人。在太行山东地区出现了燕、蓟、邢、韩、邯等诸侯国。进入春秋之后，白狄又在此建国中山。周王的宗室晋国分裂后，赵国立都于邯郸。至战国时期，太行山东地区出现了北燕、南赵，中山居中的格局（见图1-1）。

一　燕山脚下的古国

约在公元前11世纪，周武王灭商之后，以功封召公奭于燕。召公奭被封为燕国诸侯王之后，并没有就国，而是留在朝廷之中辅政，燕国的治理工作由他的长子代理。

周武王去世后，年幼的周成王继位，周公、召公辅政。此时，周武王的三个弟弟管叔、蔡叔、霍叔分驻邶、庸、卫三地，以监视殷商苗裔武庚，

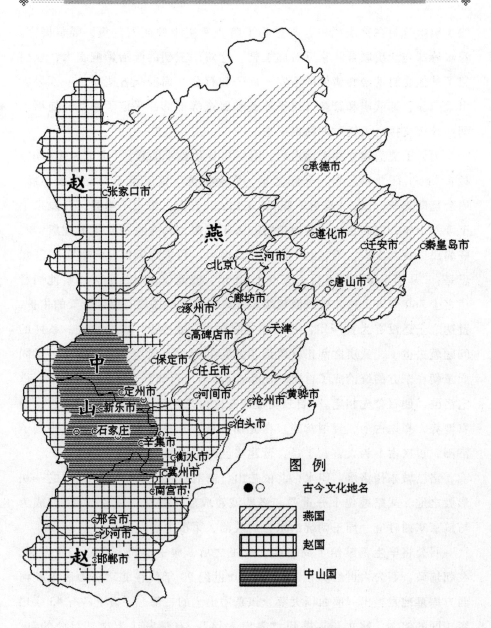

图 1-1 燕、赵、中山分布示意图

时称"三监"。周公、召公掌管周王朝大权之后，他们心中不服，并怀疑周公有篡夺王位之心。于是，管叔、蔡叔、霍叔与武庚联合，并相约东方的淮夷、践奄等，起兵反周。史称"管蔡与武庚之乱"。周武王将自己的三个弟弟分封在武庚周围,本是为了防止武庚带领商人反叛,屏蕃周室。管叔等却与武庚联合起来反对周王朝,这对周王朝的统治影响很大,也引起了其他受封的姬姓诸侯的不安。周公和召公一面安抚各诸侯,一面果断出兵东征,诛武庚和管叔,讨平淮夷和践奄等部族,平定了叛乱,使周王朝在政权交接之关键时期稳定下来。

周武王克商建立周王朝之后,有一事让他夜不能寐。《史记·周本纪》载:"武王征九牧之君,登豳之阜,以望商邑。武王至于周,自夜不寐。周公旦即王所,曰:'曷为不寐?'王曰:'告女:维天不飨殷,自发未生于今六十年,麋鹿在牧,蜚鸿满野。天不享殷,乃今有成。维天建殷,其登名民三百六十夫,不显亦不宾灭,以至今。我未定天保,何暇寐!'"意思是:"从商王帝乙到商纣王灭亡才60年,殷商建立时,上天赐给他们贤达之士360多人,这才使殷商延续至今。我周王朝还没有得到上天的佑护,贤达之士还没有为我所用,我怎能安寝呢!"武王没有解决好这一系列的问题就去世了,武庚之乱正好验证了武王的担忧。武庚之乱平定后,巩固周王朝在东方的统治成了首要的任务,《尚书·召诰》说:"成王在丰,欲宅洛邑,使召公先相宅。"召公奭受成王之命来到洛邑(今河南洛阳),查看地势,择地占卜,规划营建。在先期准备工作就绪之后,周公也来到了洛阳,再次占卜为大吉,于是,营建洛邑的工作如期开展。

洛邑城东傍洛水、伊水,北依芒山,南有伏牛山为屏,是东方的一块形胜之地,战略地位十分重要。洛邑城建成后,驻有"成周八师",成为与镐京东西呼应、周王朝统治东方的政治、军事中心。

召公将毕生都献给了周王朝,成王之后,康王继位,召公仍任太保,在朝辅政。召公去世后葬在了周原,20世纪90年代在北京房山区琉璃河西方周墓地发掘出一座西周大墓,该墓中出土的一罍、一盉上各有43字内容相同的铭文,铭文开头提到"王曰太保",有学者认为这是召公的墓,即召公去世后葬在了燕国境内。[1] 目前,学术界对此还有争论。

召公之后,有关燕国和燕王的记载较少,《史记·燕召公世家》:"自

---

① 殷玮璋:《新出土的太保器及其相关问题》,《考古》1990年第1期。

召公已下九世至惠侯。燕惠侯当周厉王奔彘，共和之时。"燕惠侯在位时已到了西周末期，当时的周厉王残暴不仁，国人奋起反抗，周厉王出逃到彘，最终死于彘。周王朝由大臣周公和召公共同执政，称"共和行政"。到燕顷侯在位20年时，周幽王淫乱，为犬戎所弑。西周灭亡，春秋时代开始。

燕庄公在位时期，生活在燕山一带的一个叫山戎的游牧民族发展起来，山戎南下进攻燕国，燕国力不能抵，燕庄公只好向称霸诸侯的齐桓公求救，齐桓公发兵救燕，攻打山戎，将山戎击败并追至孤竹（今河北卢龙一带）而还。燕国在齐等诸侯国的帮助下战胜了山戎，燕庄公礼送齐桓公至燕留城（燕留故城在沧州市东北一带），燕留城成为燕与齐的分界城。

战国时期，燕国虽为战国七雄之一，国力却是较弱的，司马迁说："燕迫蛮貉，内措齐、晋，崎岖强国之间，最为弱小。"[1] 燕国北受戎狄侵扰，又处在齐赵等强国之间，发展受限，国力不强。公元前316年发生的燕王哙"禅让"事件，几使燕国灭亡。

燕王哙继位后，国内矛盾尖锐，君臣有隙，燕王哙想称霸诸侯，却无贤德之才，轻信臣下之言，仿照尧舜禅让之事，将国君之位让给了国相子之。原想子之会谦让不敢接受，这样燕王哙既得到了尧帝之贤的名声，又没有失去国君之权，一举两得。却没有想到，子之接受了禅让，掌管了燕国，"子之南面行王事，而哙老不听政，顾为臣，国事皆决于子之"。子之篡权之事引起了国内众臣与百姓的不满，3年后，太子平等起兵攻子之，国内大乱。齐王看到时机成熟，出兵攻燕，占领了燕国，扶太子平为燕王。燕国南边的中山国也乘机出兵占据大片燕国土地和城池。燕国处于灭亡的边缘。

太子平继位为燕昭王后，励精图治，广纳贤才，"乐毅自魏往，邹衍自齐往，剧辛自赵往，士争趋燕。燕王吊死问孤，与百姓同其甘苦"。经过20余年的奋斗，燕国恢复发展起来，"燕国殷富"[2]。此时，赵武灵王通

---

① 《史记》卷34《燕召公世家》。

② 同上。

过"胡服骑射"的改革，北破林胡、楼烦，筑长城以御胡。其后，燕将秦开也率燕军击败东胡，东胡退却千余里。燕国在新开拓的疆土修筑长城，自造阳（今河北怀来境）至襄平（辽宁辽阳境）。燕国在其北部所修长城大致从内蒙古的兴和县赵长城向东，经河北赤城、围场，辽宁赤峰，吉林奈曼旗、库伦旗，再经辽宁阜新、彰武、新民、法库，至开原一带止，东西蜿蜒千余里，又置上谷、渔阳、右北平、辽西、辽东郡，移民实边以拒胡。① 燕国疆域大为扩张，据《战国策·燕策》记载："（燕）东有朝鲜、辽东，北有林胡、楼烦，西有云中、九原，南有呼沱、易水，地方二千余里。"燕国解除北部隐患之后，伐齐复仇的条件已经成熟。公元前286年，齐国出兵灭了宋国，引起了各诸侯国的恐惧。此时的齐国向南占领了楚国淮水以北的土地，向西侵略韩、赵、魏的疆域，又灭宋国，直逼周天子，开拓疆域千余里，泗水流域的诸侯和邹鲁之君都向齐称臣纳贡，大有自称天子以令诸侯之势。齐国的发展不仅使各诸侯国恐惧不安，而齐湣王的自矜好战，已令齐国百姓不堪忍受，燕昭王看到了伐齐的时机。

燕昭王问乐毅伐齐之计，乐毅是灵寿（河北灵寿西北）人，自幼喜读兵法，有贤才。他先到赵国，赵国正处于内乱之时，没有得到重用。后乐毅又到魏国，在魏国听到燕昭王在招贤纳士，又从魏国来到燕国，受到燕昭王的重用，任命为亚卿。乐毅答曰："齐，霸国之余业也，地大人众，未易独攻也。王必欲伐之，莫如与赵及楚、魏。"于是，燕与秦、楚、韩、赵、魏诸国相约，"诸侯害齐湣王之骄暴，皆争合从与燕伐齐"。以乐毅为上将军，统率六国联军大败齐军于济西，齐湣王弃都城出逃。秦、楚等国在取得济西胜利后，便各自罢兵，乐毅率燕军独自追击，攻入齐都临淄，烧其宫室宗庙。经过五年的征战，乐毅攻占了齐城70余座，只剩下莒、即墨两城未下。正在此时，燕昭王去世，燕惠王立。燕惠王与乐毅不和，齐将田单使用反间计，乐毅被罢免。田单以即墨反攻燕军，大败燕军，尽复齐地。②

公元前260年，秦与赵在长平一战，赵大败，有40万赵国军士被坑杀。燕王喜派大臣栗腹到赵国刺探虚实，栗腹回来后对燕王说赵国青壮年

---

① 《史记》卷110《匈奴列传》。
② 《史记》卷80《乐毅列传》。

都死于长平，可以乘此时攻伐赵国。昌国君乐间反对，说："赵四战之国，其民习兵，不可伐。"燕王不听，率军攻赵，被赵将廉颇击败，燕王只好割地请和。

公元前228年，秦攻占邯郸，俘虏赵王迁。在秦为质的太子丹逃回燕国，看到赵王被掳，秦兵临易水，燕国危亡在即，便派遣荆轲带着督亢地图入秦刺秦王，荆轲刺秦王失败，秦将王翦率大军攻燕，公元前222年，掳燕王喜，燕国灭亡。自召公奭受封于燕，到秦灭燕国，燕国存在了800年的时间。

二　太行山东麓的雄国

远古时期，在今山东曲阜一带生活着一个叫少昊的部族，他们是古代东夷部落中的一支，以玄鸟为部族的图腾，这个部族中有一人叫大业，又称皋陶，贤德而有才能，佐尧舜治理天下，执掌刑法。其子大费即伯益，协助大禹治洪水，勘划九州，又教百姓凿井汲水，因功担任虞官，掌管山泽，繁育鸟兽。在商周时期，大费的子孙以善于御车而闻名，费昌就是商汤的车御，驾车载着商汤指挥鸣条之战，打败夏桀。其后的造父御车的技术更是高超，他是周穆王的御者，曾为周穆王驾着戎车西巡今甘青一带，并与西王母相会，"乐而忘归"。这时，淮水流域的诸侯徐偃王乘机起兵叛乱，周穆王急忙返回，造父御车"一日千里以救乱"，将徐偃王的叛乱平定下去。因此功，造父被周王赐以赵城（在今山西洪洞）。从此，造父一族改为赵氏。

周宣王时，周王室与姜戎申伯发生冲突，双方在千亩（今山西介休南）展开大战，造父的六世孙奄父为周宣王的御者。在战争中，周宣王一度被姜戎军队围困，形势十分危急，奄父凭借自己超群的御术，帮助周宣王脱离险境。周幽王时，奄父的儿子叔带为周朝卿士，看到周王室的衰败，叔带果断地离开了周王室，来到晋国，侍奉晋文侯。从此赵氏便在晋国落脚，渐成望族。

晋献公时，攻伐霍（今山西霍县）、魏（今山西芮城）、耿（今山西河津东南）等国，赵氏一族中的赵夙被任命为伐霍国的主将，霍国国君逃亡齐国。后来,晋国发生大旱,赵夙又出使齐国将霍国国君请回晋国,主持霍泰山的祭祀,使晋国获得大丰收。赵夙因功被赐以耿地。这是赵氏在晋国得到的第一个采邑。

晋献公后期因欲传位于小儿子奚齐,导致太子申生自杀,次子重耳和三子夷吾逃亡国外。重耳在外流亡 19 年,赵衰一直跟随在其身边。后来,重耳回到晋国继位,即晋文公,赵衰又辅佐晋文公助周襄王复国,南御楚国北进,成为春秋一霸。赵衰之后,其子赵盾在晋国执政 20 年,至晋灵公继位后,灵公不理朝政又多有失德之举,受到赵盾的规劝,引起灵公的不满。灵公多次谋害赵盾,赵盾为避祸准备逃亡国外,这时,赵盾的从弟赵穿利用民众对灵公的不满,袭杀了灵公,赵盾立晋成公。这就是"赵盾弑君事件"。赵盾在晋国的影响使赵氏家族迅速成为晋国最有势力的一族,赵盾去世后,其子赵朔在晋任卿,家族中的赵同、赵括、赵婴齐分别任中军大夫和下军大夫。赵朔去世后,赵同、赵括和赵旃同时在晋任卿,赵氏一门三卿,势压诸卿。

公元前 597 年,晋国和楚国为争夺对郑国的控制权发生了邲(今河南荥阳东北)之战,晋国战败。在此战的过程中,赵氏与诸卿意见不一,并坚持正面迎敌导致失败,这使晋景公及栾、郤诸卿对赵氏不满,发生"下宫之难",[①] 赵同、赵括及族人被诛灭,只剩下赵衰的后嗣赵武一脉。数十年之后,晋悼公重新起用赵氏旧族子孙,赵武又回到晋国政治舞台,晋平公十年又被任为晋国的执政,重掌晋国大权。而此时,晋国公室衰弱,政在家门,晋国形成了韩、赵、魏、范、智、中行六大家族,共掌晋国政治,即"六卿"。赵简子时期,着重发展晋阳城,将晋阳城打造成赵氏家族新的大本营。又进行经济改革,扩大亩制,减轻田税,以 240 步为一亩,使百姓在相同的亩数下获得更多的土地和收获,大大提高了百姓开垦荒地的积极性,实现了藏富于民的目的。赵简子又广纳贤才,对于没有向他推荐贤才的大臣都进行重罚或降职,使大批贤德之士来到赵氏身边。公元前 497 年,赵简子联合智氏、魏氏打击邯郸氏、范氏和中行氏,经过长达 8

---

① 有关"下宫之难"的内容,请参看沈长云《赵国史稿》,中华书局 2000 年版,第 70—74 页。

年的战争，赵简子一方取得了胜利，"赵竟有邯郸、柏人。范、中行余邑入于晋。赵名晋卿，实专晋权，奉邑侔于诸侯。"① 赵简子得到了邯郸城（今河北邯郸）和柏人城（今河北隆尧西南），实力大增，向独立为诸侯国迈进了一步。

晋国北部有一个由狄族建立的地方政权——代，其辖地约为今河北怀安、蔚县以西，山西阳高、浑源以东一带。赵氏的采邑多在晋国北部地区，代也就成了赵氏向北发展的一大障碍，在赵简子时期，就开始谋划夺取代地。赵襄子继位后，设计诱骗代王赴宴会饮酒而袭杀之，随后派大军入代，平定了代地。代地入赵，使赵氏领地大为扩张，代地盛产的马匹和物产成为赵氏家族发展的重要战略资源。同时，赵襄子还收复了脱离赵氏、依附卫国的中牟之地。公元前458年，晋国的智氏、魏氏、赵氏、韩氏私自瓜分了范氏和中行氏的领地，晋出公大怒，"告齐、鲁，欲以伐四卿。四卿恐，遂共攻出公。出公奔齐，道死"。智伯拥立骄为晋懿公。智伯权倾晋国而益骄。向韩、魏索要地，韩、魏都惧其权势而无奈割让万家之邑与之。智伯又向赵索地，赵襄子不给，智伯恼怒，遂率韩、魏攻赵。赵襄子惧，乃奔保晋阳。晋阳城在赵简子时期就固若金汤，并有"事急保晋阳"的遗训。智伯率军围攻晋阳城，并引汾水灌城，赵襄子守晋阳城三年有余，形势越来越危急。赵襄子夜遣张孟谈与韩、魏联合，在三月丙戌日，韩、赵、魏三国反灭智氏，共分其地。"于是赵北有代，南并知氏，强于韩、魏。"

公元前423年，赵献子继立，将都城由晋阳迁至中牟（今河南鹤壁）。中牟背靠太行山麓，面临黄淮平原，北依邯郸，俯视齐、鲁、卫、魏，在赵氏夺取代地之后，向北继续发展的空间有限，而诸国争夺的焦点在中原，赵在势力增强之后欲争霸中原，中牟是比较适宜的战略要地。公元前408年，赵烈侯继位，4年后，赵与韩、魏联合乘齐国内乱大败齐军，又攻入齐国长城以内。此役使赵、韩、魏三国名声大震，公元前403年，周威烈王册封赵、韩、魏三家为诸侯。赵由晋的家臣独立为诸侯国，这是赵

---

① 《史记》卷43《赵世家》。

国发展史上的一座里程碑。

公元前 386 年，赵敬侯又将都城迁到邯郸，此后的几代赵国国君在谋图向中原发展的过程中，连年与韩、魏、齐、楚等国征战，有胜有败，发展不快，只到赵武灵王时才有了较大的发展。

公元前 325 年，赵武灵王即位，秦国的崛起对赵产生很大的威胁，公元前 318 年，赵、魏、韩、燕、楚五国联合伐秦，被秦军打败。第二年，赵与韩、魏共击秦国，再被秦国击败，赵损失将士 8 万余人。同年，齐军败赵国于观泽（今河南濮阳北）。公元前 316 年，秦国占领赵国中都（今山西平遥西南）及西阳（今山西中阳）。前 315 年，秦攻赵，赵又败。前 314 年，秦攻占赵国蔺。秦国从西方连年侵吞赵国土地，齐国在东逼迫，魏文侯时期复国的中山国雄踞河北中部一带，成为赵国的心腹之患。强邻环视，公元前 307 年春正月，赵武灵王在信宫举行大朝，召肥义等众臣商议天下之事，讨论了 5 天才结束。随后巡视疆域，"北略中山之地，至于房子，遂之代，北至无穷，西至河，登黄华之上"。然后，对大臣说："我先王因世之变，以长南藩之地，属阻漳、滏之险，立长城，又取蔺、郭狼，败林人于荏，而功未遂。今中山在我腹心，北有燕，东有胡，西有林胡、楼烦、秦、韩之边，而无强兵之救，是亡社稷，奈何？夫有高世之名，必有遗俗之累。吾欲胡服。"[①] 赵武灵王之所以深感外有强敌、内无强兵，社稷有危亡之患，就是因为各国都已进行了各种变革，如魏国的李悝改革、楚国的吴起改革、秦国的商鞅变法、韩国的申不害厉行法政等，赵武灵王已经认识到了变革能给国家带来的强盛，变革是兴社稷的唯一办法，赵武灵王的"吾欲胡服"就是效仿各国改革图强，弘扬"简、襄主之烈"。

赵武灵王通过胡服骑射，改革赵国的"遗俗"，增强了国力，尤其是军队的战斗力大为提高，公元前 306 年，赵武灵王率领在原阳新建的骑兵，进攻东胡，扩地千余里，于是，"筑长城，自代并阴山下，至高阙为塞，而置云中、雁门、代郡"，赵长城东起自张家口，向西经怀安入内蒙古兴

---

① 《史记》卷 43 《赵世家》。

和，再由兴和向西过卓资县、旗下营，沿大青山南麓过呼和浩特市北、包头市的石拐矿区，越昆都仑沟口，延伸到白彦花镇乌拉山脚下，将云中、九原等边塞重镇归入赵国的版图。心腹之患的中山国，常"负齐之强兵，侵暴吾地"。赵武灵王又率军北攻中山，公元前 302 年，赵攻入中山国的都城，中山国君逃亡齐国。赵国连年攻中山，得到大片中山国土，"中山数割数伐"。① 公元前 295 年，赵军再次攻入中山国都城灵寿，中山国灭亡，赵国的心腹之患终于解除了。

赵武灵王时期是赵国国力强盛、疆域最大的时期，赵国的北部疆域扩展到今内蒙古中部、陕西北部一带，以赵长城与北方少数民族为界。赵东部边境延伸至黄河以东河间（今河北献县东）、扶柳（今河北冀州市西北一带）。西北部边境以古涞水与燕国为界。西部边境以汾水与秦为界。南部疆域仍以今河南内黄、河北成安一带与卫、魏、韩交错接界。②

公元前 299 年，赵武灵王突然宣布传王位于幼子赵何，即赵惠文王，自己做主父。赵武灵王的长子赵章已成年并成长为赵国一名将才，赵何却是一位不满 10 岁的幼儿，赵章对赵武灵王的安排十分不满，引起了赵王室内部的倾轧，史称"沙丘之变"。在"沙丘之变"中，赵章被杀，主父赵武灵王也被困死在沙丘宫中。经过这次政变，赵惠文王的王位稳固了，赵国大权却由大臣公子成、李兑掌管。在此期间，赵国基本上是与齐联合，并曾在惠文王十二年，赵、齐、魏、韩、燕五国联合伐秦，打击了秦国东进的势头，迫使秦国放弃帝号，还收回了部分被秦占领的失地。公元前 286 年，赵惠文王亲政，为遏制齐国吞并诸国的势头，与秦国联合，并组成赵、燕、秦、韩、魏五国联军，由燕将乐毅统率，大败齐军，赵国取得了济西之地，强齐的威胁也不复存在，赵国成为能够东抗齐西御秦的东方强国。

秦国看到赵国的强盛，暂时不愿与其发生正面冲突，公元前 279 年，秦与赵在渑池（今河南渑池西）会盟，两国修好，有 10 年时间两国没有发生大的冲突。赵国利用这段时间，向魏与齐展开进攻，以名将廉颇率赵

---

① 《战国策》卷 24《魏策三》。
② 沈长云等：《赵国史稿》，中华书局 2000 年版，第 180 页。

军攻取魏国的幾（今河北大名东南）、防陵（今河南安阳西南）、安阳（今河南安阳）。派燕周攻取齐地昌城（今河北冀州西北）、高唐（今山东高唐东），后廉颇又攻取齐地平邑（今河南南乐）。公元前 270 年，赵与秦相约换地却失信于秦，秦王大怒，派中更胡阳进攻赵之要地阏与（今山西和顺）。赵奢受命率军援救，在阏与大败秦军，赵惠文王封赵奢为马服君。此后秦、赵间又发生多次征战，廉颇为将再败秦军，秦国东进受到赵国强有力的抵御。"赵有廉颇、马服，强秦不敢窥兵井陉"①，赵惠文王时期，赵仍保持着赵武灵王以来的强盛大国的地位。

赵惠文王之后，赵孝成王立，赵国贵族集团掌控着赵国的政治，平原君赵胜、平阳君赵豹先后任赵相，廉颇、赵奢等名将重臣弃而不用，赵国呈现衰象。前 262 年，秦攻韩野王城（今河南沁阳），迫使韩国割让上党向秦求和。上党军民不愿降附秦，太守冯亭派使者至赵，献上上党郡及所属十七城。赵国君臣对是否接受上党郡而争论不一，最后，赵孝成王听从平原君赵胜的主张接受上党郡，并派廉颇领兵进驻长平（今山西高平西北）。秦派王龁进攻长平。开战之后，廉颇多次作战失利，赵孝成王又中秦计，任命赵括为将，结果长平战败，赵国 40 万将士阵亡。长平之败是赵国由盛转衰的转折点，之后赵国再也无力抵御强秦的东进了，东、西对抗的平衡被打破，强秦东进也就成了必然之势了。前 234 年，秦国开始大规模进攻赵国，赵将李牧虽多次击败秦军，却无法扭转败势，后来李牧受谗言被杀，赵国自毁长城。前 222 年，赵王嘉被俘，赵国灭亡，存国 223 年。

三　鲜虞中山国

鲜虞为北狄族之一部，关于鲜虞是否为白狄部落，目前学术界仍有争论，多数学者承袭《世本》和杜预之说，认为鲜虞是白狄别种，另有学者认为鲜虞属于狄族部落，却不一定出于白狄②，鲜虞或是山戎人的一支。③

① 《汉书》卷 70《陈汤传》。
② 吕苏生：《鲜虞中山国事表疆域图说补释》，上海古籍出版社 1993 年版，第 5、6 页。
③ 李玉瑞：《鲜虞人来自何方》，《文物春秋》1994 年第 4 期。李玉瑞：《再谈鲜虞人来自何方》，《文物春秋》1996 年第 2 期。

鲜虞的最初活动地区应在五台山一带，《山海经·北山经》中记载这一地区有一鲜虞水，南流注于滹沱河。鲜虞水即今源出五台山西南流注于滹沱河的清水河，鲜虞部落也可能得名于居住地的鲜虞水。春秋时期，鲜虞部落已从五台山地区越过太行山东下来到石家庄地区活动。

春秋后期，鲜虞、肥、鼓等几个部落组成鲜虞部落联盟，逐渐开始扩张势力。前652年春，鲜虞攻击邢国。前651年，征伐卫国。邢君出逃，卫君被杀，齐桓公联合宋、曹、邢、卫诸国挫败了鲜虞。鲜虞部落联盟的出现成为晋向东发展的阻碍，鲜虞与晋之间的战争持续不断。

公元前530年六月，晋将荀吴以与齐国会盟之名借道鲜虞，率军进入昔阳（肥国的都城，今河北藁城西南），八月，晋灭肥，肥国旧地归属晋国。第二年冬，晋昭公得知鲜虞边境空虚，又以荀吴统率大军攻破鲜虞中人城（今河北唐县西北）。前527年秋，荀吴率军攻鼓（今河北晋州一带），俘国君鼓鞮。后来晋送鼓鞮回鼓重建鼓国，使鼓成为晋的属国。鼓鞮复叛晋附鲜虞，导致晋再次出兵攻鼓，前529年鼓国被彻底毁灭。肥和鼓被晋国兼并，使鲜虞联盟瓦解，鲜虞孤立，势力减弱。前507年秋九月，鲜虞出兵晋国平中，大败晋军。

前506年，鲜虞部落在中人（今河北唐县西北）建国。因中人城中有山，故曰"中山"，中山之名始见于史书。中山建国不久，晋国立即调兵攻打鲜虞中山，中山战败，割地求和。此时，晋国的家臣赵、范、智、荀、韩、魏六氏之间矛盾加剧，鲜虞中山介入晋卿内争，借此巩固自己的政权。前494年，智、韩、魏、赵打败范氏和荀氏，并将逃到朝歌（今河南淇县）和邯郸的范氏、荀氏包围。范氏、荀氏向卫国、齐国求救。齐、卫一面出兵邯郸，一面请中山国出兵。中山与齐、鲁、卫共同伐晋，取得晋国的棘蒲（今河北赵县）。前492年，晋军破朝歌，范氏、荀氏逃至邯郸，中山与齐、卫再次出兵相救。第二年，晋破邯郸，范氏、荀氏在中山的接应下逃至柏人（今河北隆尧县西），前490年，柏人被赵简子攻陷。前489年，赵鞅又率晋军大破中山。晋国的多次进攻对鲜虞中山国的打击极为沉重，"其国数散"。大致在前457年到前453年之间，赵襄子又伐中山，占领了中山的中人和左人城（今河北唐县境内），此次战役，使中山国亡国,① 此后 20 余年间,史籍对中山国没有只字记载。

公元前 414 年,"中山武公初立"。这是中山国在破国数十年之后再次复兴起来。段连勤先生对武公复国的条件进行了分析:"中山国的复兴是在极其有利的外部条件下发生的。当文、武公筹划他的复兴中山国的事业时,魏国由于魏文侯进行了政治改革,已经成为当时最富强的国家,从公元前 419 年起,它的领土扩展方向主要指向西邻秦国,与秦国在少梁(今陕西韩城县南)、籍姑(今陕西韩城北)、庞繁(今陕西韩城东南)连年展开大战。赵国和韩国都一定程度上从属于强大的魏国,不敢擅自行动;而且他们互相敌视,彼此都想借魏国的力量抑制对方,无暇他顾。齐国只想削弱魏国,公元前 413 年出兵毁掉了魏国的黄城(今山东冠县南),包围了阳狐(今河北大名东北)。燕国当时还比较弱小。这就造成了列国特别是相邻大国的力量在中山地区相对薄弱的局面,为中山武公复兴中山国提供了良好的外部条件。"

公元前 409 年,魏国在取得对秦国战争的胜利,夺取秦国大片河西地区之后,魏文侯派吴起率兵攻打中山国。第二年再派乐羊大举进攻中山国,魏国的进攻遭到中山国民的强烈抵抗,历时 3 年,强大的魏国才灭亡中山国。魏文侯封太子击为中山君,以赵仓唐傅之,任命李悝治理中山,乐羊以军功封于中山故邑灵寿,以起震慑作用,史称"魏属中山"。

公元前 381 年前后,中山国在桓公的带领下复国,② 魏国的势力退出了中山,桓公复国后,将都城迁到了灵寿城(今河北平山县城北三汲乡东南)。赵国一直将中山的复国看成是"心腹之患",在前 377 年和前 376 年,在房子和中人进攻中山国,这是中山复国后的一次生死考验,中山国军民一心,战胜了赵国并引起了列国的重视,使赵等诸国不敢轻易挑起战端。中山国也在恢复发展中步入了其强盛时期。前 369 年,中山国修筑了长城以卫国土,据段连勤推测,中山国的长城修筑在南境与赵接壤的房子

---

① 段连勤:《北狄族与中山国》,河北人民出版社 1982 年版,第 96 页。吕苏生认为此役中山国失去了中人和左人两座重要的城池,中山国并未灭亡,见《鲜虞中山国事表疆域图说》,第 23 页。

② 关于中山国复国,段连勤《北狄族与中山国》认为在前 381 年或稍前复国;蒙文通《周秦少数民族研究》认为在前 378 年;杨宽《战国史》认为在前 380 年;夏自正、孙继民《河北通史》(先秦卷)认为在前 377 年之前。本书采用段连勤之说。

（今河北高邑）、扶柳（今河北冀州市扶柳村）一线。前332年，齐魏联合伐赵，中山也进攻赵鄗邑，决槐水攻城，鄗城几乎失守。鄗邑之战成为赵国的一大耻辱，赵武灵王在准备进行胡服骑射的改革时说："先时中山负齐之强兵，侵暴吾地，系累吾民，引水围鄗。微社稷之神灵，则鄗几于不守也。先王丑之，而怨未能报也。"① 中山已渐成"千乘之国"的强国。前334年，齐魏相约称王，秦国也在前325年自称为王了，赵国为对抗强齐和西秦，联合韩、燕、宋、中山一起称王。前323年，中山称王。齐国对中山称王大为不满："我万乘之国也，中山千乘之国也，何侔名于我？""寡人羞与中山并为王。"并欲联合赵、魏共伐中山。中山王派张登到齐游说，在张登多次的外交努力下，齐国最后承认了中山为王。② 中山称王一方面说明了中山已具有称王的实力，另一方面也证明中山国成为各国间平衡的一个重要砝码，在各国事务中起着重要作用。前314年，燕国哙的禅让事件导致燕国内乱，中山乘机出兵平乱，并占领了燕国"方数百里，列城数十"。至此，中山国已是南到房子、鄗（即古槐水沿岸），即今新河、宁晋、隆尧、柏乡、高邑、临城、赞皇等一带与赵接壤，北至今河北徐水东、满城和完县的北部和燕相望，东至扶柳，即今河北新河、束鹿、深泽、安国、清苑、保定一线，西界太行，即今河北赞皇、井陉、平山、灵寿、阜平一带，"方五百里"的一方强国。

中山复国后，经桓公、成王、王璺（昔）的统治，至王璺（昔）时期已出现了衰落之象。据《韩非子》等文献记载，这一时期中山国王崇儒抑武，使"战士怠于行阵"，"农夫惰于田"，出现兵弱国贫。国政又由权臣把持，官员贪腐。国君追求虚名而参与"五国相王"活动，使长期的盟友齐国也转为敌国，处于四面为敌的境地。赵国看到了中山国的衰败，厉兵秣马，以除心腹之患。

前307年，赵武灵王在推行胡服骑射的同时，占据中山的房子（今河北高邑县西）之地；第二年又进占宁葭（今河北石家庄市西北），将战线向北又推进了几十公里。赵国使者也积极开展外交活动，奔走在秦、韩、

① 《史记》卷43《赵世家》。
② 《战国策》卷33《中山策》。

楚、魏、齐诸国,防止赵攻中山时有他国出兵干预。

前 305 年,赵灭中山的军事行动开始了,赵武灵王亲自指挥,兵分南北两路,夹击中山,中山被迫割四邑求和。此后,赵军连年讨伐中山,前 296 年,中山国都灵寿陷落,中山国君出逃齐国,赵扶植傀儡胜为中山国君。第 2 年,中山国君胜被遣送到肤施(今陕西榆林),中山国灭亡,立国 210 余年。

第二节　战国时期燕赵地区的民风文化

燕赵地区自西周春秋以来的发展,大平原上的古国经过兼并融合,进入战国时期主要有立国于河北北部的燕国、中部的中山国和南部的赵国,中山国历经几次兴亡,最后为赵国所灭,成为赵国的一部分,但是,中山国也在战国时期立国 200 余年,拥有方圆五百里的疆域,中山国在当地所产生的影响不会因兼并于赵国而消失。正是由于战国时期燕、赵、中山诸国的建国背景不同、地理区位不同、自然物产不同、文化传统不同、居民结构不同等,使各地区的文化呈现出不同的色彩,文化的区域特征已经鲜明地呈现出来。

司马迁在《史记·货殖列传》中对燕赵地区的民风文化作了总结性的记述,根据其记述可将这一时期的燕赵文化划分为四个区域:种代、上谷地区,燕地区,中山地区和邯郸地区。

一　种代、上谷地区的民风文化

《史记·货殖列传》:

> 种、代,石北也,地边胡,数被寇。人民矜懻忮,好气,任侠为奸,不事农商。然迫近北夷,师旅亟往,中国委输时有奇羡。其民羯羠不均,自全晋之时固已患其僄悍,而武灵王益厉之,其谣俗犹有赵之风也。……
>
> 上谷至辽东,地踔远,人民希,数被寇,大与赵代俗相类,而民

雕捍少虑。

石，即石邑县。《史记集解》徐广曰："石邑县也，在常山。"石邑县，西汉初置，《汉书·地理志》"常山郡"条："石邑，井陉山在西，洨水所出，东南至廮陶入泜。"石邑县治所在今河北省石家庄市鹿泉区南 35 里处。常山，即古恒山，《汉书·地理志》"常山郡"条："上曲阳，恒山北谷在西北。"

上曲阳，即曲阳旧称，在今河北曲阳，恒山又称常山，因避汉文帝刘恒之讳而改称，即今曲阳西北部的大茂山。《汉书·郊祀志》：汉宣帝神爵元年（前 61），诏令祭五岳、四海，"祀北岳常山于上曲阳"。从汉代开始在曲阳县的恒山上修建北岳祠进行祭祀，汉武帝曾亲上恒山祭祀[①]，这一祭祀恒山的礼仪一直延续到明代。到清顺治十七年（1660）才将祭祀北岳的地点移到今山西浑源县境的恒山。种代地区位于汉代石邑县北的恒山，即今曲阳县西北的大茂山以北的地区，约为今河北、山西北部的河北怀安、蔚县以西，山西阳高、浑源以东一带。曾为狄族建立的代政权所在地区，后为赵襄子所兼并，成为赵国的一部分。

司马迁说这里的百姓"矜懻忮"。《史记集解》晋灼曰："懻音慨。忮音坚忮。"瓒曰："懻音慨。今北土名强直为'懻中'也。"懻，《辞海》："懻，强，直。《云笈七签·禁忌篇》：'是以养性之方，唾不至远，行不疾步，耳不极听，目不极视，坐不至疲，卧不至懻。'注：懻，强也，直也。"忮：《说文解字》："忮，很也。"很，同"狠"。《辞海》："忮[②]，忌恨；残害。《诗·邶风·雄雉》：'不忮不求，何用不臧？'毛传：'忮，害。'郑玄笺：'不疾害，不求备于一人，其行何用为不善？'[③] 违逆；刚愎。《庄子·天下》：'不忮于众。'又《齐物论》：'大勇不忮。'"[④] "矜懻忮"，是描述人的性格刚直倔强。

---

① 高晓静：《古北岳恒山祭祀文化浅谈》，《文物春秋》2006 年第 1 期。
② 《辞海》，上海辞书出版社 1989 年版，第 2288、2259—2260 页。
③ 同上。
④ 同上。

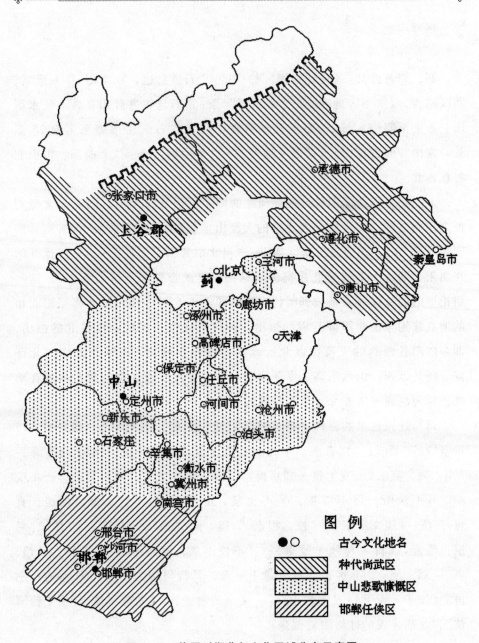

图1-2　战国时期燕赵文化区域分布示意图

好气，是指当地居民"高上气力"，有习武之风。任侠为奸，侠，司
马迁《史记·游侠列传》中说："今游侠，其行虽不轨于正义，然其言必

信，其行必果，已诺必诚，不爱其躯，赴士之厄困，既已存亡死生矣，而不矜其能，羞伐其德，盖亦有足多者焉。"裴骃《史记集解》中荀悦曰："立气齐，作威福，结私交，以立强于世者，谓之游侠。"侠，在当时是一种言必信、行必果、敢死不畏法的行为。奸，《说文解字》："私也。"《辞海》有三解，即邪恶，诈伪；邪恶诈伪的人；不正当的男女关系。任侠为奸，任侠是一种行为，行为的目的是奸，是为达到个人的目的，《说文解字》的释义更符合本义。《韩非子·八奸》对人臣的八种"奸"的行为进行了评论，其中"威强"是第七种为奸的行为，"七曰威强。何谓威强？曰：君人者，以群臣百姓为威强者也。群臣百姓之所善，则君善之；非群臣百姓之所善，则君不善之。为人臣者，聚带剑之客，养必死之士，以彰其威，明焉己者必利，不为己者必死，以恐其群臣百姓而行其私，此之谓'威强'。"这种"威强"的奸的行为，是恃势仗剑以必死之心来达到目的，正与"侠"的意义相通。任侠为奸，其意当是言必信、行必果、仗剑敢死，不畏法的行为。

其民羯羠不均，司马贞《史记索隐》："羯音己纥反。羠音慈纪反。徐广云羠音兕，皆健羊也。其方人性若羊，健捍而不均。"羯羠，《辞海》：羯，去势的公羊。羠，去势的公羊，又称母野羊。[1] 羯和羠都是身手矫健、善于攀岩、奔跑，野性十足的野公羊。以野羊的矫健强悍的特性来形容当地百姓的性格，更加准确、逼真、形象。

上谷到辽东地区，为燕国的北部地区，燕昭王二十九年（前283），燕昭王派大将秦开击败东胡，使东胡北退千余里。燕国在新拓展的北部疆土设置了上谷（今河北省张家口市）、渔阳（治今北京密云一带）、右北平（治今河北平泉县）、辽东（治今辽阳市）、辽西（治今辽宁义县西）五郡，其后，沿北部边界修筑长城进行守御。上谷、渔阳、左北平一带与代地接壤，自然环境、生活方式相似，其民风也与代地相近，故而司马迁说："大与赵代俗相类，而民雕捍少虑。"由此观之，种代、上谷等地，即今河北北部地区，其民刚直倔强，好气任侠。

---

[1] 《辞海》，上海辞书出版社1989年版，第5037、5033页。

二 燕地区的民风文化

《史记·货殖列传》:

> 夫燕亦勃、碣之间一都会也。南通齐、赵,东北边胡。上谷至辽东,地踔远,人民希,数被寇,大与赵代俗相类,而民雕捍少虑,有鱼盐枣栗之饶。北邻乌桓、夫馀,东绾秽貉、朝鲜、真番之利。

燕地与赵的代地区相接壤,司马迁称这里的民俗与代地区相类似,应有代地的"矜懻忮"和"羯羠不均"的特征,即其民刚直倔强、矫健强悍。司马迁用了"雕捍"一词来概括燕民的性格特征,称"其民雕捍少虑"。雕悍,《史记索隐》载:"人雕悍,言如雕性之捷捍也。"雕为鸟纲,鹰科,是大型猛禽,力大敏捷,视力敏锐,飞行力强。《尔雅·释鸟》云:"雕者,鹗之类也。土黄色,健飞击沙漠中。空中盘旋,无细小不睹,黄帝战于坂泉之野,雕、鹖、鹰、鸢以为旗帜。"鹖为雉类,性好斗,至死不却,武士常在自己的冠上插鹖毛,以示英勇。鹰为鸟纲,一般指鹰属的各种鸟类。嘴弯曲而锐,四趾具钩爪。性猛、肉食、昼间活动。鸢为鸟纲,鹰科,亦称老鹰。①黄帝与炎帝战于坂泉之时,就曾用雕、鹖、鹰、鸢等勇猛禽来代表军队,以示自己的军队勇猛、不可战胜。在这里用猛禽雕来形容燕人身手迅捷、性格强悍。"少虑",是说燕人做事时不会瞻前顾后,而是当机立断、义无反顾,具有"任侠"的意蕴。

先秦时期的一些文献中也记载了燕地的风俗,如《管子》中有"燕之水萃下而弱,沈滞而杂,故其民愚戆而好贞,轻疾而易死。"②《吴子》:"燕性悫,其民慎,好勇义,寡诈谋,故陈守而不走。"③其中的"愚戆"、"性悫",都与司马迁所说的"少思虑"意相近,"轻疾而易死"、"好勇义",其意是将死看得很轻,将"义"看得很重,可为他人不顾自己的生

---

① 《辞海》,上海辞书出版社 1989 年版,第 5260、4648、2255、1884 页。
② 周瀚光:《管子直解》,复旦大学出版社 2000 年版,第 341 页。
③ (明)刘寅直解,张实、徐韵真点校:《武经七书直解》,岳麓书社 1992 年版,第 135 页。

命，是"任侠"的另一种表达了。

三　中山地区的民风文化

《史记·货殖列传》：

> 中山地薄人众，犹有沙丘纣淫地余民，民俗懁急，仰机利而食。
> 丈夫相聚游戏，悲歌忼慨，起则相随椎剽，休则掘冢作巧奸冶，多美
> 物，为倡优。女子则鼓鸣瑟，跕屣，游媚贵富，入后宫，遍诸侯。

《集解》引晋灼曰："言地薄人众，犹复有沙丘纣淫地余民，通系之于
淫风而言也。"《正义》：沙丘在邢州也。

中山地处北燕南赵之间，既为狄族所建，又有商纣都城邢地的遗民，多
元文化的作用下，其民性格特征十分鲜明，从司马迁的描述看，可区分为两
个方面：一是中山民众性情懁急；二是中山民众大多通晓韵律，善于言辩。

懁急，《史记集解》徐广曰："懁，急也，音绢。"指人的性格急躁而
又具有豪爽的一面。这在中山男子的行为中表现出来，男子们"相聚游
戏，悲歌慷慨"，"游戏"据推测应是当时流行于社会各阶层的一种投壶游
戏。投壶游戏源于射礼，《礼记·投壶》郑注说："投壶者，主人与客燕饮
讲论才艺之礼也。"发展到春秋战国时期，已演变成宾客亲朋燕饮时以箭
投掷酒壶的一种游戏了。游戏时，在前面放两樽酒壶，两人各持相同数量
的用竹、木制成的无矢的箭，同时把箭投到自己前面的酒壶中，以中壶多
者为胜，负者饮酒为罚，同时奏乐唱歌。中山男子们游戏后，饮酒唱歌，
歌声悲壮豪放。饮罢则结伙持铁椎剽掠客商，或夜间发冢盗墓。

多美物，《史记集解》徐广曰："美，一作'弄'，一作'椎'。"美物
应为弄物，"弄"，《辞海》曰："古代百戏乐舞中称扮演脚色或表演节目为
'弄'"。[①]"多弄物"，即从事百戏乐舞表演的人很多，正与"为倡优"相
关联。"倡优"，《说文解字》曰："倡，乐也。"段玉裁注曰："以其音乐

---

① 《辞海》，上海辞书出版社 1989 年版，第 3147 页。

言之谓之倡,亦谓之优。"《史记·滑稽列传》:"其后百余年,楚有优孟。优孟,故楚之乐人也。长八尺,多辩,常以谈笑讽谏。"《索隐》按:"优者,倡优也。孟,字也。其优旃亦同,旃其字耳。优孟在楚,旃在秦者也。"《史记·滑稽列传》又云:"其后二百余年,秦有优旃。优旃者,秦倡侏儒也。善为笑言,然合于大道。"倡优是指古代以音乐歌舞戏谑表演为职业的艺人,从事倡优职业的艺人性别区别不大,男女艺人都有,但是他们的社会地位较低,仰豪门富室而食。①

"多美(弄)物,为倡优",反映的是中山男子们通晓音律善歌舞的特征,"鼓鸣瑟"则突出了中山女子们在音乐歌舞方面的才艺。"瑟",《辞海》曰:"拨弦乐器。春秋时已流行。形似琴,但无徽位,通常有二十五弦,每弦一柱。长沙马王堆一号汉墓出土者按五声音阶定弦,由低到高,弦的粗细也不同。古时,瑟常与琴或笙合奏。"②中山女子们关于弹奏琴瑟等乐器,自然是晓音律善歌舞了。长期的歌舞修炼,使中山女子们步姿轻盈,行走如同舞蹈一般美妙,"跕屣"就表现了这种意境。跕屣,《集解》徐广曰:"'跕音帖。'张晏曰:'跕,屣也。'瓒曰:'蹑跟为跕也。'"《史记·货殖列传》又载:"今夫赵女郑姬,设形容,揳鸣琴,揄长袂,蹑利屣,目挑心招,出不远千里,不择老少者,奔富厚也"。《集解》徐广曰:"蹑,一作'跕'。跕音吐协反。屣音山耳反,舞屣也。"跕,"蹑跟为跕也",即是提起脚跟,以脚尖着地行走。屣,舞蹈时用的鞋。"跕屣"就是足尖轻着地而行的行走姿态,类似现今的芭蕾舞步。《庄子·秋水》中记载了一则故事:寿陵余子学行于邯郸,"未得国能,又失其故行矣,直匍匐而归耳"。"邯郸学步"的故事反映的正是"跕屣"这种步姿。③

女子的"鼓鸣瑟,游媚贵富,入后宫,遍诸侯"和"赵女郑姬,设形容,揳鸣琴,揄长袂,蹑利屣,目挑心招,出不远千里,不择老少者,奔富厚也"的行为,是我国古代"奔婚"习俗的一种沿袭。古代"奔婚"是通

---

① 参见史延廷《关于赵文化中邯郸倡优现象的历史考察》,《齐鲁学刊》1994 年第 6 期;黎国韬《俳倡优伶辨略》,《广州大学学报》(社会科学版)2011 年第 10 期;翟麦玲《倡优、俳优与侏儒》,《湛江师范学院学报》2004 年第 1 期。

② 《辞海》,上海辞书出版社 1989 年版,第 3186 页。

③ 参见孙继民、郝真良等《先秦两汉赵文化研究》,方志出版社 2003 年版,第 17—22 页。

过男女双方自愿结合，女方离家从夫居住的方式实现的。春秋时期，在关中的泾水流域、鲁国、楚国、蔡国、郑国、卫国、齐国、曹国等地都有奔婚习俗的存在。自婚姻礼制观念形成之后，就首先排斥这种无父母之命、无媒妁之言的男女相奔。到了战国时代，奔婚习俗的影响已大为缩小，主要在赵、郑、中山一带保留下来，并且还与该地发达的歌舞女伎之业结合起来，发展为以歌舞伎乐游媚富贵，谋求王公贵族妻妾之位的风气。[①]

四　邯郸地区的民风文化

《史记·货殖列传》：

> 然邯郸亦漳、河之间一都会也。北通燕、涿，南有郑、卫。郑、卫俗与赵相类，然近梁、鲁，微重而矜节。濮上之邑徙野王，野王好气任侠，卫之风也。

邯郸是赵的都城，南与郑（都今河南新郑）、卫（都今河南淇县，后迁今河南濮阳）国相邻，自然条件上又同处华北平原之上，交往较多，民风相近。卫地的任侠之风的代表当数战国时期著名的刺客荆轲，卫国好气任侠之风又传播到野王（今河南沁阳）的民众之中。卫国到元君即位时国土只剩下了濮阳一地，元君十四年，秦国攻占了魏以东的地区，设置了东郡，治濮阳，将元君及卫国遗民安置在野王县，[②]好气任侠之风也在野王兴起。此风延绵到了汉代，汉代最著名的大侠郭解就生活在轵县[③]（今河南济源），与野王相邻。

赵氏家族的"任侠"之风尚早在迁都邯郸之前就已经很浓烈了，如赵午之臣董安于、程婴与公孙杵臼救助赵氏孤儿、赵襄子姊代王夫人等。迁都邯郸之后，此风尚并没有减弱，反而愈加浓烈了，这其中起到推波助澜作用的是赵公子平原君。平原君是战国四大公子之一，好养宾客，常常宾

---

① 卢云：《汉晋文化地理》，陕西人民教育出版社1991年版，第263—267页。
② 《史记》卷37《卫康叔世家》。
③ 《史记》卷124《游侠列传》。

客千人。宾客之中不乏仗剑以勇气闻名者,毛遂是众人所熟知的文武双全的宾客。以剑术和勇气就能得到社会崇尚的地位,对普通百姓是极有引导作用的,正如西汉时期郭解的行为,受时人的崇尚,"诸公闻之,皆多解之义,益附焉","少年闻之,愈益慕解之行"。使行侠成为时人心目中最高尚的行为,社会风尚愈烈。

赵国迁邯郸之后,赵国北有燕、东有齐鲁、南有魏、西有秦,始终处于四面受敌、征战不断的社会环境之中,据统计,仅于公元前307年赵国"胡服骑射"后到公元前222年赵国灭亡的86年间,与其他国家的战争和联合作战有65次之多,几乎每年都有战争,有的战争是历经多年才结束的,如此频繁的战争,恶劣的生存环境,迫使赵国民众习武卫国,乐闲曾说:"赵四达之国也,其民皆习于兵。"① 尚武之风的盛行也推动了赵国对侠客的推崇,助长了赵国任侠之风的平民化。

邯郸又与梁、鲁地区相接,民风中也含有梁、鲁民风的元素,《史记·货殖列传》云:"而邹、鲁滨洙、泗,犹有周公遗风,俗好儒,备于礼,故其民龊龊。颇有桑麻之业,无林泽之饶。地小人众,俭啬,畏罪远邪。及其衰,好贾趋利,甚于周人。"鲁地深受周公遗风的影响,为礼仪之邦,"俭啬,畏罪远邪",即其民勤俭守法;"龊龊",拘谨貌,即做事有些拘谨。

又记载梁宋之地民风说:"夫自鸿沟以东,芒、砀以北,属巨野,此梁、宋也。陶、睢阳亦一都会也。昔尧作于成阳,舜渔于雷泽,汤止于亳。其俗犹有先王遗风,重厚多君子,好稼穑,虽无山川之饶,能恶衣食,致其蓄藏。"魏国迁都大梁(今河南开封)之后,魏国又名梁国。魏国后来不断向东发展,兼并了宋国(都今河南商丘)。魏国位于鸿沟以东的疆域又习称梁宋之地,这里曾是尧、舜、汤活动的地区,受先王遗风影响很深,其民"重厚多君子",即稳重知礼仪;又"好稼穑,虽无山川之饶,能恶衣食,致其蓄藏",即勤于耕稼,不追求衣食之美,节俭有储藏。

邯郸地区的"微重",与梁、鲁地区的"重厚多君子"、"龊龊"相类似,较为稳重而知礼。"矜节",《集解》徐广曰:"矜,一作'务'。"

---

① 《战国策》卷31《燕策三》"燕王喜使栗腹以百金为赵孝成王寿"。

"务"其意为"尽"，即邯郸民众很重视"节"。这个"节"应是节义，是好气任侠。实际上梁鲁之地也是有任侠之风的，鲁国曾有位喜好任侠、勇力之士的鲁庄公，还有一位侠义勇士曹沫。① 汉初时，侠义之风仍然浓重，《史记·游侠列传》中就记载了梁地有侠客韩无辟、鲁地有以"用侠闻"的侠客朱家。梁、鲁之地的侠义民风又对邯郸地区有所影响，卫国人荆轲曾到邯郸游学，路遇邯郸剑客鲁句践。"鲁句践怒而叱之，荆轲嘿而逃去，遂不复会。"这应是邯郸民风的一种反应。邯郸地区的民风以持重而好气任侠为地域特征。

此外，邯郸的音乐和倡优也是很有名的，时称赵国是"天下善为音，佳丽人之所出也"。② 赵国是天下最擅长音乐的国家，《盐铁论·通有》也说赵人："家无斗筲，鸣琴在室。"即家中没有一斗粮食，但是，家中一定要有一把琴。足见其对音乐的热爱了。司马迁所说的"郑、卫俗与赵相类"也有这层含义，因为郑和卫都是盛行音乐的地区，《史记·乐书》中有"郑音好滥淫志，宋音燕女溺志，卫音趣数烦志，齐音骜辟骄志"。这四国的音乐不符合"肃雍和鸣"的"德音"，被孔子的学生子夏称为淫乐，是"淫于色而害于德"的音乐，在庄重的祭祀场合是不能用的。郑卫音乐所表现出来的新颖的风格即"新声"，实际上是春秋以来音乐世俗化的一种反映。先秦时期人们常以"繁手淫声"来形容"新声"的音乐表现。这是以音乐演奏中手势动作迅速繁多的视觉形象，描述音乐曲调变化多端、节奏急促的听觉印象。所谓的"淫声"，指那些全然不同于静穆的雅乐风格、过分渲染人的情绪感受的音乐。而这种具有崭新风貌的音乐，却恰恰在人的内心情感上获得愉悦之情而"不知倦"。这样的音乐，必然在音乐表现形式与演奏技法上要比以往大大丰富而具有创新意义。此说明先秦音乐的发展及其成就在一些方面要比周代音乐出色得多，而这些又恰恰首先是在世俗音乐活动中取得的。③ 音乐的世俗化深受普通百姓的喜爱，郑卫之音乐对赵国的音乐发展也是有所影响的，这种"新声"与倡优行业的兴

---

① 《史记》卷86《刺客列传》。
② 《战国策》卷33《中山》"阴姬与江姬争为后"。
③ 修海林：《古乐的沉浮》，山东文艺出版社1997年版，第34页。

起是有密切关系的。邯郸倡优的代表如赵女郑姬，"设形容，揳鸣琴，揄长袂，蹑利屣，目挑心招，出不远千里，不择老少者，奔富厚也"。又如秦始皇的生母赵姬等，《战国策·秦策》记载，赵姬也是邯郸的歌伎。据卢云研究，战国末年，秦、楚、赵三国王后都是出自邯郸的歌舞女伎，这种风气至西汉时期仍然存在。[①]

第三节 战国时期燕赵民风文化之形成

一个地域文化的形成，是和地理环境和政治教化有一定关联的。《汉书·地理志》说："凡民函五常之性，而其刚柔缓急，音声不同，系水土之风气，故谓之风；好恶取舍，动静亡常，随君上之情欲，故谓之俗。"水土，就是地理环境；君上之情欲，就是政治教化。政治教化是对在地理环境中所形成的"刚柔缓急，音声不同"的"风气"，所进行的人为的、有目的的改造，正如孔子所说："移风易俗，莫善于乐。""言圣王在上，统理人伦，必移其本，而易其末，此混同天下一之乎中和，然后王教成也。"燕赵文化在不同地区所表现出来的地域性，则是其地理背景的差异性造成的。

一 游牧、农耕与征战的种代、上谷地区

种代、上谷辽东地区的民风形成，从司马迁的记述中看大致有两方面的因素：一方面是生态环境因素，即"不事农商"；另一方面是地缘政治因素，即"然迫近北夷，师旅亟往，中国委输时有奇羡"，"人民希，数被寇"。

不事农商，即不从事农业和商业活动。司马迁在《货殖列传》中对战国秦汉时期的经济地理作了论述，指出龙门、碣石以北以西地区是以游牧业为主的地区，在这个地区中"多马、牛、羊、旃裘、筋角"。种、代、上谷、辽东地区正属于龙门、碣石以北以西地区，这里已是黄土高原向内蒙古高原过渡地带，地势高于龙门、碣石一线的以南地区，海拔多在

---

① 卢云：《汉晋文化地理》，陕西人民教育出版社 1991 年版，第 267 页。

1000—2000 米，又处于高纬度地带，气候干凉，这里牧草丰美，适宜畜养马、牛、羊。从事畜牧业、随草而居，成了这里的主要的经济活动方式。

春秋战国时期，生活在这里的是戎狄族部落和东胡部落，据段连勤先生的研究，"春秋前期的北狄族，赤狄分布在今山西省的东南部和河北省南部的，白狄分布在今陕西省北部和山西省西北部，长狄分布在今河南省东部与山东省交界的地方。换句话说，西起陕北、东至山东的几乎整个北中国，在春秋前期都有北狄族的氏放部落分布着"。"春秋时期的北狄人，是一个以游牧业为主兼营狩猎业的民族，其民结庐帐于草原，过着逐水草而居的游牧生活。"①《国语·周语》中还有一段有关戎狄生活方式的记载："夫戎狄冒没轻傈，贪而不让，其血气不治，若禽兽焉。其适来班贡，不俟馨香嘉味，故坐诸门外，而使舌人体委与之。"② 戎狄之人相互拥挤触碰而入，没有进退上下之礼，喜食半生带血的肉，似若禽兽。适期前来朝贡，不能等候食物蒸煮熟而有馨香嘉味再食用，常坐在宫室门外，只需委派接待贡使的译者将食物送去即可。从上述记载可以看出，北狄族在生产方式和饮食生活、人与人关系等方面都与中原诸国大不相同，体现出了在草原地区的生产与生活场面。《史记·匈奴列传》记载："晋北有林胡、楼烦之戎，燕北有东胡、山戎。各分散居谿谷，自有君长，往往而聚者百有余戎，然莫能相一。"《索隐》："《地理志》：楼烦，县名，属雁门。应劭云：'故楼烦胡地。'"东胡，《索隐》："服虔云：'东胡，乌丸之先，后为鲜卑。在匈奴东，故曰东胡。'案：《续汉书》曰：'汉初，匈奴冒顿灭其国，余类保乌桓山，以为号。俗随水草，居无常处。以父之名字为姓。父子男女悉髡头为轻便也。'"由北狄部落发展到后来的林胡、东胡等部落，始终过着游牧的生活。司马迁进一步指出："燕、代田畜而事蚕。"即说明燕北、代地以饲养家畜为主业，农桑之事为副业。

《左传·昭公四年》司马侯对晋平公说："冀之北土，马之所生，无兴国焉。"最初这里是诸胡族的生活区，赵襄子的姐姐嫁给代王时，代王送给赵氏大批马匹作为回报。后来赵襄子用计杀了代王，并吞了代地。代地

---

① 段连勤：《北狄族与中山国》，河北人民出版社 1982 年版，第 30、38 页。
② 《国语》卷 2《周语中》，上海书店 1987 年版，第 21 页。

的占领不仅仅使赵国北部边疆深入诸胡游牧区域之中，而且还充分暴露出赵国的军队远远不能适应草原的作战。赵武灵王时，为了强化北部边疆的防御，不得不"胡服骑射"，以增强自己的军队在草原地带的征战能力。前305年，赵"破原阳以为骑邑"，作为骑兵训练与驻屯之所，培养自己的骑射部队。同时又招募精于骑射的胡人来充实军队，"惠文王二年，主父（赵武灵王）行新地，遂出代，西遇楼烦王于西河而致其兵"。①"致其兵"，即招募胡人当兵，主要当骑兵。骑兵兵种的增加和战斗力的增强，使赵国几年中，"西略胡地，至榆中，林胡王献马"；"攘地北至燕、代，西至云中、九原"；"灭中山"。赵国几乎称霸北方。

龙门碣石以北地区的游牧生活使这里的居民很早就开始学习骑射，"唐虞以上有山戎、猃狁、荤粥，居于北蛮，随畜牧而转移。其畜之所多则马、牛、羊，其奇畜则橐驼、驴、蠃、駃騠、騊駼、驒騱。逐水草迁徙，毋城郭常处耕田之业，然亦各有分地。毋文书，以言语为约束。儿能骑羊，引弓射鸟鼠；少长则射狐兔；用为食。士力能毌弓，尽为甲骑。其俗，宽则随畜，因射猎禽兽为生业，急则人习战攻以侵伐，其天性也"。毌，《索隐》："上音弯，如字亦通也。"② 北狄、山戎及胡人都非常重视对子孙的生存训练，七八岁时训练他们骑羊，以游戏的形式，引弓射些鸟鼠之类的小动物；十三四岁就教授他们射箭的技艺，射猎狐兔；到十八岁以上，已成为精壮之士，凡能拉开强弓者都会成为部落中的勇士，披甲驰骋在战场上，为部落的生存而战。在长期与大自然的风霜雨雪、草木枯荣、翻山涉水的斗争中，在与虎豹豺狼、飞鹰走鹿的斗争中，养成了民风剽悍、为人憨直的特点。这不仅表现在种代之地，也表现在龙门碣石以北以西的其他地区，如上谷、辽东地区（今河北北部、辽宁南部地区），"民雕捍少虑"；天水、陇西、安定、北地、上郡、西河地区（今陕西北部、甘肃东部、宁夏南部地区），其民"高上气力，以射猎为先"。草原地带的地理环境与逐水草而居的生活方式，是形成这种彪悍民风的地理背景，正如晋人阮籍所说："造始之教谓之风。"

---

① 《史记》卷43《赵世家》。
② 《史记》卷110《匈奴列传》。

从地缘政治因素上看，种代、上谷辽东之民的彪悍之风，又受到长期战争环境的浸染而更加浓烈，同时在社会规则的约束下，得到凝练、升华，而表现出"侠"的风貌来。种代、上谷辽东之地处于燕赵与草原地带游牧民族之间，处于农业与畜牧业接壤地带，处于定居的生活与不定居的生活方式之间，两种不同的经济区域和物质产品，地域上的差异性，使两个地区自然地产生相互的需求。这种差异性和相互的需求，在春秋战国时期，时而表现出双方友好的相互补充、互通有无，如《左传·襄公四年》说狄人"贵货易土，土可贾焉"，就是说，狄人以中原的物品为珍贵，不仅用畜产品，甚至能用土地作为交易的对象以换取部落贵族们希冀的中原物品。时而表现出双方的剑拔弩张，相互厮杀征讨，北狄、山戎等胡族部落"其长兵则弓矢，短兵则刀铤。利则进，不利则退，不羞遁走。苟利所在，不知礼义"。① 擅长骑射，有利可图就进兵攻掠，遇到不利则速速退兵，从不恋战。在北狄势力强盛时，曾多次攻伐晋、卫、齐和燕国，一度危及燕国的存亡，在齐国的帮助下才打败北狄。厮杀征讨成为当时社会的主流，中原各国之间的征战以及中原各国与周边游牧部落间的征战，都是以实现君王的某种目的而进行的，这些征战在此外衣之下，往往被注入了"义"的含意，侠士也就有了生存的社会土壤，"侠"也就成为社会上人们所追求的一种风尚。司马迁在叙述种代、上谷辽东之民的风尚时，尤其突出了这一点，"地边胡，数被寇"。"然迫近北夷，师旅亟往。""人民希，数被寇。"这是种代、上谷辽东之地彪悍民风得以长期沿袭下来的社会基础，"而武灵王益厉之，其谣俗犹有赵之风也"。赵武灵王使这种民风更加浓烈的措施是"胡服骑射"，使其民风中有了"侠"的韵味是"赵之风"中的义。胡服，是理论层面；骑射，是技术层面。作为一个好的骑兵，不仅要拥有好的骑术和射箭技术，同时还要拥有一套完善的马具，否则，骑兵不可能完成在奔驰的战马上娴熟地弯弓射箭或挥舞马刀等各种作战动作。安忠义从考古实物资料分析了战国时期骑兵的装备，马具主要有：马头上有镳，胸前有鞅，背上有鞯，尾有鞦，马腹有络带。骑兵使用的武器

① 《史记》卷110《匈奴列传》。

有铜制的剑、戈、镞和矛等,并认为,"从以上几个不同时期不同地点的考古发现来看,先秦骑兵的装备变化不大,并且不是很适合骑兵使用"。[①]马具的完备大致到了西汉时期,特别是马镫的出现,对骑马作战具有十分重要的作用,马镫能使骑士全身的力量更容易发挥出来,上身及双手也更加灵活自如,使骑兵的作战能力得到很大提高。所以说,战国时期对骑兵的技术要求是很高的,并非一般人所能达到。正是这个原因,战国时期各国骑兵部队的数量在军队总数中占的比例比较低,"高的不到十分之一,低的还不到百分之一",各国仍以车战为主要作战方式。骑兵的来源很重要的一部分是来自游牧民族,另一部分来自长期与游牧民族接触的边地居民,"及安定、北地、上郡、西河,皆迫近戎狄,修习战备,高上气力,以射猎为先"。西汉时羽林、期门等禁卫军都出自"六郡良家子"。赵武灵王将训练骑兵的基地设在原阳(今内蒙古呼和浩特东南)也正是这个原因。赵武灵王的"胡服骑射"使种代地区的青壮年不仅得到骑术上的技术训练,而且也受到了"赵风"的浸润,彪悍的民风之中更多展现了"任侠为奸"的特征。司马迁的《游侠列传》中曾记西汉有代郡诸白。"诸白",司马贞《索隐》:"代,代郡。人有白氏,豪侠非一,故言'诸'。"或许是此风的遗存。

二 农牧兼营的燕地

燕地"雕捍少虑"的民风与赵的代地民风相似,从中我们可以看出,春秋战国时期的燕地与赵的代地在生态环境等方面也是具有相似性的,司马迁所划的龙门到碣石的农牧分界线正好从燕国领土的中北部穿过,说明燕国境内有相当一部分土地是从事畜牧业、狩猎业经济的。苏秦对燕文侯说:燕国"南有碣石、雁门之饶,北有枣栗之利,民虽不由田作,枣栗之实,足食于民矣。此所谓天府也"。[②] 在苏秦的眼中,燕国可以引以为豪的是能够满足百姓生存的枣栗,"田作"即农业生产却不足以称道,说明燕地的畜牧业和狩猎经济是发达的,至少是比农业生产要好,是可以拿出来夸赞的。后来,苏秦向赵王阐述自己的合纵理论时说:"大王诚能听臣,

---

① 安忠义:《先秦骑兵的诞生及演变》,《考古与文物》2002 年第 4 期。
② 《战国策》卷 29《燕一》"苏秦将为纵北说燕文侯"。

燕必致毡裘狗马之地，齐必致海隅鱼盐之地，楚必致橘云梦之地，韩、魏皆可使致封地汤沐之邑，贵戚父兄皆可以受封侯。"① 苏秦再次指出，燕国的物产可以和齐、楚相比的仍然是畜产品毡、裘、狗、马等，这在春秋、战国时期燕国青铜器的纹饰上也有反映，例如唐山贾各庄 M5 出土的狩猎纹铜壶，与中原地区的水陆攻战纹就不同。② 铜壶的腹部由双重结纽绳索构成十二方格，格分为上、下两层，每个格内都镶嵌着狩猎纹。在这些狩猎纹的图案中有人、禽、兽等图形，有人持长矛与兽争斗的场面，有的禽、兽在奔走、飞腾，兽中有牛、象等。

　　燕国的农业生产虽然没有被司马迁所称赞，但是，燕国的农业生产水平也是不低的，苏秦曾对燕文侯说："燕东有朝鲜、辽东，北有林胡、楼烦，西有云中、九原，南有呼沱、易水。地方二千余里，带甲数十万，车七百乘，骑六千匹，粟支十年。"③ 燕国的粮食可以支撑燕国数十万大军 10 年的需用，数十万是多少？我们可从燕国的另一次军事行动中做一推测，赵国在遭受长平之战失败之后，燕王喜起兵 60 万伐赵，派栗腹率 40 万攻鄗，令庆秦率 20 万攻代，④ 即燕可一次出兵 60 万，可见其是一个人口大国了，但是，面对燕国大军来攻，赵派廉颇率 8 万迎敌栗腹，以乐间率 5 万抗击庆秦，结果，在如此悬殊的军力对比下，两路燕军均被击败，说明燕军的数量是有一定的夸大成分的。那么，燕国的总兵力在 40 万左右应是符合实际的，燕国能为 40 万大军提供 10 年的粮食所需，足见其国力之强了。若以户出一兵、一户五口来计，当时燕国人口当在 200 万上下。燕国的农业生产水平，还可从其生产工具水平反映出来，在河北易县燕下都遗址中有多处规模较大的冶铁业的手工业作坊遗址，并在 21、22、23 号等遗址中出土了数量不少的铁制农用生产工具，如 21 号遗址中出土了铁锛、铁铲、铁凿、铁镰、铁锤、铁制工具刀等，在 22 号遗址中出土了铁制五齿锄、铁镬、铁辖、铁锛、铁铲、铁凿、铁镰、铁锤、铁削、铁刀等，在 23

---

① 《战国策》卷 19《赵二》"苏秦从燕之赵始合纵"。
② 安志敏：《唐山市贾各庄发掘记略》，《科学通报》1953 年第 4 期。
③ 《战国策》卷 29《燕一》"苏秦将为纵北说燕文侯"。
④ 《战国策》卷 31《燕三》"燕王喜使栗腹以百金为赵孝成王寿"。

号遗址中出土了铁锛、铁锄、铁镢、铁镰、铁锸、铁削等。① 在 5 号遗址中还出土了铁锛、铁铲、铁犁铧、铁镰等,② 在河北省兴隆县也出土了一批燕国的冶铸铁器用的铁范,其中有制造农用生产工具的锄范、双镰范、镢范等。③ 铁制农用生产工具的大量制造和使用,大大地推动了燕国土地的开垦,铁制农用生产工具中有开垦破土的铁铲、铁锛、犁铧,中耕除草的铁锄等,收割使用的铁镰等,农用生产工具包括了生产的各环节,并且是成组的出土,证明燕国百姓熟习农业生产的各环节,农业生产水平是较高的。

铁制生产工具的使用,也促进了燕地水利工程的建设。荆轲去见秦王带着两件东西,一是樊於期的首级,二是督亢之地图。督亢是燕国南境一个大湖泽,称督亢陌,同时也是一块膏腴之地。④ 湖泽之地能够成为粮食生产丰收的膏腴之地,必定是经过了水利建设和改造。

农牧兼营的多元化的经济形态,使燕国百姓长期受到游牧和农耕经济文化的影响。一方面,蓟地虽为燕国都城,但是,自春秋战国以来,燕国始终处于中原诸国的北部边塞,与东胡、北狄等游牧民族相处,常受到北部游牧民族的侵扰。司马迁总结说:“燕迫蛮貉,内措齐、晋。崎岖强国之间,最为弱小,几灭者数矣。”边塞上的战争不断,使燕国百姓习于战争,一旦边塞有警,即执枪抗敌,表现出了憨直勇悍、少思虑的特点。另一方面,燕国长期处于强国与胡族的内外压迫之下,危机感时常伴随着燕王和燕国百姓,特别是燕昭王时,为报国仇遍召天下勇士贤才,为勇士贤才另筑宫室,并执之师长之礼,恩崇有加。燕昭王的举动,不仅使“乐毅自魏往,邹衍自齐往,剧辛自赵往,士争趋燕”,而且还为燕国百姓树立了学习模仿的榜样,使燕国百姓争相习勇武之技,尚武之风渐兴。《隋书·儒林传》评价道:“燕起碣石之宫,群英自远。是知俗易风移,必由

---

① 河北省文物管理处:《河北易县燕下都第 21 号遗址第一次发掘报告》,《考古学集刊》1982年第 2 集;河北省文化局文物工作队:《河北易县燕下都故城勘察和试掘》,《考古学报》1965 年第 1期;河北省文物管理处:《燕下都第 23 号遗址出土一批铜戈》,《文物》1982 年第 8 期。

② 中国历史博物馆考古组:《燕下都城址调查报告》,《考古》1962 年第 1 期。

③ 郑绍宗:《热河兴隆发现的战国生产工具铸范》,《考古通讯》1960 年第 2 期。

④ 《战国策》卷 31《燕策三》“燕太子丹质子秦亡归”,又见《史记·刺客列传》“正义”、“集解”所引。

上之所好，非夫圣明御世，亦无以振斯颓俗矣。"此风到燕太子丹时期又得到进一步的推助，"初，太子丹宾养勇士，不爱后宫美女，民化以为俗，至今犹然。宾客相过，以妇侍宿，嫁取之夕，男女无别，反以为荣。后稍颇止，然终未改"。太子丹养勇士，不爱后宫美女，充分表达了他对勇侠之士的崇敬，使勇侠之士在燕国享受着很高的社会地位，促使了勇侠之风在燕地区的浓烈，燕地百姓勇悍、不计后果、一诺千金之风在太子丹的鼓励下化为民风习俗而传承下来。

三 地薄人众的中山

"中山地薄人众"，地薄，当是指土地不是很肥沃，不仅中山地区的土壤如此，赵国邯郸地区的土壤也是如此，《禹贡》论九州的土地情况时指出，中山地区和赵国邯郸地区所在的冀州为白壤，即土壤中含有一定量的盐咸。土地比较硗薄的盐渍土，这样的土地收成是很低的。《吕氏春秋·乐成》载，邺（今河北省临漳县）地土壤由于含碱卤过重，200 亩土地的收成只能当河内、河东 100 亩。所谓"中山地薄"，当指这种产量很低的又未进行水利灌溉的斥卤地。

当时的人们对土壤虽有一定的认识，但是受生产技术的限制，改造这类土壤就不是一件容易的事了，土壤的贫瘠造成中山人对农业生产不是很重视，《韩非子·外储》说：中山地区"农夫惰于田"。但是，从出土文物来看，中山的农业还是有一定基础的，在石家庄市市庄村遗址出土了 47 件铁器，有镬、斧、削等生产工具，还有两堆已经炭化了的高粱以及牛、羊、猪、狗、鸡等动物骨骼[1]；在河北平山县中山国都城遗址和墓葬的发掘中，还出土了镬、锛、铲、锄、镰、削等铁制农用生产工具。[2] 中山地区的农业应分布在中山国的南部地带，即司马迁所说的"龙门、碣石北"这条农牧分界线以南地区，由于受传统的游牧生活方式的影响和改造土壤技术的限制，农业生产水平要低一些。中山地区的北部地区还是以畜牧业

---

① 河北省文物管理处编：《河北省石家庄市市庄村战国遗址的发掘》，《考古报告》1957 年第 1 期。

② 河北省文物管理处编：《河北省平山县战国中山王墓出土文物展览简介》，1979 年 1 月铅印本。

为主，在平山县发掘的战国时期中山国的墓葬遗址中，出土了牧区特有的帐具及帐篷内的取暖用具和炊具。帐篷构件有折叠式棚形帐架、屋形帐架和圆形帐架，帐篷内的取暖用具有铜提链火盆、带柄铜箕（盛炭用具）、五齿耙（扒火用具）等，帐篷内使用的炊具有小型炊具铜甗和提梁盉等。[①]墓葬为中山国君的墓葬，这些游牧生活使用的帐具说明中山国君仍保持着游牧的生活方式，同时，也反映出中山地区的北部是以畜牧业为主的生活场景。

中山地区的农业和游牧业的生产状况，无法满足人口众多的生活需求，这就使中山人寻求另外的谋生方式，即"仰机利而食"。"机利"就是商机，中山的手工业和商业是很发达的，1978 年在平山县中山王 1 号和 6 号墓中出土了大量的错金银器、青铜器、陶器、漆器、玉器和骨器，错金银器和青铜器更是令人震撼，如牺尊、银首人俑灯、刻铭铁足大鼎、刻铭方壶、错金银兽、错银双翼兽、鸟柱盆、错金银虎噬鹿器座、错金银犀器座、三犀足蟠虺纹筒、十五连灯、龙凤案等，充分说明了中山国手工业种类繁多和生产技术水平高度发达的事实。发达的手工业为商业贸易提供了丰富的交换商品。

交通是商业发展的动脉，中山正处在战国时期南北交通的大动脉之上，《史记·货殖列传》云："温、轵西贾上党，北贾赵、中山。"又"然邯郸亦漳、河之间一都会也。北通燕、涿，南有郑、卫"。温在今河南省温县西南，轵在今河南省济源县南，战国时期由洛阳渡河，以温、轵，循太山东麓向北经赵都邯郸、中山国都城灵寿，可北到燕都蓟，再由蓟可北达乌桓和辽东地区。这条南北向的交通大道，既是行军、驿传的大道，也是中原各国与赵、中山、燕等地进行商业往来的交通要道。

中山地区的中部还有一条东西向的道路，是沟通太行山东西两侧的交通纽带。这条道路自今山西境内越井陉，经石邑（今河北鹿泉市南），过鲜虞城南的东垣（今河北石家庄市郊东古城）、肥垒（今河北藁城市西南），到达昔阳（今河北晋州市）。由昔阳过扶柳（今河北冀州西），向南

---

① 河北省博物馆、河北省文物管理处编：《河北省出土文物选集》，文物出版社 1980 年版，第 46 页。

经沙丘（今河北广宗县西北）后，转而向东可与齐国境内道路相接。

此外，由石邑，经宁葭（今河北石家庄市西北）、灵寿、曲阳、丹邱（今河北曲阳西北）、华阳及鸱之塞（今倒马关），直通代地。①

中山地区的三条主干道构成了一个通向各地的交通网，促使了中山商业的发展，出土的玉器，其材料来源极广，有新疆的子玉、辽宁岫玉、河南独山玉和张家口北部新河地区的玛瑙等。中山不仅有自铸的货币"成白"刀币，还大量使用燕、赵的货币，仅在灵寿遗址中就出土了窖藏成捆的燕、赵刀币，数量多者达 600 多斤，少者也有 20 多斤。灵寿、中人、顾、石邑等一批较为发达的城邑出现了，都城灵寿尤为繁华，城市规模已十分可观，面积达 18 平方公里，是一座可与东周洛阳城、齐都临淄城、燕都蓟城、赵都邯郸城等相比的大城市。交通便利、城邑沿线广布，商业繁华，为"仰机利而食"的中山人提供了舞台，城市又是一个文化消费型的聚落，城市生活的需求带动了城市文化的兴起，歌舞、倡优都是这一城市生活需求的反映，同时又受"沙丘纣淫地余民"遗风的影响。据《史记·殷本纪》记载，商纣王"资辨捷疾，闻见甚敏"，又好饮酒而沉溺于音乐歌舞。为讨好妲己，命乐师创作新的音乐和"北里之舞"等靡靡之乐。又扩建沙丘苑台，收集天下狗马奇物和各种乐戏于沙丘。沙丘聚集一大批歌舞乐人和从事各种杂技艺术的艺人。商纣灭亡后，乐人们却留了下来，其音乐和歌舞技艺也流传了下来，融入了中山城市文化之中。然而，亡国之音多深沉悲壮，《礼记·乐记》："乐者，音之所由生也，其本在人心之感于物也。是故其哀心感者，其声噍以杀；其乐心感者，其声啴以缓；其喜心感者，其声发以散；其怒心感者，其声粗以厉；其敬心感者，其声直以廉；其爱心感者，其声和以柔。六者，非性也，感于物而后动。"又说："凡音者，生人心者也。情动于中，故形于声，声成文，谓之音。是故治世之音，安以乐，其政和；乱世之音，怨以怒，其政乖；亡国之音，哀以思，其民困。声音之道，与政通矣。"《礼记·乐记》的"疏"中论道："乱世，谓祸乱之世，乐音怨恨而愤怒。亡国，谓将欲灭亡之国，乐音悲

---

① 参见夏自正、孙继民《河北通史（先秦卷）》，河北人民出版社 2000 年版，第 208—210 页。

哀而愁思。言亡国之时,民心哀思,故乐音亦哀思,由其人困苦故也。"①
中山的音乐不仅吸收了商纣时期乐人的音乐,而且中山国的几度兴亡、盛
衰,也给百姓带来无限的感慨,使其音乐多了些乱世和亡国的情感,故
而,中山男子们相聚游戏时,歌声悲壮慷慨。

中山地区还有剽掠、盗墓之风。盗墓之风伴随着厚葬之风的兴起而出
现,春秋以来各地都有,而司马迁独在中山民风中着重提出,可见其风重
于其他地区。我国古有"事死如事生"、"事亡如事存"的礼教观念,所
以,一般都要将死者生前使用的、最为珍贵的物品,随死者一起埋葬到坟
墓中,以保障其在另一个世界的生活的同时,炫耀其在世时的荣光。据王
子今研究,商周时期就有厚葬之习,春秋以后的"礼崩乐坏",使埋葬制
度中的"礼"的约束受到严重冲击,厚葬之风在各地兴起。"当时之制度,
牵于流俗,以厚葬为荣,薄葬为辱","以富厚为高,以俭陋为愧矣"。② 厚
葬"靡民之财,不可胜计",使诸多宝物积聚于地下,造成了社会财富的
极大浪费。而且当传统观念逐渐破除、贫富差别日益鲜明时,很自然地会
成为盗墓现象的起因之一。③《庄子·杂篇·外物》记载了两儒生盗墓的故
事:某晚,年长的儒生在墓旁问道:"太阳快升起来了,事情进行得怎么
样?"墓中的小儒生说:"衣裙还未解开,他口中还含着珠子。《诗》曰:
'青青之麦,生于陵陂。生不布施,死何含珠为!'"年长的儒生说:"你用
锤子敲打他的下巴,慢慢地分开他的两颊,不要损坏了珠子!"庄子运用
这则寓言故事讥讽厚葬之风和当时盗墓之风的盛行。贫困是盗墓的重要原
因之一,中山地区的"地薄人众",造成许多人口不能依赖土地生活,城
市的商业贸易并不能给所有的人带来财富,仍有人在城市中过着贫困的生
活,土地的贫瘠、缺少生活来源成为中山地区盗墓成风的一个重要原因。

剽掠之风,一方面是因山"地薄人众",另一方面,或许与中山是狄
族部落的后裔有关,游牧的生活方式或游牧文化多多少少依然存在或影响
其行为,游牧部族有一共性,即崇尚抢掠。《国语·周语》:"夫戎狄冒没

① 《十三经注疏》,中华书局 1980 年版,第 1527 页。
② 吕思勉:《吕思勉读史札记》,上海古籍出版社 1982 年版,第 280 页。
③ 王子今:《中国盗墓史》,中国广播电视出版社 2000 年版,第 24—31 页。

轻儇，贫而不让，其血气不治，若禽兽焉。"《史记·匈奴传》："急则人习战攻以侵伐，其天性也。""苟利所在，不知礼义。"《后汉书·西羌传》："不立君臣，无相长一，强则分种为酋豪，弱则为人附落，更相抄暴，以力为雄。"从这些记载来看，游牧部族由于受自然环境的影响，生活资源天然匮乏，抢掠也成为生存的一种方式。中山进入中原地区立国建立政权，在受到中原礼俗的影响的同时，仍保留着一些游牧的生活习惯，由此可推断中山也传承着游牧文化的因素，土地资源贫瘠、匮乏，生存压力增大的环境中，也就成了抢掠文化滋生、发展的温床，"起则相随椎剽，休则掘冢作巧奸冶"更胜于其他地区，成为中山地区独特的民风了。

剽掠、盗墓和"作巧奸冶"（即制作假货币）是冒着生命危险、需要极大勇气和豪气的，而且不是一个人所能完成的事，需要歃血结拜、结伙而为。这种行为与深沉豪壮的歌舞相一致，这从另一侧面为中山慷慨悲歌文化的盛行提供了环境。

四　仰机利而食的邯郸地区

赵国的邯郸地区是一个传统的以农业为主的地区，含有盐碱而呈白色的土地也得到了改造，《史记》的《河渠书》和《滑稽列传》记载了西门豹为邺县（今河北临漳西）令时，革除祭河神的陋习，开凿 12 条水渠引漳河水灌溉农田，发展农业生产。后来，史起任邺县令时，再次修建水坝、开凿水渠，引漳河水灌溉农田。使邺县土地都变成了沃壤。① 王充在《论衡·率性》中说，经过改造后的邺县土地都变成了良田，每亩（约合今 0.3 亩）粮食产量增加到一钟（约合今 120 多斤），是其他地区亩产量的 4 倍多。

赵国邯郸地区的农用铁制生产工具诸如铁锄、铁镰、铁削、铁锛等②已经普遍使用了，还掌握了积肥、施肥技术，《荀子》一书对积肥和辨识土壤肥瘠施肥以提高粮食产量都有论述，极大地促进了邯郸地区的农业发展。赵国邯郸地区的农业生产水平要高于燕和中山地区，故此，苏秦对赵

---

① 《水经注》卷 10《浊漳水》，巴蜀书社 1985 年版。
② 雷从云：《三十年春秋战国铁器发现述略》，《中国历史博物馆刊》1980 年第 2 期。

王说："当今之时，山东之建国，莫如赵强。赵地方二千里，带甲数十万，车千乘，骑万匹，粟支十年；西有常山，南有河、漳，东有清河，北有燕国。燕固弱国，不足畏也。且秦之所畏害于天下者，莫如赵。"① 苏秦之语虽有夸大的成分，但是也说明了赵国是太行山东的强国的事实，否则赵王是不会认同苏秦之言而同意合纵的。赵国之强，其基础自然是较为发达的农业。

赵国邯郸地区的农业生产水平虽然较燕和中山地区高，却并没有得到司马迁的称赞，司马迁所称赞的地区是齐鲁、三河和关中地区，如说齐鲁云："齐带山海，膏壤千里，宜桑麻，人民多文彩布帛鱼盐。"鲁"颇有桑麻之业"。② 一看便知是农业大国，赵国邯郸地区是不能与其相比的，原因是邯郸"民淫好末，侈靡而不务本。田畴不修，男女矜饰，家无斗筲，鸣琴在室。是以楚、赵之民均贫而寡富"。③ 邯郸之民对农耕并不十分重视，他们更看重商业。《盐铁论·力耕》云："富国何必用本农，足民何必井田也？"这也许正是当时社会的一种普遍认识。

邯郸在司马迁笔下是一座富足而繁华的都市，"温、轵西贾上党，北贾赵、中山"。温和轵在今河南省的温县和济源县，位于太行山南麓，现今很普通的城镇，但是在春秋战国时期却非同一般，而是正当东西、南北交通的孔道之上。从春秋时代起，晋国东向发展，温、轵都是必经之地，此后的魏、赵以及秦国的使臣、商贾和军队往来东西，也都经由温、轵之地。温、轵沟通着太行山西上党、晋阳和太行山东行的邯郸、灵寿、蓟等城镇；由温、轵越黄河可与洛阳相通，洛阳曾一度为关东地区的政治中心，经济发达、人口众多，"东贾齐鲁，南贾梁楚"，当时闻名各国的商贾白圭就是洛阳商人。温、轵的独特地理位置使其商业经济很是发达，与燕之涿、蓟，赵之邯郸，齐之临淄，楚之宛、陈，郑之阳翟一样，"富冠海内，皆为天下名都"。

邯郸"北通燕、涿，南有郑、卫"。地处太行山东纵贯南北的交通线

---

① 《战国策》卷19《赵策》"苏秦纵燕之赵始合纵"。
② 《史记》卷129《货殖列传》。
③ 马非百注释：《盐铁论简注》卷3《通有》，中华书局1984年版，第22页。

上，北边可通过燕得到燕境内的鱼、盐、枣、栗以及北方游牧民族的畜牧产品，南边紧邻"三河"之一的河内地区，河内地区是一个以优良的农业为基础的经济区域，"土地小狭，民人众，都国诸侯所聚会，故其俗纤俭习事"，"加以商贾"。鸿沟开凿之后，在济、汝、淮、泗之间构成了水道交通网，陶（今山东定陶）位于水道交通网的中心，商业繁华而有"天下之中"的称号。郑和卫也在鸿沟水系的西端，因水、陆交通方便，也成为一方重要都会，特别是卫（战国时称濮阳），位于濮水之北，濮水上承济水，下游又可入济水，这样便于陶、卫之间的往来，卫又是秦与齐交通的孔道，南北又据燕、赵通往郑、魏咽喉之处，这使卫处于四通八达的地位。卫地还是出产桑丝的地方，《诗经·卫风》中就多处言及桑蚕之事，如《卫风·氓》："桑之未落，其叶沃若。""氓之蚩蚩，抱布贸丝。"战国时期卫的繁荣已使人们常将卫与陶并称。①

《盐铁论·通有》称："赵、中山带大河，纂四通神衢，当天下之蹊，商贾错于路，诸侯交于道。"商业成为邯郸的主要产业，吕不韦就是邯郸商业人物的代表。战国时期一般城市大概是所谓三里之城、七里之郭，在这三里之城中，大致可居住一万户人家。齐都临淄城是当时受到苏秦赞扬的繁华的大城市，"临淄之中七万户，臣窃度之，下户三男子，三七二十一万，不待发于远县，而临淄之卒，固以二十一万矣。临淄甚富而实，其民无不吹竽鼓瑟、击筑弹琴、斗鸡走犬、六博蹹踘者；临淄之途，车毂击，人肩摩，连衽成帷，举袂成幕，挥汗成雨；家敦而富，志高而扬"。②临淄城由大、小两城构成，大城周长 14 公里，小城周长 7 公里，若按每户 5 口人推测，临淄城至少有人口 35 万。赵都邯郸与齐都临淄同为天下名都，城市布局也与临淄城相似，也是由大、小两城构成，大城周长 15 公里左右，小城周长 9 公里多，面积比临淄城稍大。由此可推测，邯郸人口应与之相等或相近，即使人口密度较临淄城稍小，起码也应在 30 万上下。③

邯郸的手工业极为发达，成为经济都会发展起来的重要基础。邯郸的

---

① 史念海：《河山集》（第 1 集），生活·读书·新知三联书店 1963 年版，第 110—130 页。

② 《战国策》卷 8《齐策一》"苏秦为赵合从说齐宣王"。

③ 夏自正、孙继民：《河北通史（先秦卷）》，河北人民出版社 2000 年版，第 285 页。

冶铁业在当时是闻名于世的，与宛（今河南南阳）、棠溪（今河南西平）为当世三大冶铁中心。邯郸的外郭城（即大北城）发掘有两处冶铁遗址，其中一处炼炉残址只残留底部烧土面，东西约 3 米，南北约 2 米，周围的炼渣和烧土块宽为 10—20 米，高为 1—3 米，是一个规模较大的冶铁遗址。近年来发现的赵国冶铁点已有 11 处之多。蜀地的卓氏以冶铁致富，富拟人君，卓氏原为赵国人，在赵国时就从事冶铁业，秦灭赵国后被迁到蜀地。邯郸郭纵也是以铁冶成就家业，其富可与王者相比。卓氏和郭纵都是司马迁笔下的代表性人物，在全国都闻名的。邯郸除冶铁业之外，还有铜器制造业、制陶业、酿酒业等，在邯郸遗址"大北城"中都有相关遗迹发现。手工业技术之高超和手工业产品之精良，为商品流通提供了保障。

邯郸交通之便利、物产之丰富，及其在商业贸易中的地位，为邯郸人"仰机利而食"提供了环境。司马迁在论述全国各地的经济形势之后总结道："楚越之地，地广人希，饭稻羹鱼"，"秦、夏、梁、鲁好农而重民。三河、宛、陈亦然，加以商贾。齐、赵设智巧，仰机利。燕、代田畜而事蚕"。即是说江南的楚越地区开发滞后，尚处在地广人稀的状况；关中地区、今河南的中南部、山东西南部的鲁国地区民好农耕而重视土地；三河（即今山西汾涑地区、河南的伊洛河地区、河北南部和山东西北的黄河和古济水地区）、宛（今河南南阳）、陈（即陈国，都宛丘，在今河南淮阳城关，辖有河南东部和安徽淮河以北的一部分）也是好农耕，又从事些商业活动；齐和赵地区手工业发达，其民从事商业为主；燕地和代地是农牧兼营。从全国的形势看，从事商业活动的地区主要是齐和赵两地。齐国地区物产丰富，有鱼盐桑麻之利，而赵国地区不能与之相比，故而将城市文化充分利用起来，加之受到郑卫之音乐的影响，这才有了凸显的倡优业，赵女修饰容貌、抚琴习舞，远走他乡，不远千里，不选择老少，其目的是奔富贵。赵女的行为虽然有奔婚习俗的影子，但是已经很商业化了，是典型的商业行为。

第四节　战国时期的任侠

任侠，任，《墨子·经上》："任，士损己而益所为也。"其意是损己利人、讲诚信的行为。侠，《韩非子·五蠹》："侠以武犯禁。"其意是以武力为他人之事、承诺之事而勇于轻死犯法的行为。任和侠都是形容性格的用语，凡表现出这一类性格与行为的人，就称为侠，即侠客。司马迁在《游侠列传》中说："要以功见言信，侠客之义又曷可少哉！"其意是："若从我们能够看见的其敢于助人的品行和言必有信的品德来看，侠客的行为又怎么可以缺少呢！"《辞海》对侠解释说："旧称扶弱抑强、见义勇为的人。"依此定义，侠是主持正义的象征，侠也就成了正义的化身。侠代表正义当是后起之义，与司马迁所说的春秋战国时期的侠的含义不完全一致。

司马迁在《游侠列传》中记载了秦汉时期的侠客的事迹，而对春秋战国时期的侠客没有记载，在《刺客列传》中所记载的人物均为春秋战国时期的人物，观察所载刺客的行为，如鲁人曹沫、晋人豫让、卫人荆轲是报主人的知遇之恩，吴人专诸、轵人聂政是解人之难，都有"言必信，其行必果，已诺必诚，不爱其躯，赴士之厄困"的品行，与侠客相类，特别是卫人荆轲，更成为后世侠客的代表，是悲歌慷慨的代名词，可以此做一简单的分析。

《刺客列传》中记载的人物有鲁人曹沫、吴人专诸、晋人豫让、轵人聂政、卫人荆轲。这几位人物的事迹世人都很熟悉，曹沫和荆轲的行为与国家间的政治活动联系在一起，看似为国而不爱其身，而实际上是为报主人的知遇之恩。鲁庄公尚武好勇，招聚天下勇力之人，曹沫就是以勇力而为鲁庄公信任，并担任鲁国大将。与齐国的三次战斗中均败，鲁庄公惧怕齐国乘势入侵鲁国，只好割地求和。这对于曹沫来说无疑是极大的羞辱，在齐鲁会盟之时曹沫不惜性命，执匕首劫持齐君，迫使齐君归还三战占领的鲁国领土。既为鲁国挽回了损失，也挽回了自己的荣誉。荣誉、信用正是侠客们最看重的东西。荆轲刺秦王是为解决秦、燕之间的纷争，而荆轲是卫人，他的行为不是为卫国，而是为燕太子丹与秦之间的仇恨，更是为了报答田光的知遇之恩。

吴人专诸、晋人豫让、轵人聂政三人的事迹都与国内政治变动和权臣之间的争斗有关，更谈不上为国为民了，就连主持正义都谈不上。虽然如此，他们的事迹却广为人们流传，这在于他们"其言必信，其行必果，已诺必诚，不爱其躯，赴士之厄困"的品行。司马迁说："且缓急，人之所时有也。太史公曰：昔者虞舜窘于井廪，伊尹负于鼎俎，傅说匿于傅险，吕尚困于棘津，夷吾桎梏，百里饭牛，仲尼畏匡，菜色陈、蔡。此皆学士所谓有道仁人也，犹然遭此灾，况以中材而涉乱世之末流乎？其遇害何可胜道哉！"① 诸如舜、伊尹、傅说、吕尚、孔子等圣贤之人，都有落难之时，更何况身处乱世的普通百姓。身处困境的任何人都希望有人相助，摆脱困境，能够不顾自身安危出手相助的人，其行为虽然不是为国为民、不完全符合正义，但仍然会受到百姓的爱戴和推崇，他们自然可以被称为侠。"今游侠，其行虽不轨于正义，然其言必信，其行必果，已诺必诚，不爱其躯，赴士之厄困，既已存亡死生矣，而不矜其能，羞伐其德，盖亦有足多者焉。"

春秋战国时期的侠，其崇尚的节义是信誉、不惜性命，即言必信、行必果，已诺必诚、不爱其躯。有些侠士为名节而牺牲生命，这种节义观还很狭窄，以一主、一人之利为主，多少带有些私利的味道。司马迁总结说："其在闾巷少年，攻剽椎埋，劫人作奸，掘冢铸币，任侠并兼，借交报仇，篡逐幽隐，不避法禁，走死地如骛者，其实皆为财用耳。"② 财用，实质上是为富贵，为私利。

---

① 《史记》卷 124《游侠列传》。
② 《史记》卷 129《货殖列传》。

第二章　悲歌忼慨

——秦汉时期的燕赵文化

第一节　秦汉时期燕赵地区的民风文化

秦统一六国后实行郡县制度，春秋以来形成的诸侯国分疆裂土的局面结束了，太行山东设置了邯郸、巨鹿、恒山、广阳、上谷、渔阳、右北平、辽西等郡，汉代建立后又有所增置改易。郡县制的推行，消除了诸侯国之间的边界疆域的政治阻隔，太行山东地区内的人口、物产、文化诸方面的交流比以往更加便利，促进了民风文化的融合和趋同。

《汉书·地理志》记载了由朱赣辑录的汉代晚期的各地风俗，据此可将燕赵地区划为三个民风文化区，即钟（种）代地区、燕地和赵地。

一　种代地区的民风文化

《汉书·地理志》：

> 钟、代、石、北，迫近胡寇，民俗懷忮，好气为奸，不事农商，自全晋时，已患其剽悍，而武灵王又益厉之。故冀州之部，盗贼常为它州剧。

> 上谷至辽东，地广民希，数被胡寇，俗与赵、代相类，有渔盐枣栗之饶。北隙乌丸、夫馀，东贾真番之利。

颜师古注引如淳曰："钟，所在未闻。石，山险之限，在上曲阳。"

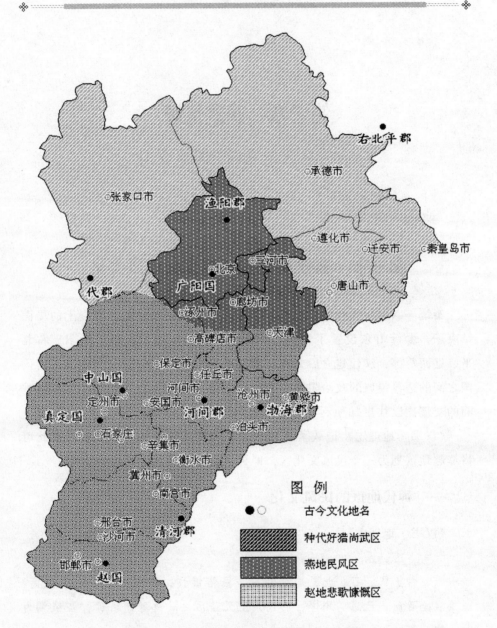

图 2-1 秦汉时期燕赵文化区域分布示意图

《史记·货殖列传》云:"种、代，石北也"，钟，应是"种"，《汉书》的"钟、代、石、北"应是《史记》的"种、代，石北也"，即是指今曲阳西北部的大茂山以北的地区，为河北的西北部和山西北部地区。

懻忮,《汉书》臣瓒曰:"懻音冀,今北土名疆直为懻中。"师古曰:"懻,坚也。忮,恨也。"是指种代地区的人的性格刚直倔强。

好气为奸,好气是指高尚气力,有尚武之风;为奸,是指轻视违法。意即尚武豪气,以义气为重,轻视违法。

战国时期,赵武灵王推行胡服骑射,在代地的原阳建立训练骑兵的基地,并在当地比武选拔骑士,益发使当地百姓尚武轻死,民风彪悍。

上谷郡治沮阳(今河北怀来县)、渔阳郡治渔阳(今北京密云西南)、右北平郡治平刚(今辽宁凌源市城西南)三郡辖区包括了今河北张家口、承德地区,其民风在汉代与种代地区相类。

秦汉时期,今河北张家口、承德地区民风与春秋战国时期沿承相袭,尚武轻死,性格刚直倔强,民风彪悍。

二 燕地的民风文化

《汉书·地理志》:

> 蓟,南通齐、赵,勃、碣之间一都会也。初,太子丹宾养勇士,不爱后宫美女,民化以为俗,至今犹然。宾客相过,以妇侍宿,嫁取之夕,男女无别,反以为荣。后稍颇止,然终未改。其俗愚悍少虑,轻薄无威,亦有所长,敢于急人,燕丹遗风也。

据《汉书·地理志》的划分,燕地"东有渔阳、右北平、辽西、辽东,西有上谷、代郡、雁门,南得涿郡之易、容城、范阳、北新城、故安、涿县、良乡、新昌,及勃海之安次"。这是燕地在地理上的划分,其民风区的划分与其略有出入,燕地北部的上谷、代郡、渔阳、右北平等郡,按民风与种代地区相类,诸郡北部地区归入种代民风区,则燕地北部应以长城一线为界;燕地南部的易、故安等县大致位于易水河一线,易水河一线可作为其南界。故此,燕地民风区大致北至长城,南傍易水河。

朱赣所记录的燕地民风与司马迁所记的战国时期燕地民风有些不同的地方,即"以妇侍宿"的习俗。这习俗按朱赣的记载是起源于"太子丹宾养勇士，不爱后宫美女"，将侠客、勇士看得很重，美女仅是侠客勇士的附属品。卢云认为，这是一种世界上许多民族都曾出现过的婚姻习俗——"借妻"，借妻习俗是古代夫兄弟婚或对偶婚的变相遗存，妻子被作为最慷慨的馈赠，暂时地奉于朋友、宾客分享，以示亲密、殷勤之意。先秦时期，借妻习俗还曾存在于齐、晋、卫、楚等地。春秋晚期与战国时代，列国间以武相尚，攻战不已。权贵们为了发展、壮大自己的势力，多方纳士，广聚宾客。以各种手段招徕、笼络士人，已成为权贵者中的一种风气。在这一新的历史条件下，借妻习俗又有新的表现。王公贵族常向游士开放后宫，甚至将妻妾赠送给他们，如齐国的田成子为谋取齐国政权，选取齐国女子百余人充后宫，"而使宾客舍人出入后宫者不禁"。燕太子丹为让荆轲刺秦王，"车骑美女姿荆轲所欲"。这种向宾客士人开放后宫，有限度地让他们分享妻妾性特权的举动，不仅得不到非议，而且还被誉为重士尚贤的侠义之举。借妻习俗本身就在燕地存在，燕太子丹对待荆轲的令世人赞叹的行为又强化了燕地的借妻习俗。① 燕太子丹也有许多门客，但是能够让燕太子丹开放后宫的对象都是些侠客勇士，当时在燕国除了荆轲之外，还有田光、夏扶、宋意、武阳等②，燕太子丹也是借用了当地流行的借妻习俗以表达对侠客勇士的推崇，同时对燕地尚武任侠的民风也是一种推动，这从另一侧面反映出燕地的"任侠"民风。赵国的平原君被门客们认为是"以君为爱色而贱士"，所以门客们纷纷离去。平原君杀了美人，"自造门进躄者，因谢焉"。门客们看他重视侠士超过了美人，这才又回来。③ 这也说明战国时重士轻美人是一种当世的风尚。到了汉代，淮南王刘安私养宾客数千人，并且优选民家女，"以待游士而妻之，故至今多女而少男"。④ 淮南王刘安的行为正是燕太子丹对待侠客勇士做法的再现，此例说明，当时社会上确定流行着以美女侍侠客勇士的风气。

除了这一点不同之外，燕地仍沿袭着战国以来的憨直少虑、敢于急人

---

① 卢云：《汉晋文化地理》，陕西人民教育出版社1991年版，第255—261页。

② 程毅中点校：《燕丹子》，中华书局1985年版，第8页。

③ 《史记》卷76《平原君虞卿列传》。

④ 《汉书》卷28《地理志下》。

的"任侠"民风。

三 赵地的民风文化

《汉书·地理志》:

> 赵、中山地薄人众,犹有沙丘纣淫乱余民。丈夫相聚游戏,悲歌
> 忼慨,起则椎剽掘冢,作奸巧,多弄物,为倡优。女子弹弦跕躧,游
> 媚富贵,遍诸侯之后宫。
>
> 邯郸北通燕、涿,南有郑、卫,漳、河之间一都会也。其土广俗
> 杂,大率精急,高气势,轻为奸。

按《汉书·地理志》载,赵地的地理范围还包括太原、上党等郡,即今山西部分地区,这部分与赵、中山不属一个民风文化区,故不在讨论范围之内。赵地民风区指北起易水河,南至漳河和黄河北岸的地区。这一地区在战国时期为中山和邯郸地区,前296年赵灭中山之后,到赵为秦国所灭,其间有80余年的时间,赵与中山已成为一个政治体,汉武帝时期实行州制,赵与中山又同在一个监察州——冀州之内,东汉之后的监察州有了固定的治所和辖区,这就使中山和赵同处一个共同的政治地理环境之中,形成了一个统一政权形式下的政治功能文化区。在同一政治功能文化区内,其具有强制性、约束性的社会价值取向、制度文化、生活方式,以及礼教文化等,促使人们在思想意识或文化传统上产生文化的认同感,形成共性,政权的边界、疆界,也就成了文化的边界、疆界,文化的边界、疆界也随着时间的推移而渐渐地清晰起来。赵、中山一体化的意识进一步强化,因此,班固将两者归为一个民风文化区是合理的。颜师古注引晋灼曰:"言地薄人众,尤复有沙丘纣淫地余民,通系之于淫风而言之也,不说沙丘在中山也。"颜师古此段的意义也正在于将赵和中山看成一个整体。

战国以来,赵和中山地区的民众喜欢音乐歌舞、从事以音乐表演为主的倡优业,成为职业艺人。男子慷慨好侠,相聚剽掠、盗墓,盗铸货币;女子善歌舞,出入富商王侯之家从事音乐歌舞表演的民风,依然很盛。《盐

铁论·通有》中说赵人:"家无斗筲,鸣琴在室。"乐府是中国古代专掌音乐的官署,早在秦朝就已设置。汉武帝时,重设乐府,并进行了大规模的民歌采集。在乐府所采集的各地民歌中,除吴、楚、齐、郑等地民歌外,还有"燕代讴,雁门、云中、陇西歌诗九篇"以及"邯郸、河间歌诗四篇"。①《盐铁论·毁学》:"赵女不择丑好,郑姬不择远近,商人不愧耻辱,戎士不爱死力,士不在亲,事君不避其难,皆为利禄也。"当时赵、中山的许多女子,由于善于游媚权贵,成为官僚的妻妾或诸侯王妃。如中郎将杨恽的妻子,就是精通琴瑟的赵地女子;魏其侯窦婴也有赵地女子做妾;邯郸人梁蚡将女儿送入江都王后宫;江充将妹妹嫁予赵太子丹;中山人李延年把妹妹献给了汉武帝。东汉时光武帝郭皇后是真定稾人;明德马皇后是伏波将军马援之小女儿,马援此时虽为扶风茂陵人,但其是赵国名将赵奢的后裔;② 孝仁董皇后是河间人;灵帝妃王美人是赵国人,"美人丰姿色,聪敏有才明,能书会计,以良家子应法相选入掖庭"。③ 张禹是赵国襄国人,"祖父况族姊为皇祖考夫人"。④"东汉以后,赵、中山等地好奔的习俗逐渐减弱,礼制婚姻的影响日益增强。但流风余韵,至三国西晋时还隐约可见。如阮籍《乐论》云:'漳、汝之间,其民好奔。'许多诗文对赵地美姬、邯郸倡乐仍津津乐道。西晋以后,由于北边、西北游牧民族大批入居黄河中下游地区,北中国社会文化经历了巨大的变化,赵、郑、中山奔婚遗俗彻底消失了。"⑤

盗墓之风在汉代依然存在,如轵人郭解,"解父以任侠,孝文时诛死。解为人短小精悍,不饮酒。少时阴贼,慨不快意,身所杀甚众。以躯借交报仇,藏命作奸剽攻,休铸钱掘冢,固不可胜数。"⑥《西京杂记》记载了广川王去疾喜好盗墓之事:"广川王去疾,好聚亡赖少年,游猎毕弋无度,

---

① 《汉书》卷30《艺文志》。
② 《后汉书》卷10《皇后纪第十上》。
③ 同上。
④ 《后汉书》卷44《邓张胡张徐列传》。
⑤ 卢云:《汉晋文化地理》,陕西人民教育出版社1991年版,第267页。
⑥ 《史记》卷124《游侠列传》。

国内冢藏，一皆发掘。"① 盗墓之风也被考古工作者所证实，"1949 年以后在邯郸地区所有的掘的战国秦汉墓中，无不发现被盗掘的痕迹。有的墓葬被盗往往不止一次。据说在河北省故赵范围内，除战国中山王陵因墓葬形制特殊而有幸完整保存一部分外，其余战国秦汉墓葬都普遍遭到过盗掘。"②

第二节　秦汉时期燕赵民风文化的形成

一　边塞重地的种代地区

种代地区进入秦汉时期也发生了重大的变化，匈奴逐渐发展起来。秦兼并六国之后，始皇帝使蒙恬率十万大军击败匈奴，攻取了匈奴部落水草最为丰美的牧场——河南地（今内蒙古南部的河套地区）。当是之时，东胡强大而月氏盛。匈奴部落在冒顿的统率下强盛起来，大破东胡王，虏获其人民及畜产。既归，又向西进兵击走月氏部落，南向兼并楼烦、白羊河南王。重新占据了被秦大将蒙恬夺取的原匈奴牧地，与秦以河南塞为界，时而入侵燕、代地区。是时正值秦末，天下动荡，楚汉相争，无力控制北部边塞地区，以使冒顿乘机强大起来，控弦之士 30 余万。匈奴部落的强大要远胜于东胡诸部落，匈奴建立了自己的政权，封王置官，划分牧地，组建了强大的骑兵部队。匈奴政权的出现，使北部草原结束了长期以来的诸部落各自独立、分散游牧的状态，形成了统一的部落。匈奴成了两汉王朝北部的最大威胁，边塞战事不断。东汉初年，乌桓和鲜卑的一部分部落降附，居住在幽州境内，其大部分居住在东汉边郡以北，刘秀在上谷宋城置乌桓校尉进行管理。到汉桓帝时，鲜卑已尽占匈奴故地，实力强大。"迫近胡寇"、"数被胡寇"正是当时边塞政治环境的真实反映。

种代地区的自然环境和生活条件也无太多变化，这期间虽有秦将蒙

---

① （晋）葛洪撰：《西京杂记》卷 6，中华书局 1985 年版，第 41 页。
② 孙继民、郝真良等：《先秦两汉赵文化研究》，方志出版社 2003 年版，第 20 页。

恬、汉武帝移民屯田,但是,随着秦朝的灭亡和西汉王朝的衰落,农耕生产活动也就减弱了,东汉时期河套地区又为南匈奴牧地,南匈奴还以此为根据地不断向南渗透。其民依然牧猎为生,不事农商。

秦汉时期种代地区的政治环境、生存环境与战国时期相比并没有多大改变,其民好气尚武的民风也就沿承下来了。

二 燕地的经济发展

燕地处于燕山南麓潮白河、永定河、滦河洪积冲积扇和渤海滨海冲积平原上,河流支岔分岐,沼泽密布,据《水经注》记载,至南北朝时期燕地有湖泊 16 个,多分布在太行山东麓冲积扇前缘与战国时期的黄河北岸之间的河间洼地上,其中大部分天然湖泊在先秦时代已经形成,最著名的是督亢泽,经人工改造、维护,又称督亢陂(见表 2-1)。

表 2-1 燕地湖泊分布

湖泊名	今 地	湖泊名	今 地
谦 泽	三河西	夏 泽	香河北
西 湖	北京西南	督亢泽	固安、新城间
护 淀	固安南	西 淀	永清西
鸣泽渚	涿县西北	长 潭	涞水北
金台陂	易县东南	故大陂	易县东南
范阳陂	徐水北	梁门陂	徐水北
曹河泽	徐水西	大墅淀	容城南
小墅淀	容城南	雍奴薮	天津宝坻间

燕地位于农牧分界线一带,是农业区向牧业区的过渡地区,田畜兼营,农业经济水平要低于赵地。燕地南部的农业生产要好一些,燕地称陂的湖泊有 4 个,都分布在南部的南北易水之间,面积一般较小。陂是利用洼地蓄水的人工湖泊,从战国时代起,督亢陂的周围地区就得到开发和利用并受到关注。此外还有金台陂、故大陂、梁门陂等湖泊都应是经过人工利用的,自然成为这一地区灌溉农田的水源所在,这无疑会改善土壤,提高农业生产水平。到了东汉时期,燕地北部获得一次发展,建武年间,渔

阳太守张堪在狐奴县（今北京顺义县境）大兴水利，开稻田八千余顷，劝民耕种，"以致殷富"。①

在燕地的今兴隆、滦平等地均出土过大型汉代铁犁铧。铁镢等农用生产工具在燕下都等地多有出土。右北平郡的夕阳（治今滦县南）还是汉代的官营冶铁地区，这对铁制农用生产工具的铸造和推广无疑是有利的。

燕地的农业虽有发展，但是其总体发展水平还是低于黄河中下游的农业中心地带，农业经济发展的滞后，延滞了以农业发展水平为基础的学术文化的发展。根据卢云对学术文化的定义，学术文化包括经学、诸子等各类学说、思想、诗文、辞赋、书法等文学艺术，天文、历法、医学等古代科学技术以及区域居民的教育状况与文化素养，各类文化人才与文化成果等。学术文化是人类高级的精神创造，是世代传承的知识积累。在人类文化诸形态中，学术文化占有最重要的地位。它不仅显示着整个社会的发展水平，而且对各类民俗文化产生着深刻的影响。西汉时期，学术文化最发达的地区是齐鲁周宋地区（今河南北部和除胶州半岛之外的山东地区）、河北西部地区（今太行山东麓的河北保定以南至河南安阳一带）、三辅地区（今陕西西安地区）、蜀郡周围地区（今四川成都平原及其周围地区）和淮南吴越地区（今安徽九江、合肥地区，江苏浙江的苏州主、常州、湖州、杭州地区）五大地区。② 齐鲁周宋地区是沿承先秦以来的学术文化传统的学术文化核心区，其他四个地区多少都受到这一地区的学术文化的影响，特别是三辅地区受其影响最深，这四个地区成为学术文化发达区。燕地已处于学术文化区的边缘地带，自战国时期其学术文化就比较落后，其思想制度和婚姻礼制受其影响较弱，燕地的借妻习俗流传了下来。汉武帝之后，儒家文化的迅速发展与传播，以周礼为准绳的礼制文化的强化，强有力地排斥着形形色色的原始婚俗，燕地的借妻婚遗存在儒家文化的影响下，"后稍颇止，然终未改"。到了东汉以后，燕地的这类婚俗记载才不再出现了。

燕地自先秦以来的农牧兼营的状况一直保持着，吴汉曾在燕、蓟间以

①　《后汉书》卷31《张堪传》。

②　卢云：《汉晋文化地理》，陕西人民教育出版社1991年版，第5页。

贩马为业。① 《盐铁论·通有》说："燕之涿、蓟，赵之邯郸，魏之温、轵，韩之荥阳，齐之临淄，楚之宛、陈，郑之阳翟，三川之二周，富冠海内，皆为天下名都。"涿（今河北涿州）、蓟都曾是燕的都城所在，蓟城的发展，司马迁总结为"南通齐、赵，东北边胡"。② 与边胡贸易主要是马牛羊之类的畜牧产品。涿城在汉代发展起来，自然依靠的是太行山东麓的南北交通道路和边胡的畜牧产品。涿、蓟并称为天下名都，足见燕地农牧产品间贸易的发达和当地养马是较为普遍的。受环境因素的影响，燕地喜爱骑射的人也很多，故而这里的骑兵也是很有名的。早在秦末楚汉相争之时，"北貉、燕人来致枭骑助汉"。③ 貉，是东北地区的游牧部落；枭，是勇健之意。即是由北貉和燕地来的武勇善战的骑兵部队前来帮助汉王刘邦。汉代中期，北方游牧民族乌桓归附汉朝，时汉武帝派遣骠骑将军霍去病击破匈奴左地，依附于匈奴的乌桓归附，被安置在上谷、渔阳、右北平、辽西、辽东五郡塞外，为汉朝侦察匈奴动静。并设置了护乌桓校尉持节监领之，使其不得与匈奴交通。到了东汉初年，"乌桓或愿留宿卫，于是封其渠帅为侯王君长者八十一人，皆居塞内，布于缘边诸郡，令招来种人，给其衣食，遂为汉侦候，助击匈奴、鲜卑"。乌桓由塞外内迁居塞内，燕地是其主要聚集地区之一，乌桓"俗善骑射，弋猎禽兽为事"④。乌桓对燕地逐渐渗入，其尚武善骑射的习俗无疑又强化了燕地的尚武任侠喜爱骑射的民风。东汉时，幽州的突骑更为著名，吴汉曾说："渔阳、上谷突骑，天下所闻也。"⑤ 刘秀也说："吾闻突骑天下精兵，今乃见其战，乐可言邪？"⑥ 幽州突骑成为刘秀最得力的军队，多次助刘秀取得战争的胜利，刘秀夺得天下，幽州突骑有不可忽视的贡献。此后，幽州突骑一直为兵家所重视，持续到三国时代。公孙瓒的军队中有幽州突骑，袁绍军中也有幽州

---

① 《后汉书》卷18《吴汉列传》。
② 《史记》卷129《货殖列传》。
③ 《汉书》卷1《高帝纪》。
④ 《后汉书》卷90《乌桓鲜卑传》。
⑤ 《后汉书》卷18《吴汉列传》。
⑥ 《后汉书》卷22《景丹列传》。

突骑，"冀州牧袁绍辟为督军从事，兼领乌丸突骑"①。幽州突骑的构成当以乌桓人为主，如"乌桓突骑三千余人"②，"后车骑将军张温讨贼边章等，发幽州乌桓三千突骑"③。由各郡中善骑射的人组成的骑兵部队也被称为突骑。如"窦宪既出，而弟卫尉笃、执金吾景各专威权，公于京师使客遮道夺人财物。景又擅使乘驿施檄缘边诸郡，发突骑及善骑射有才力者，渔阳、雁门、上谷三郡各遣吏将送诣景第"④。渔阳、雁门、上谷等缘边诸郡中"善骑射有才力者"自然也是突骑的组成者。

三 赵地的经济发展

赵地正处在太行山东麓的平原之上，《汉书·地理志》仍然称"赵、中山地薄人众"。"地薄"依然是影响这一地区农业发展的不可忽视的因素，太行山东麓由西到东，地形由陡到平，地下水位由深到浅，土壤含盐量也由低到高，盐碱化由无到有，由轻到重。西门豹治邺时引漳河水灌溉农田，改良土壤，想要解决的就是土壤的盐碱化问题，而在秦汉时期，太行山东麓平原上兴修水利的事并不多，见于记载的有两次，一是东汉鲁丕在赵国为相时，"修通溉灌"⑤；二是东汉安帝时"修理西门豹所分漳水为支渠，以溉民田"。又"诏三辅、河内、河东、上党、赵国、太原各修理旧渠，通利水道，以溉公私田畴"⑥。仅有的几次水利建设都集中在河北的西南地区。

秦汉时期，黄河在现在的沧县以北入海，下游分支很多，战国时期有"九河"之称，人们已开始在黄河两岸修筑河堤，约束河流，形成了单股固定的河道。到西汉初年，黄河泛滥、决溢的事情增多，黄河决溢往往向东南流，对赵地区影响不大，但是在武帝时期的黄河瓠子决口后不久，河水又在魏郡馆陶境内北决，冲出一条屯氏河的支流，屯氏河的水量很大，

① 《三国志》卷26《牵超列传》。
② 《后汉书》卷18《吴汉列传》。
③ 《后汉书》卷73《刘虞列传》。
④ 《后汉书》卷45《袁安列传》。
⑤ 《后汉书》卷25《鲁恭附子丕列传》。
⑥ 《后汉书》卷5《孝安帝纪》。

其"深广与大河等"，流经魏郡、清河、信都、勃海等郡入海。到了元帝永光五年（前39），黄河又在清河郡灵县（今山东高唐县南）向北决出一条鸣犊河的支流，屯氏河分流70余年后至此断流。但是鸣犊河排水不畅，行水六七年就出现淤塞，这使黄河在以后的三四十年里不断在魏郡、东郡、平原、清河、信都、勃海等沿河诸郡境内决口，造成多次严重灾害，终使黄河在王莽始建国三年（11）在魏郡元城（今河北大名东）以南决口，清河以东数郡遭受特大洪灾。这次决口在60年后的东汉明帝永平十三年（70）才得到治理，经王景筑堤疏导，黄河经今利津入海，并在相当长的一段时间内比较稳定。

太行山东平原上在南北朝以前有许多的湖泊，据《水经注》记载，有湖、泽、薮、淀、渚、渊、坑、陂、塘、池、潭和堰十二种类型，大小湖泊20余个（见表2-2）。

表2-2 赵地湖泊分布

湖泊名	今　地	湖泊名	今　地
蒲水渊	顺平北	阳城淀	望都东
蒲泽	正定东	清梁陂	博野北
北阳孤淀	滦南东	天井泽	安国南
狐狸淀	任丘东北	大浦淀	河间西南
乌子堰	石家庄	淀	青县北
淀	青县西	广糜渊	束鹿西南
泜淀	宁晋县东南	大鹿泽（大陆泽）	巨鹿隆尧任县间
澄湖	鸡泽东	渚	邯郸南
鸡泽	永年东	广博池	衡水西南
清渊	丘县东	从陂	景县阜城间
泽渚	枣强北	武强渊	武邑西北
泽薮	武邑阜城间	张平泽	武邑东北
郎君渊	武邑北		

赵地的湖泊多分布在太行山东麓平原的中东部地区，这一地区多为黄河、漳水和滹沱河决溢改道的场所，如大浦淀、狐狸淀以及武邑、武强间诸湖，先秦时期属"九河"的河间洼地，汉唐时代则为滹沱河、漳水和清

河之间的河间洼地湖。①

　　秦汉时期，赵地的自然环境和黄河流向，使本区呈现西宽东窄，西和北部地势高、中东部地势平坦且多湖泊、河流决溢改道。受自然环境的制约，赵地的农业水平呈现出西部较为发达，中、东部较为滞后的态势。汉宣帝时，龚遂任勃海太守，勃海郡"海濒遐远，不沾圣化"，其民"俗奢侈，好末技，不田作"。于是，龚遂躬率以勤俭节约，劝民务农桑。又劝那些带刀持剑的百姓，卖剑买牛或卖刀买牛犊。数年后，"郡中皆有蓄积，吏民皆富实。狱讼止息"。② 足见当地农业在一定程度上还落后于太行山东地区。

　　秦汉时期农业经济水平较高的地区是位于黄河中下游的关中、三河和齐鲁地区，赵地毗邻这一经济发达地区，农业经济水平也呈现出南部发达于北部的特点。以邯郸郡为中心的南部一带最为发达，西汉末年，光武帝刘秀平定河内之后，问邓禹谁可为河内太守。邓禹曰："昔高祖任萧何于关中，无复四顾之忧，所以得专精山东，终成大业。今河内带河为固，户口殷实，北通上党，南迫洛阳。寇恂文武备足，有牧人御众之才，非此子莫可使也。"于是拜寇恂为河内太守，寇恂在河内"伐淇园之竹，为矢百余万，养马二千匹，收租四百万斛，转以给军"③，为刘秀平定冀州立下头功。邯郸地区紧邻河内，应是寇恂征集粮草的地区。东汉时仅有的几次水利建设也多在这一地区，使本区保持着较高的发展水平。东汉末年，无论是刘馥、袁绍，还是曹操都以冀州为根据地，且将根据地的中心设在南部的邺城一带。赵地北部中山一带的农业经济水平略次于南部，但是也得到持续的发展。以赵地为主体的冀州到东汉中后期颇受时人称道，东汉桓帝时崔寔《政论》说："青徐兖冀，人稠土狭，不足相供。"汉献帝初平元年（190），董卓举刘馥为冀州牧，"时冀州民人殷盛，兵粮优足"。④

　　汉代赵地区铁犁的使用较为普遍，目前，满城汉墓、兴隆县、石家庄、平泉、承德、滦平、磁县等地均出土过大型汉代铁犁铧。镢是一种多

---

① 参见邹逸麟主编《黄淮海平原历史地理》，安徽教育出版社1997年版，第19、165—170页。
② 《汉书》卷89《循吏·龚遂传》。
③ 《后汉书》卷16《邓寇列传》。
④ 《三国志》卷1《魏志·武帝纪》裴注引《英雄记》。

种用途的生产工具，除了用于翻土外，还可以用作点播，也可用作修建窖穴、水利设施和建筑工程中的起土工具。铁镢从河北满城到南部邯郸均有出土。铁锸也是汉代起土和用于水利建设的工具，由先秦时期的锸发展而来，也称作锹。铁锸在河北的阳原、定州等地多有出土，铁制的犁、镢、锸是汉代主要的生产工具。① 当然，这也与冶铁业的分布有一定的关系，冶铁业在秦汉时期仍是燕赵地区重要的手工业，西汉时在全国设有 49 处铁官，本区有 5 处：魏郡的武安（今武安）、常山郡的都乡（今井陉县西）、蒲吾（今平山县东南）、涿郡（今涿州）、中山国的北平（今满城县北）。东汉时又在泉州（今武清县西南）增设一铁官。赵和中山仍然是汉时最为发达的冶铁中心。时称"赵国以冶铸为业"，赵王也常因冶铸之事与政府的铁官发生诉讼争执。②

赵地的农业经济比战国时代大有发展，但是自然灾害的影响也很大，人口增长也很快，按照西汉各省区人口的多少排序，今河南省第一，1289929 人；山东省第二，12100873 人；河北省位居第三，6908790 人。人口又较为集中在赵、中山一带，赵国的人口密度为 83.59 人/平方公里；真定为 190.63 人/平方公里；中山为 89.66 人/平方公里。③ "地薄人众"的状况改观不大，故战国时代"民好巧冶，仰机利而食"的民风保持下来，"赵、中山带大河，篡四通神衢，当天下之蹊，商贾错于路，诸侯交于道；然民淫好末，侈靡而不务本，田畴不修"。④

邯郸在汉代以其地位优势，成为汉代五大都会之一，商业经济更为繁荣，各地商贾会聚于此，各方游民来此讨生活，使其民风含有各地的习俗，"土广俗杂"。然而，尚侠、敢于急人，对"椎剽掘冢，作奸巧"之行不以为意的民风依然很盛。

---

① 王文涛：《汉代河北农业经济探视》，《河北师院学院》1997 年第 1 期。
② 《汉书》卷 59《张汤传》。
③ 葛剑雄：《西汉人口地理》，人民出版社 1986 年版，第 96 页。
④ 《盐铁论》卷 3《通有》。

第三节　秦汉时期任侠之风的地理分布

一　秦汉时期任侠之风的地理分布

先秦以来的士文化和任侠之风对秦汉时期的民风影响颇深，行侠之人不仅受到统治者的关注，更受到平民百姓的推崇，并影响到社会风气，"布衣之徒，设取予然诺，千里诵义，为死不顾世，此亦有所长，非苟而已也"。司马迁对这些重然诺的任侠之人很是欣赏，生怕这些社会下层的侠士为后世所遗忘，"至如闾巷之侠，修行砥名，声施于天下，莫不称贤，是为难耳。然儒、墨皆排摈不载。自秦以前，匹夫之侠，湮灭不见，余甚恨之。以余所闻，汉兴有朱家、田仲、王公、剧孟、郭解之徒，虽时扞当世之文罔，然其私义廉洁退让，有足称者。名不虚立，士不虚附。至如朋党宗彊比周，设财役贫，豪暴侵凌孤弱，恣欲自快，游侠亦丑之。余悲世俗不察其意，而猥以朱家、郭解等令与暴豪之徒同类而共笑之也"。故而作《游侠列传》记载当时之侠客，欲使"其言必信，其行必果，已诺必诚，不爱其躯，赴士之阸困"的侠客之义，能为世人所重视，能为后世之人所传承。

任侠之风因受文化传统和政治因素的影响，在各地的表现是不同的。本节以《史记》《汉书》和《后汉书》记载的任侠人物为主体，以任侠之风系人，以人系地，呈现各地任侠之风的区域特征，以进一步探析燕赵任侠民风的形成（见附录表1：秦汉时期侠客表）。

秦汉时期以侠著称于世者共有71人，其中西汉43人，东汉24人。若以今天的省区来看，侠客人物分布在10个省份，集中在陕西（24人，其中西汉17人，东汉7人）、河南（18人，其中西汉11人，东汉7人）、山东（7人，其中西汉5人，东汉2人）、河北（4人，其中西汉3人，东汉1人）。甘肃也有4位，因其受陕西关中的影响颇深，应视与关中为一体更为合适。楚人季布等3人籍贯记载笼统，楚又分为西楚、东楚和南楚，"夫自淮北沛、陈、汝南、南郡，此西楚也"。沛即沛郡治所在今安徽淮北市；陈为先秦小诸侯国，西汉时称淮阳国，治今河南淮阳；汝南郡治所在今河南平舆；南郡治所在今湖北荆州市。在汝南郡和南郡之间还有个南阳

郡，也应属西楚的范围。这样季布等 3 人可归入河南地区。"彭城以东，
东海、吴、广陵，此东楚也。"彭城治今江苏徐州，东海郡治所在今山东
郯城，吴为先秦诸侯国，治江苏苏州，广陵为今天江苏的扬州，江苏的楚
王英 3 人和安徽的王孟等人的活动范围都在淮河左右，而且东楚的习俗同
于齐，如此可将楚王英等 4 人划入山东地区。汲黯是濮阳人，濮阳原属卫
国，"郑、卫俗与赵相类"，① 轵属河内地区，毗邻卫和赵，汲黯和郭解可
归入燕赵地区。依据民风相类而进行调整之后，秦汉时期的侠客人物主要
集中在关中地区、西楚地区、燕赵地区和齐鲁地区（见表 2-3）。

表 2-3　秦汉时期有侠客之称的人物分布

地域	西汉侠客人物	东汉侠客人物
燕赵	窦婴、田叔、白氏、汲黯、郭解	赵林
西楚	张良、灌夫、郑当时、宁成、孟剧、周庸、韩无辟、薛兄、韩孺、原涉、季布、季心、田仲	刘伯升、刘梁、张堪、许劭、袁绍、袁术、戴良
齐鲁	朱家、眮氏、朱云、眭弘、楼护、兒长卿、田君孺	孙礼、张邈、王孟、楚王英
关中	樊仲子、赵王孙、高公子、郭公仲、朱世安、杜建、稚季、王林卿、朱博、万章、张回、赵君都、贾子光、陈遵、杜君敖、韩幼孺、漕中叔、绣君宾	王遵、窦融、马严、马敦、陈遵、廉范、杜硕、隗崔、段颎、董卓

二　秦汉时期侠客密集区的形成

秦汉时期侠客人物分布所形成的四个密集区，是先秦时期养士之风的
遗存，也与秦汉政府的人口政策有关。

（一）战国四大公子和燕太子丹的遗风

进入春秋时代之后，"士"阶层经过"文武分途"，以勇力和技艺见长
的武士在新的历史条件下开始转化为侠，这一过程到春秋末期已基本完成
了。侠士与主家已成为主宾关系，侠士追求的是"士为知己者死"的生命
价值和"死节"的精神价值。侠士的独立性，使侠士可以自由地选择自己
认为是知己的主家，能为知遇之恩而轻命践诺。战国时期各国间的攻伐与
君臣间的权力之争，制度变革和生产技术的发展所带来的城市繁荣，为侠

① 《史记》卷 129《货殖列传》。

士的发展提供了良好的空间。同时，养士之风兴起，无论是国君还是权臣，都尽可能多地收养门客、侠士，诸如赵襄子、魏文侯、赵惠文王、燕昭王、秦相吕不韦、燕太子丹等，门下都收养有千人以上的门客、侠士。战国四公子在养士方面最为有名，"陵夷至于战国，合从连衡，力政争强。由是列国公子，魏有信陵、赵有平原、齐有孟尝、楚有春申，皆藉王公之势，竞为游侠，鸡鸣狗盗，无不宾礼。而赵相虞卿弃国捐君，以周穷交魏齐之厄；信陵无忌窃符矫命，戮将专师，以赴平原之急：皆以取重诸侯，显名天下，扼腕而游谈者，以四豪为称首。于是背公死党之议成，守职奉上之义废矣"。①

齐国的孟尝君田文，封地在薛，"招致诸侯宾客及亡人有罪者，皆归孟尝君。孟尝君舍业厚遇之，以故倾天下之士。食客数千人，无贵贱一与文等"。由于孟尝君收养门客数量之大，导致其封地的收入不能够支付。大量门客云集薛地，使薛地成为任侠尚武的一个中心，其风浓烈并影响到汉代，司马迁曾路过薛地，"其俗间里率多暴桀子弟，与邹、鲁殊。问其故，曰：'孟尝君招致天下任侠，奸人入薛中盖六万余家矣。'世之传孟尝君好客自喜，名不虚矣"。② 孟尝君的养士之风必然对齐鲁之地的尚侠之风有带动作用，并渗透到汉代。司马迁曾对朱家的任侠行为感到十分疑惑，"鲁人皆以儒教，而朱家用侠闻。所藏活豪士以百数，其余庸人不可胜言。然终不伐其能，歆其德，诸所尝施，唯恐见之。振人不赡，先从贫贱始。家无余财，衣不完采，食不重味，乘不过轺牛。专趋人之急，甚己之私。"而且朱家不求回报，其侠义之行深为世人称赞，"自关以东，莫不延颈原交焉"。③ 鲁国虽然以儒学为昌盛，但是地处齐和东楚之间，齐和东楚都有任侠之风，受其民风影响而出现像朱家这样的侠士也就是自然之事了。

魏国的信陵君魏无忌，"为人仁而下士，士无贤不肖皆谦而礼交之，不敢以其富贵骄士。士以此方数千里争往归之，致食客三千人。当是时，

---

① 《汉书》卷92《游侠传》。
② 《史记》卷75《孟尝君列传》。
③ 《史记》卷124《游侠列传》。

诸侯以公子贤,多客,不敢加兵谋魏十余年。"高祖刘邦也非常敬佩信陵君而为其修建庙宇,供世人祭拜,"高祖每过之而令民奉祠不绝也"。① 轵在战国时为魏国属地,在汉初出现了郭解这样的名震当世的大侠,可见此地的尚侠之风绵延不绝。

赵国的平原君赵胜封于东武城(在今清河),"喜宾客,宾客盖至者数千人"。② 后来,秦军围攻邯郸,邯郸城已快守不住了。这时,平原君的门客李同建议平原君从其府中选士赴邯郸守城。得到平原君同意,李同"得敢死之士三千人。李同遂与三千人赴秦军,秦军为之却三十里。亦会楚、魏救至,秦兵遂罢,邯郸复存。李同战死,封其父为李侯"。③ 赵地的养士和任侠之风可追溯得更长久一些,经过平原君的作用,又使此风更盛,传播更广,侠士、豪杰人物更多。秦末之际,在陈胜手下为将的陈馀说:"臣尝游赵,知其豪桀及地形,原请奇兵北略赵地。"至赵地后,说服诸豪杰起而诛暴秦,"豪桀皆然其言。乃行收兵,得数万人"。④ 足见此地的尚侠之士的多寡了。

楚国的春申君黄歇初封于"淮北地十二县",后改封于江东,"春申君因城故吴墟,以自为都邑"。春申君封地为今江苏苏州。"春申君客三千余人。"⑤ 春申君先在淮北,后在吴墟,都属于东楚之地。在战国四公子中春申君"游学博闻",是最具辩才的一位,出使秦国和其他诸侯国,维护楚国利益。或许因为春申君之才,而使其门客们默默无闻,不见于记载。

燕国的太子丹"阴养壮士二十人",从数量上看绝对无法与战国四公子相比,但是燕国太子丹对侠客的尊敬和荆轲刺秦王这一举动,却对民风影响至深,远超其他诸位公子。

(二)两汉封王的风尚

秦末之际,六国后裔纷纷起来恢复旧时国号,天下动荡,征伐不已。招募豪杰以壮大自己的势力,成为各地方割据者纷纷采用的方式。西汉建

---

① 《史记》卷 77《魏公子列传》。
② 《史记》卷 76《平原君虞卿列传》。
③ 同上。
④ 《史记》卷 89《陈馀列传》。
⑤ 《史记》卷 78《春申君列传》。

立之初，继承了秦末的政治格局，一些六国后裔被封为诸侯王，封疆裂土，雄霸一方，无论是西汉初期的异姓王，还是后来的同姓王，都利用手中的权势和财富，招募豪杰、收养侠士门客。战国以来的养士之风又悄然兴起。"汉初，兵民不甚分。如冯唐吏卒皆家人子弟，起田中从军，而后汉礼仪志，谓罢遣卫士，必劝以农桑。由是观之，兵农尚未分。"① 兵民不分，全民习武的社会现状也为养士之风再起提供了土壤。

张耳为时人称为贤者，门下聚集了一些门客。汉初封为赵王，贯高、赵午等十余人辅佐在左右。张耳子张敖继汉王位之后，汉高祖刘邦至赵国境，赵王张敖"朝夕袒鞲蔽，自上食，礼甚卑，有子婿礼"。却受到刘邦的轻慢。贯高、赵午等以"今王事高祖甚恭，而高祖无礼，请为王杀之！"张敖不同意，贯高等却自作主张实施刺杀刘邦的计划。事情败露后，刘邦捕赵王敖，"贯高与客孟舒等十余人，皆自髡钳，为王家奴"，跟随到长安为赵王张敖辩白。刘邦知其事后称贯高等为"壮士"，"贤贯高为人能立然诺"。司马迁感慨道："张耳、陈馀，世传所称贤者；其宾客厮役，莫非天下俊桀，所居国无不取卿相者。"②

陈豨者，宛朐人也。韩信起兵反叛失败后逃入匈奴，陈豨跟随刘邦平叛有功，被封为列侯，"以赵相国将监赵、代边兵，边兵皆属焉"。陈豨年少时仰慕战国时期的魏国公子信陵君，此时为将守边，招募天下宾客。陈豨告假归乡路过赵国时，跟随他的宾客有千余乘，"邯郸官舍皆满"。③

淮南厉王长是刘邦的少子，后封为淮南王，厉王有材力，力扛鼎，人称"刚直而勇，慈惠而厚，贞信多断"。为了给母亲报仇，亲往仇家辟阳侯，并用藏在袖中的金椎杀死辟阳侯，又"驰诣阙下，肉袒而谢"。淮南王的母亲是真定人，后为赵王张敖的美人，刘邦过赵境时得幸而生淮南王。其身上也有一种赵人的豪侠之气。

其子刘安继位淮南王后，虽然"不喜戈猎狗马驰骋"，"为人好书，鼓琴"，却承继着养士之风，"招致宾客方术之士数千人"。淮南王刘安

---

① （宋）马端临：《文献通考》卷 150《兵考二》，中华书局 1986 年版。
② 《史记》89《张耳陈馀列传》。
③ 《汉书》卷 34《卢绾传附陈豨传》。

的儿子却尚武喜剑，后来淮南王谋反，受其牵连有"列侯、二千石、豪桀数千人"。①

吴王刘濞封于沛，拥有三郡五十三城。吴有豫章郡铜山，即招致天下亡命者盗铸钱，东煮海水为盐，以故无赋，国用饶足。②

梁孝王刘武都睢阳，吴、楚、齐、赵等七国造反时梁孝王率兵参与平叛有功，梁孝王又是窦太后最喜爱的少子，有四十余城，在汉诸封王中为大国，居天下膏腴之地。梁孝王恃功与宠而自傲，广睢阳城七十里。又"得赐天子旌旗，出从千乘万骑。东西驰猎，拟于天子"。"招延四方豪桀，自山以东游说之士。莫不毕至，齐人羊胜、公孙诡、邹阳之属。""梁多作兵器弩弓矛数十万，而府库金钱且百巨万，珠玉宝器多于京师。"③

东汉永和初年，河间王"骄奢，不遵典宪"，其左右聚集一批豪侠，欲图不轨。张衡出任河间相，下车伊始，"治威严，整法度"，查实豪侠奸党名姓，"一时收禽，上下肃然，称为政理"。④

司马迁称："是故代相陈豨从车千乘，而吴濞、淮南皆招宾客以千数。"陈豨、吴王刘濞、淮南王刘安等是汉代养士最为有名的，吴王和淮南王的封地为东楚之地；赵王和陈豨则在燕赵地区，这些一方诸侯前后相承，招募宾客、收养侠士，使侠客勇士的社会地位不断提升，成为一些人追求衣食之禄、提高自身社会地位的一条路径，对当地尚武任侠民风具有推动作用。

（三）诸豪迁徙

秦汉定都关中地区，为了促进关中地区的经济发展，加强对六国贵族后裔和当时豪杰的控制，采取移民实关中的政策。刘敬建议刘邦定都长安之后又指出："今陛下虽然定都关中，但是关中历经战火人口稀少。又北边靠近匈奴胡寇，东有六国强族，一日有变，陛下也不能安枕而卧也。臣愿陛下徙齐诸田，楚昭、屈、景，燕、赵、韩、魏后，及豪杰名家，且实关中。无事可以备胡；诸侯有变，亦足率以东伐。此强本弱末之术也。"

---

① 《汉书》卷 44 《淮南王传》。
② 《汉书》卷 35 《吴王传》。
③ 《史记》卷 58 《梁孝王世家》。
④ 《后汉书》卷 59 《张衡传》。

刘敬的建议切中当时形势的要害，刘邦采纳了他的建议，将齐国贵族田氏、楚国贵族昭氏、屈氏、景氏，和燕、赵、韩、魏诸国贵族后裔，以及豪杰名家十余万口迁徙到关中地区。① 齐国贵族田氏迁徙到关中地区的人口较多，发展最快，车千秋、田延年、田何等都是齐国田氏贵族的后裔，在西汉一朝为官并进入《汉书》列传之中。司马迁也称"关中富商大贾，大抵尽诸田"。东汉时的京兆长陵人第五伦，其祖先也是齐国诸田，因"诸田徙园陵者多，故以次第为氏"。②

到了汉武帝时期又多次移民至关中。建元三年春，"河水溢于平原，大饥，人相食。赐徙茂陵者户钱二十万，田二顷。"元朔二年（前127）夏，"募民徙朔方十万口。又徙郡国豪杰及訾三百万以上于茂陵。"太始元年（前96）春正月"徙郡、国吏民豪杰于茂陵"。③ 主父偃曾建议武帝说："茂陵初立，天下豪杰兼并之家，乱众民，皆可徙茂陵，内实京师，外销奸猾，此所谓不诛而害除。"得到武帝的采纳。④ 此后，这类的移民还有多次，如宣帝本始元年（前73），"募郡国吏民訾百万以上徙平陵"。⑤

六国贵族后裔、富商大贾、地方豪杰等在国家政策的制约下，来到关中地区。移民至关中的政策不仅解决了汉初关中地区人口稀少的问题，充实了关中地区的防御力量，同时也带动了关中地区的经济发展和繁荣，"长安诸陵，四方辐凑并至而会，地小人众，故其民益玩巧而事末也"。⑥ 西汉的长安城能成为当时世界上最发达的都城之一，与这一政策是有密切关系的。大量不同地区、不同文化背景的人来到关中地区，也促进了关中地区文化的丰富与多元，"是故五方杂错，风俗不纯，其世家则好礼文，富人则商贾为利，豪杰则游侠通奸"。⑦ 关中地区能够成为汉代学术文化区，受齐鲁儒家世族迁入关中的影响很大；关中地区好侠的权臣、豪杰渐

---

① 《汉书》卷43《刘敬传》。
② 《后汉书》卷41《第五伦传》。
③ 《汉书》卷6《武帝纪》。
④ 《汉书》卷64《主父偃》。
⑤ 《汉书》卷8《宣帝纪》。
⑥ 《史记》卷129《货殖列传》。
⑦ 《汉书》卷28《地理志下》。

多，任侠之风兴起，也与各地豪侠被迁入关中地区有极高的符合度。如轵人郭氏父子都是当世大侠，郭解父亲的名望极高，对当地社会和政权有很大的影响力，因而在孝文帝时被诛死。汉武帝时，下令徙豪富于茂陵。郭解家贫，其资产达不到"三百万已上"的标准，但是，因其为豪侠，县吏不敢不将郭解家列入迁徙的名单中。卫青将军为郭解求情说："郭解家贫达不到迁徙标准，是否可不迁徙。"武帝曰："一介布衣百姓他的影响力能使将军为他说话求情，此其家不贫。"郭解家于是迁徙关中。诸公送郭解的钱达到千余万。郭解入关中后，关中贤豪无论以前是否与其有过交往，听闻郭解的消息后都争相与之交往。郭解等当时大侠迁入关中地区必定会对关中地区的任侠之风有推动作用。

（四）两汉帝乡

西汉的开国皇帝刘邦是沛郡丰县中阳里人，是当地的一位亭长。《史记》和《汉书》等史籍记载刘邦"仁而爱人，喜施"，"宽仁爱人，意豁如也。常有大度，不事家人生产作业"。刘邦在起事之前是一位不从事农业生产的人，但是，刘邦做事大气，喜布施，救人之急。史籍里虽然没有明言刘邦是一位侠士，但是其行为却有些侠气。秦汉时期，亭是武职，担负着武事方面的任务。① 《续汉书·百官志》说："亭有亭长，以禁盗贼。"本注曰："亭长主求捕盗贼，承望都尉。"正因亭长的武职性质，所以担任亭长一职者多是好武之人。吕思勉就将刘邦归为"任侠者流"。与刘邦一起起事的樊哙、夏侯婴、灌婴、卢绾等，都是些"鼓刀、仆御、贩缯"之徒，都是些好武尚气之人，后来又都以武功或封侯或封王，即便到了"孝惠、吕后时，公卿皆武力有功之臣"。② 以武入仕之风，对民风是有一定影响的。"及汉祖杖剑，武夫兴，宪令宽赊，文礼简阔，绪余四豪之烈，人怀陵上之心，轻死重气，怨惠必仇，令行私庭，权移匹庶，任侠之方，成其俗矣。"③

东汉的开国皇帝刘秀是南阳郡蔡阳人，勤于稼穑。而其兄刘伯升却好

---

① 吴荣曾：《汉代的亭与邮》，《内蒙古大学学报》（哲学社会科学版）2002 年第 4 期。
② 《汉书》卷 88 《儒林列传》。
③ 《后汉书》卷 67 《党锢列传》。

侠养士。刘秀虽然是从事农业生产的人，却并非一般普通的农耕人，李通曾说："南阳宗室，独刘伯升兄弟泛爱容众，可与谋大事。"[①] 说明刘秀、刘伯升也是具有一些侠士之风的。跟随刘秀打天下的武将功臣也多为南阳、颖川等郡人，如邓禹是南阳新野人[②]；贾复是南阳冠军人；岑彭是南阳棘阳人；冯异是颖川父城人等[③]。刘秀及其他的开国功臣们与刘邦集团相比，儒学的因素要多了许多，刘秀曾到长安游学，"受《尚书》，略通大义"。邓禹"年十三，能诵诗，受业长安"。冯异"好读书，能《左氏春秋》、《孙子兵法》"。贾复"少好学，习《尚书》"。东汉的开国武将们身体中所具有的儒学因子，与汉武帝以来大力倡导儒学的政策有关。学习儒学成为入仕的一条重要路径，促使儒学的兴起及其向民间的传播与普及。虽然如此，西楚地区自秦汉以来的尚气好侠的民风依然如故，《汉书》云："颖川、南阳，本夏禹之国。夏人上忠，其敝鄙朴。韩自武子后七世称侯，六世称王，五世而为秦所灭。秦既灭韩，徙天下不轨之民于南阳，故其俗夸奢，上气力，好商贾渔猎，藏匿难制御也。"[④] "宛亦一都会也。俗杂好事，业多贾。其任侠，交通颖川。"[⑤]

　　两汉的开国皇帝和武将功臣都起于西楚地区，这里也成为帝乡所在。作为帝乡，更是王侯将相、皇亲国戚的集中居住地，如灌夫"不好文学，喜任侠，已然诺。诸所与交通，无非豪杰大猾。家累数千万，食客日数十百人。波池田园，宗族宾客为权利，横颖川"。颖川儿童歌谣唱道："颖水清，灌氏宁；颖水浊，灌氏族。"又如邓禹家族，"邓氏自中兴后，累世宠贵，凡侯者二十九人，公二人，大将军以下十三人，中二千石十四人，列校二十二人，州牧、郡守四十八人，其余侍中、将、大夫、郎、谒者不可胜数，东京莫与为比"。他们多成为一方名门望族，称雄乡里，家族中拥有数量可观的家臣门客。随着东汉家族田庄的发展，一些豪杰侠士多委身其中，组成私人武装的部曲，或者田庄的主人本身就是豪杰。至东汉末

---

① 《后汉书》卷15《李通传》。
② 《后汉书》卷16《邓禹传》。
③ 《后汉书》卷17《冯岑贾列传》。
④ 《汉书》卷28《地理志下》。
⑤ 《史记》卷129《货殖列传》。

年，各地地方武装的形成，多是以家族为基础的，曹操和刘备都得到过一些大家族的支持。

第四节 侠与豪中的"节义"文化

司马迁的《游侠传》除了阐述"言必信，其行必果，已诺必诚，不爱其躯，赴士之阨困"的"侠客之义"外，还重点强调了游侠的"游"字，即侠要具有独立的政治身份，合则留，不合则去，自由地周游在列国之间，为人解难济困，"既已存亡死生矣，而不矜其能，羞伐其德"。"游"与侠的结合，充分体现了先秦时期侠士所具有的时代特征。侠所具有的"游"的特征，在秦汉初期仍被真正的侠士们保留着，这也是司马迁所看重的地方，司马迁特意立《游侠列传》来记载这些将要被埋没的侠士。同时，司马迁也看到，有些自称侠士者依附权势、侵暴百姓，这类"侠者"，司马迁并没有将他们归入游侠一类，同时也被真正的侠士们所鄙视，"至如朋党宗彊比周，设财役贫，豪暴侵凌孤弱，恣欲自快，游侠亦丑之。余悲世俗不察其意，而猥以朱家、郭解等令与暴豪之徒同类而共笑之也"。所以，司马迁的《游侠列传》更看重的是具有"游"的特征的侠客。

然而，随着时代的发展，侠客的含义也发生着变化，这就造成了班固对游侠的兴起和游侠之义的理解与司马迁大不相同。班固在《汉书·游侠传》中首先阐明的是封建社会的上下尊卑的等级秩序，"古者天子建国，诸侯立家，自卿、大夫以至于庶人，各有等差，是以民服事其上，而下无觊觎"。只有遵循这种封建等级秩序，百官方能各尽其职，官员失职的要受到罢免，侵陵官府的要受到惩罚，"夫然，故上下相顺，而庶事理焉"。达到天下太平，社会稳定。而游侠的产生是因这种封建等级秩序被打破了，"周室既微，礼乐征伐自诸侯出。桓、文之后，大夫世权，陪臣执命。陵夷至于战国，合从连衡，力政争强"。战国的四公子借王公之势，招募游侠，鸡鸣狗盗之徒，无不宾礼相待。而赵相虞卿弃国捐君，以周穷交魏齐之厄；信陵君"窃符救赵"，都是以"重然诺"而取重诸侯，显名天下，成为侠客们追求的目标。但是，他们的行为并没有得到君王的许可，破坏了上下尊卑、"百官有司奉法承令，以修所职"的社会秩序，"于是背公死党之议成，守职奉上之义废矣"。在班固看来是他们为一己之私而忘天下之治，所以，班固的《游侠传》并没有称许游侠的含义在里面，而是强调游侠的"背公死党"的特征，同时对侠的"温良泛爱，振穷周急，谦退不伐，亦皆有绝异之姿"也是认可的。

秦汉时期侠的行为的变化，更重要原因在于侠与豪的结合。

秦汉初期，在刘邦等尚武帝王和将相们的影响下民风尚武，侠客拥有受人尊重的社会地位，侠客尚能自由地在各异姓王或同姓王的封国中流动，使先秦以来的侠客之风重新兴起。司马迁所看到的侠客正是生活在这一时期的侠客，他怀着对侠客的敬仰，去了孟尝君的封地薛地，追忆门客三千的豪迈；来到轵地，拜访当世大侠郭解，相貌平平的郭解颇有些令司马迁失望，但是，大侠的"折节为俭，以德报怨"，"已振人之命，不矜其功"的行为品德，令司马迁深怀敬意，在《游侠传》中特为郭解立传，郭解之死更使其惋惜，叹道："自是之后，为侠者极众，敖而无足数者。"

侠客的"权行州域，力折公侯"的社会影响力和"睚眦必报"的复仇行为，严重影响了中央政府对地方的统治，给地方社会带来了不稳定的因素。如济南豪侠瞷氏，其宗族家人三百余家，任侠豪猾，地方政府无法控制，汉景帝只好选派酷吏郅都为济南太守前去治理。郅都到任后诛杀瞷氏首恶，"余皆股栗。居岁余，郡中不拾遗，旁十余郡守畏都如大府"①。于是，中央政府开始对侠客进行打击和镇压，郭解的父亲是当时的一位有名的侠士，孝文帝时被诛死。景帝时，以任侠闻名的济南瞷氏、陈周庸等，也被尽诛。汉武帝时更是加大力度打击豪侠，汉武帝不仅一次次将豪侠们迁到关中或边塞进行控制，还任用豪侠为酷吏镇压各地侠客。如河东人义纵，少时也是攻剽任侠，任河内都尉时，"族灭其豪穰氏之属，河内道不拾遗"。任南阳太守后，又镇压侠客宁成和孔氏、暴氏等豪族之家。又如阳陵人王温舒，"少时椎埋为奸"，任侠一方。任河内太守后，尽"捕郡中豪猾，相连坐千余家"。② 持续的打击，以及对封王的削藩、大力推行儒学

---

① 《汉书》卷90《酷吏传》。

② 同上。

等，使各地侠客自由活动的空间越来越小，秦汉初期的那种"众庶荣其名迹，觊而慕之"，"少年慕其行"的社会影响力和崇高的社会地位大为降低。习儒之风渐盛，"自武帝以后，崇尚儒学，怀经协术，所在雾会，至有石渠分争之论，党同伐异之说，守文之徒，盛于时矣"。① 侠客为了生存只能放弃先秦以来以"游"为特征的侠客之风，委身于地方豪强之家，侠与豪的结合，侠亦豪，豪变侠，成为汉武帝之后的两汉侠客的重要的时代特征。

政府虽然对豪侠的打击持续不断，"然郡国豪杰处处各有，京师亲戚冠盖相望，亦古今常道，莫足言者。唯成帝时，外家王氏宾客为盛，而楼护为帅。及王莽时，诸公之间陈遵为雄，闾里之侠原涉为魁"。豪与侠的结合，使侠成为豪强们称霸一方的武力依靠。"阳翟轻侠赵季、李款多畜宾客，以气力渔食闾里，至奸人妇女，持吏长短，从横郡中。"② 汉宣帝时，颍川郡大姓原氏、褚氏"宗族横恣，宾客犯为盗贼，前二千石莫能禽制。"赵广汉任颍川太守后，"诛原、褚首恶，郡中震栗"③，豪侠大族称霸一方的局面才有所改观。

侠与豪的结合，使侠客从命于地方豪家大族，文献中虽然记载了豪侠的一些不法行为，然而，更多的豪侠是遵守法纪的，只是他们将自己的名节、利益与豪家大族的利益结合到了一起，成为地方政府不可忽视的地方力量，使史家感觉到侠客们有背离中央政府的意味，故而称两汉侠客们是"背公死党"。东汉末期的政论家、史学家荀悦在给游侠下定义时也说："立气齐，作威福，结私交，以立强于世者，谓之游侠。"④

侠与豪的结合，在一定程度上影响了侠客的社会声誉和名节，然而，侠客对名节还是很坚守的。如王氏众门客之首楼护，王莽称帝时，成都侯王商的儿子王邑任大司空，权重一时，王商的故人宾客都敬事王邑，"唯护自安如旧节"，没有折节趋炎附势。而对自己承诺的事一定要践行，起初，楼护有一位故人吕公，老而无子，由楼护养老。楼护亲自伺奉吕公。

---

① 《后汉书》卷 67《党锢列传》。
② 《汉书》卷 77《何并传》。
③ 《汉书》卷 76《赵广汉传》。
④ 《史记》卷 124《游侠列传》集解引。

后来，楼护回老家小住，楼护的妻子对吕公颇为厌弃。楼护知道后，流涕责问妻子说："吕公以故旧穷老托身于我，义所当奉。"于是奉养吕公寿终。布衣之侠原涉"专以振施贫穷，赴人之急为务"。一日，原涉应友人相邀饮酒，刚入里门，就有一人到原涉家说自己母亲病逝，家贫无法安葬。原涉就与朋友们为其购置衣被棺木，"乃载棺物，从宾客往至丧家，为棺敛劳俫毕葬。其周急待人如此"。后来有人诋毁原涉是"奸人之雄也"，"丧家子即时刺杀言者"①，来维护原涉的名节。正因如此，班固对客侠的"温良泛爱，振穷周急，谦退不伐，亦皆有绝异之姿"也是认可的。

侠与豪结合的同时，侠也与儒有了碰撞和融合。眭弘是汉昭帝时人，"少时好侠，斗鸡走马，长乃变节，从嬴公受《春秋》"。"变节"就是改去好侠的行为，转而尚儒，学习儒家经典《春秋》等，后来通过明经科的考试任职议郎，又迁任符节县县令。②东汉时更是崇文抑武，侠客多折节习儒，马援原本也是一位侠义之士，曾私囚犯，又散施家财，颇有轻财重义、赡人之急的任侠之风。后来折节习儒，并教育子侄放弃任侠之风。马援的侄子马严、马敦"并喜讥议，而通轻侠客"。马援时在交阯，寄书信诫之曰："杜季良豪侠好义，忧人之忧，乐人之乐，清浊无所失，父丧致客，数郡毕至，吾爱之重之，不愿汝曹效也。效伯高不得，犹为谨敕之士，所谓刻鹄不成尚类鹜者也。效季良不得，陷为天下轻薄子，所谓画虎不成反类狗者也。迄今季良尚未可知，郡将下车辄切齿，州郡以为言，吾常为寒心，是以不愿子孙效也。"马严"少孤，而好击剑，习骑射"。后来听从马援劝诫，"从平原杨太伯讲学，专心坟典，能通《春秋左氏》，因览百家群言，遂交结英贤，京师大人咸器异之。仕郡督邮，援常与计议，委以家事"。③桓帝时，武威姑臧人段颎也是"少便习弓马，尚游侠，轻财贿，长乃折节好古学。初举孝廉，为宪陵园丞、阳陵令，所在有能政"。④段颎的"折节"与眭弘的"变节"一致，都是后来通过习儒学入世为官

---

① 《汉书》卷92《游侠传》。
② 《汉书》卷75《眭弘传》。
③ 《后汉书》卷24《马援传》。
④ 《后汉书》卷65《段颎传》。

的。与他们的行为相类似的还有袁术和王涣，汝南汝阳人袁术，"少以侠气闻，数与诸公子飞鹰走狗，后颇折节。举孝廉，累迁至河南尹、虎贲中郎将"①。广汉人王涣，"少好侠，尚气力，数通剽轻少年。晚而改节，敦儒学，习《尚书》，读律令，略举大义"。后来受本州刺史荐举为茂才，又除为温县县令。②

儒学对名节也是很重视的，《孟子·滕文公下》："居天下之广居，立天下之正位，行天下之大道。得志，与民由之，不得志，独行其道。富贵不能淫，贫贱不能移，威武不能屈，此之谓大丈夫。"儒家重名节是为了修身、齐家、平天下，与侠客的重个人名节是有一定的区别，但是也是有密切关联的，不重视个人名节的修养，就更谈不上为国为民的"名节"了。儒家在名节上的政治理念要高于侠客的名节观，随着儒学的昌兴，对侠客的冲击、影响越来越深，侠客的名节观对儒学也会产生一定的影响。

清人赵翼在《东汉尚名节》中说道："自战国豫让、聂政、荆轲、侯嬴之徒，以意气相尚，一意孤行，能为人所不敢为，世竞慕之。其后贯高、田叔、朱家、郭解辈，徇人刻己，然诺不欺，以立名节。驯至东汉，其风益盛。盖当时荐举征辟，必采名誉。故凡可以得到名者，必全力赴之，好为苟难，遂成风俗。""是时，郡吏之于太守，本有君臣名分，为掾吏者，往往周旋于死生患难之间。如李固被戮，弟子郭亮负斧锧上书，请收固尸。杜乔被戮，故掾杨匡，守护其尸不去。由是皆显名。"此外，还有以让爵为高者，有轻生报仇者。"盖其时轻生尚气已成习俗，故志节之士好为苟难，务欲绝出流辈，以成卓特之行，而不自知其非也。然举世以此相尚，故国家缓急之际，尚有可恃，以搘拄倾危。"③ 诸多儒者多有侠客之风。

---

① 《后汉书》卷75《袁术传》。
② 《后汉书》卷76《循吏传》。
③ （清）赵翼著，王树民校证：《廿二史札记校证》（上册），中华书局1982年版，第103—104页。

第三章　幽冀之士，钝如椎

——三国晋时期的燕赵文化

第一节　三国晋时期燕赵地区的民风文化

一　燕地的"幽州突骑"文化

蔡邕说：

> 幽州突骑、冀州强弩，为天下精兵，国家赡仗。[①]

突骑，颜师古注云："突骑，言其骁锐可用冲突敌人也。"[②] 精于骑射、作战勇猛而用于在关键时刻来冲击敌军部队的骑兵部队，方可称为突骑。三国晋时期，幽州突骑成为一支精锐之师，凸显了幽州地区尚武强悍、习骑善射的民风。

幽州突骑早在东汉王朝的建立过程中发挥了重要的任用，此后仍是东汉政府依仗的重要的军事力量。幽州突骑不仅是东汉中央军主力北军五校的主要来源，同时还担负着地方的防御重任。东汉政府在各要地设置屯营，以备不虞，主要有黎阳营，驻黎阳（今河南浚县东），主要任务是加强北部边境防务；雍营，驻雍（今陕西凤翔南），主要任务是加强西北边境防

[①] 《蔡中郎集》卷1《幽冀二州刺史久缺疏》，（明）张溥辑《汉魏六朝百三家集》第14册，影印本。

[②] 《汉书》卷49《晁错传》。

务；渔阳营，驻渔阳（今北京怀柔），主要加强东北边境防务，防御鲜卑贵族的侵扰。黎阳营就是以幽州突骑为骨干的军队来驻守。① 时至东汉末年，蔡邕对幽冀两州久缺刺史长官不利于地方稳定而上书朝廷时，着重指出了幽州突骑、冀州强弩为天下精兵。可见幽州突骑的地位和影响力。

幽州突骑在三国两晋时期仍保持着其强大的战斗力和影响力，为执政者所重视。幽州突骑时常出现于文献之中，如"光和中，凉州贼起，发幽州突骑三千人，假（公孙）瓒都督行事传，使将之"。② "冀州牧袁绍辟（牵招）为督军从事，兼领乌丸突骑。"③ 乌丸自东汉初年就逐渐南下进入塞内，幽州境内的辽东、辽西、右北平、上谷、渔阳等郡是乌丸与汉人的主要错居区，到东汉末年，乌丸的力量不断增强，在幽冀之地有一定的影响。冀州牧袁绍统领的乌丸突骑就应是从幽州招募的骑兵。

西晋统一之后，幽州突骑已成为晋王朝中央军队中的一个兵种。④ 晋末"八王之乱"，烽烟再起，幽州突骑又活跃在史册之上。时任宁朔将军、持节、都督幽州诸军事，领幽州刺史的王浚手握幽州突骑，左右时局，"声实益盛"。刘琨曾向王浚乞师，"得突骑八百人"，这才"破东平王懋于廪丘，南走刘乔，始得其父母"⑤。东海王越将迎惠帝还洛阳时，王浚遣祁弘率乌丸突骑为先驱。王浚以功任骠骑大将军、都督东夷河北诸军事，领幽州刺史。⑥ 徐光也曾说王浚："据幽都骁悍之国，跨全燕突骑之乡，手握强兵。"⑦ 由此可见幽州突骑的威猛。慕容德也用乌丸突骑来夸耀自己军队的勇猛和无坚不摧："孤以不才，忝荷先驱，都督元戎一十二万，皆乌丸突骑，三河猛士，奋剑与夕火争光，挥戈与秋月竞色。以此攻城，何城不克；以此众战，何敌不平!"⑧

---

① 刘勇：《东汉幽州突骑述略》，《首都师范大学学报》1998 年第 5 期。
② 《三国志》卷 8《公孙瓒传》。
③ 《三国志》卷 26《牵招传》。
④ 《晋书》卷 25《舆服志》："次骑十队，队各五十匹。将一人，持幢一人，靰一人，并骑在前，督战伯长各一人，并骑在后，羽林骑督、幽州突骑督分领之。"
⑤ 《晋书》卷 62《刘琨传》。
⑥ 《晋书》卷 39《王沈传附子浚传》。
⑦ 《晋书》卷 104《符坚载记下》。
⑧ 《晋书》卷 127《慕容德载记》。

二 赵地的质朴与尚文习武的民风文化

　　伏见幽州奕（突）骑、冀州强弩，为天下精兵，国家赡仗。(《蔡中郎集》卷一《幽冀二州刺史久缺疏》）

　　土产无珍，人生质朴，上古以来，无应仁贤之例。(《冀州论》)①

　　君汝颖之士，利如锥；我幽冀之士，钝如槌。(《晋书·祖逖传》）

　　弩是古代发箭的弓，强弩是需要很大力量才能拉开的弓，俗称硬弓。秦汉时期有一地方兵种被称为材官。《后汉书·光武帝纪下》："三月丁酉，诏曰：'今国有众军，并多精勇，宜且罢轻车、骑士、材官、楼船士及军假吏，令还复民伍。'"李贤注引《汉官仪》："高祖命天下郡国选能引关蹶张，材力武猛者，以为轻车、骑士、材官、楼船，常以立秋后讲肄课试，各有员数。平地用车骑，山阻用材官，水泉用楼船。"蹶张，《史记》索隐孟康云："主张强弩。"又如淳曰："材官之多力，能蹶强弩张之，故曰蹶张。"② 选拔材力武猛、力能拉开强弩硬弓的人，组成轻车、骑士、材官、楼船等兵种部队，平原地带屯备轻车、骑士兵种，山地屯备材官部队，河湖地区屯备楼船部队。汉代时设有强弩都尉、强弩将军等。③ 东汉时沿承了这一制度，光武帝曾拜陈俊为强弩将军。④

　　蔡邕称"冀州强弩"，是说冀州百姓有习武的传统，由冀州兵组建的材官部队战斗力很强。袁绍曾说："冀州兵强，吾士饥乏，设不能办，无所容立。"⑤ 曹操曰："本初（袁绍）拥冀州之众，青、并从之，地广兵强，

---

① 卢毓：《冀州论》，严可均：《全上古三代秦汉三国六朝文》，中华书局1958年版。
② 《史记》卷96《张丞相传》。
③ 《汉书》卷6《武帝纪》、卷8《宣帝纪》。
④ 《后汉书》卷18《陈俊传》。
⑤ 《三国志》卷6《袁绍传》。

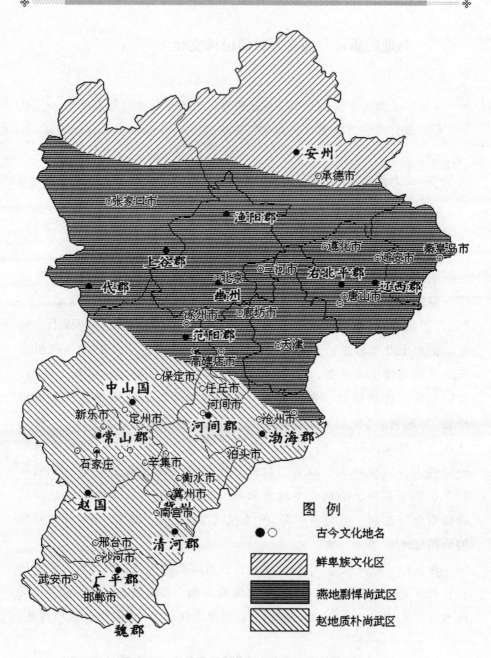

图 3-1 三国晋时期燕赵文化区域分布示意图

而数为不逊。"① 曹操战胜袁绍之后，占据了冀州并任冀州牧，就是在曹操出任汉丞相之后，仍兼任着冀州牧，足见冀州在曹操眼中的地位。正因"于时冀州民人殷盛，兵粮优足"，以及"冀州强弩"的战斗力，才使冀州有了如此不一般的地位。

　　冀州之民不仅习武勇健，而且质朴尚文。自西汉以来，儒学兴起，特别是冀州地区出了一个大儒董仲舒，对冀州地区儒学的发展产生了一定的影响，两汉时期燕赵家族经学发展起来，如涿郡安平崔氏，崔舒"明经征诣公车"，崔骃"年十三能通诗、易、春秋，博学有伟才，尽通古今训诂百家之言"；崔瑗"锐志好学，尽能传其父业"、"诸儒宗之"；崔寔"少沉静，好典籍"②；涿郡卢氏，卢植师从"通儒"马融，"能通古今学，好研精而不守章句"，作《尚书章句》、《三礼解诂》，被曹操称为"名著海内、学为儒宗，士之楷模、国之桢干"；子卢毓也知名当世，以学行见称。③ 三国时期，邺城成为该地区的政治经济文化都会，会聚了以曹操、曹丕、曹植为核心的大批文人雅客，主要有王粲、陈琳、徐幹、应场、苏林、阮瑀、孔融、刘廙、邯郸淳、刘桢、王昶、郑冲、毌丘俭、郑袤、任嘏、司马孚等，这些文人雅客虽然多不是冀州籍，却长期在邺城生活并从事文学创作。他们还一起游历冀州各地，留下了不少诗文歌赋，促进了冀州文化事业的发展。此外，还出现了闻名一时的经学家广平邯郸刘劭与清河张揖。刘劭的《人物志》开启魏晋士大夫品鉴人物的清谈风气，影响深远。

　　西晋时期，文人雅客移居都城洛阳，邺城文化衰落，但是，阳平（今大名）、中山（今定县）、安平（今冀县）、勃海（今南皮）、高阳（今高阳）等郡国，依然文风较盛，据咸宁四年的《三临辟雍碑》记载，西晋学籍士人以冀州人士最多。平原国有 34 名，在全国居首位，勃海郡、安平国也各达18 人。冀州总数高达 142 名，与豫、兖、青、徐、司五州总和相差无几。④晋时著名的"三张二陆两潘一左"中的"三张"张载、张协、张亢兄弟，

---

① 《三国志》卷 14《郭嘉传》。
② 《后汉书》卷 52《崔骃传》。
③ 《后汉书》卷 64《卢植传》。
④ 卢云：《汉晋文化地理》，陕西人民教育出版社 1991 年版，附表 15。

都是安平（今衡水安平）人，"二十四友"中闻名较著的南皮（今属沧州）石崇、欧阳建等也都是冀州人。左思本是齐国临淄（今属山东）人，后来也"举家适冀州"。东晋玄言诗的代表人物许询亦为高阳（今保定蠡县）人。

冀州儒学文化的发展，使冀州在社会上的影响直追魏晋以来文化发达的汝颍地区。《晋书·祖逖传》中记载这样一则小故事：祖氏家族，"世吏二千石，为北州旧姓"。祖逖的兄长祖纳，"最有操行，能清言，文义可观"。"时梅陶及钟雅数说余事，纳辄困之，因曰：'君汝颍之士，利如锥；我幽冀之士，钝如槌。持我钝槌，捶君利锥，皆当摧矣。'陶、雅并称'有神锥，不可得槌'。纳曰：'假有神锥，必有神槌。'雅无以对。"① 汝颍地区自汉以来，号"汝颍固多奇士"。东汉时期汝颍地区曾涌现出一批经学大师，汝南戴凭、钟兴、许慎、周举、蔡玄，颍川张兴、丁鸿等均蜚声海内。他们或是享有"五经无双"、"五经纵横"之美誉，或是招收弟子成千上万，为一代宗师。曹魏时期，汝颍代表人士如郭嘉、荀彧、荀悦、钟琳、陈群、杜袭、辛毗、赵俨等进入曹操幕府。他们成为曹氏政权中一支不可或缺的政治力量。② 汝颍名士在魏晋时期的社会影响是很大的，冀州儒学之士能与汝颍名士相比正是其文化发达的一种反映，故世有"幽冀之士，钝如槌"之说。

第二节　三国晋时期燕赵民风文化的形成

一　胡汉错居的幽州地区

秦汉时期，匈奴是活跃在幽并北部的主要游牧部族，在汉朝的多次打击下，匈奴势力衰落，特别是在匈奴分裂为南北两部之后，北匈奴在汉朝和南匈奴的联合打击下，北徙漠北地区，"匈奴转北徙数千里，漠南地空"。南匈奴迁徙塞内为汉守边。这使阴山一带的广大草原地区出现了真

① 《晋书》卷62《祖逖传》。
② 胡宝国：《汉晋之际的汝颍名士》，《历史研究》1991年第5期。

空，世居辽东地区的乌丸部族乘此时机移居到了幽并等州的北部地区。"建武二十五年（49），乌丸大人郝旦等九千余人率众诣阙，封其渠帅为侯王者八十余人，使居塞内，布列辽东属国（治今辽宁义县）、辽西（治今辽宁义县西）、右北平（治今内蒙古宁城县西南）、渔阳（治今北京密云县西南）、广阳（治今北京市西南）、上谷（治今河北怀来县东南）、代郡（治今山西阳高县）、雁门（治今山西朔州市东南）、太原（治今山西太原市西南）、朔方（治今内蒙古磴口县北）诸郡界，招来种人，给其衣食，置校尉以领护之，遂为汉侦备，击匈奴、鲜卑。"① 乌丸俗以"数百千落自为一部"，每一部落有自己的渠帅大人。部落渠帅大人率其部落归附，东汉政府视其部落人数多寡来确定其封爵高低。此次乌丸内迁规模较大，被东汉政府封为侯王者有 80 余人，若以平均每部 800 落计算，约有 64000 落，32 万口。东汉政府特此在上谷宁城（今河北万全县）设置校尉，全面监领乌丸鲜卑事务。

东汉末年，幽州乌丸部落数量又有所增加，"汉末，辽西乌丸大人丘力居，众五千余落，上谷乌丸大人难楼，众九千余落，各称王，而辽东属国乌丸大人苏仆延，众千余落，自称峭王，右北平乌丸大人乌延，众八百余落，自称汗鲁王，皆有计策勇健"。② 上谷、辽东、辽西、右北平等郡成为乌丸部落最为集中的聚居区，同时，中原地区的汉族为了逃避战争而北逃进入乌丸、鲜卑地区，《后汉书·乌桓鲜卑传》记载："时幽、冀吏人奔乌桓者十万余户"，胡、汉错居的格局形成。

曹操击败袁绍占据河北之后，大举北伐乌丸，建安十二年（207），乌丸各部落首领蹋顿在柳城（今辽宁朝阳市）战败被斩，"胡、汉降者二十余万"。乌丸势衰，由阎柔统领的万余落乌丸也归降曹魏，徙居塞内的右北平、辽东、辽西等郡，"由是三郡乌丸为天下名骑"。文献中时常出现的乌丸突骑就是这三郡由内徙的乌丸人组织的骑兵部队。

幽州境内除了乌丸部落之外，还有匈奴和鲜卑等部族。匈奴部落早在西汉武帝时期就开始内迁居住在边塞地区，东汉初期为了避免匈奴的侵扰

---

① 《三国志》卷 30《乌丸传》裴注引。
② 《三国志》卷 30《乌丸传》。

主动放弃了北部边塞的一些地方,并将边塞官民内徙。如建武九年(33),"徙雁门吏人于太原(郡治今山西太原市西南)"。建武十五年(39)二月,"徙雁门、代郡、上谷三郡民,置常(山)关、居庸关以东"。①《续汉书·天文志》载:"后三年,吴汉、马武又徙雁门、代郡、上谷、关西县吏民六万余口,置常(山)关、居庸关以东,以避胡寇。"边塞诸郡吏民的内徙,给匈奴部族南下定居留出空间,匈奴分为南、北匈奴之后,南匈奴人居住在北地、朔方、五原、云中、定襄、雁门、代郡、上谷等郡,同时又令内迁的吏民返回原郡,形成了胡、汉民族错居的状况。此后匈奴部族又有多次内迁,但是,匈奴内迁聚居的地区以山西为主。

鲜卑部落在东汉初年就常跟随匈奴一起寇掠辽东、上谷等边塞地区,随着匈奴的衰落,有十余万落的匈奴人投入鲜卑部落之中,鲜卑族强盛起来。顺帝时期,乌丸校尉耿晔击败鲜卑部,"于是鲜卑三万余落,诣辽东降。匈奴及北单于遁逃后,余种十余万落,诣辽东杂处,皆自号鲜卑兵"。② 三国时期,鲜卑部落内迁增多,在文献中时常出现辽东鲜卑、辽西鲜卑等记载。

乌丸、鲜卑的内迁幽州与汉人错居,也使乌丸、鲜卑等部族成为曹魏的管辖人口,曹魏便利用他们的善于骑射组建军队,成为曹魏军队中重要的一支。如景初元年七月"初,(孙)权遣使浮海与高句骊通,欲袭辽东。遣幽州刺史毌丘俭率诸军及鲜卑、乌丸屯辽东南界"。③

晋时,乌丸、鲜卑仍与汉人错于幽州等地,并繁衍发展。江统在其《徙戎论》中指出,乌丸、鲜卑、高句骊等本居辽东塞外,"正始中,幽州刺史毌丘俭伐其叛者,徙其余种。始徙之时,户落百数,子孙孳息,今以千计,数世之后,必至殷炽"。乌丸、鲜卑在塞内的发展,引起了西晋大臣的担忧,"非我族类,其心必异","今百姓失职,犹或亡叛,犬马肥充,则有噬啮,况于夷狄,能不为变!"④ 西晋末"八王之乱"时,娴于弓马的

---

① 《后汉书》卷1下《光武帝纪下》。
② 《三国志》卷30《鲜卑传》裴注引。
③ 《三国志》卷3《明帝纪》。
④ 《晋书》卷56《江统传》。

乌丸、鲜卑人又再次为诸王所重视，相互征伐之中，时有乌丸、鲜卑人的身影。如时为宁朔将军、持节、都督幽州诸军事的王浚，看到"朝廷昏乱，盗贼蜂起，浚为自安之计，结好夷狄，以女妻鲜卑务勿尘，又以一女妻苏恕延"。后王浚自领幽州牧，"大营器械，召务勿尘，率胡晋合二万人，进军讨颖"。① 乌丸、鲜卑人成为王浚军中的重要组成，后来又率其胡汉联军参与八王的权力争夺，"安北将军王浚遣乌丸骑攻成都王颖于邺，大败之"。② 十六国时期，鲜卑在北方建立了许多地方性政权，如前燕，其创建者慕容廆的先祖就是辽西鲜卑，元康四年（294）移居大棘城。前燕政权建立后，先后以蓟、邺为都城，幽州、平州是其重要的统治区。此后的南燕、北燕又都控制着这一地区。

幽州地区地处边塞，大量北方游牧部落的南下移居，改变了当地的居民成分和人口构成。在文化传播的过程中，人是文化最主要的载体，北方游牧部落的文化也随之在幽州地区传播开来。乌丸族"俗善骑射，随水草放牧，居无常处，以穹庐为宅，皆东向。日弋猎禽兽，食肉饮酪，以毛毳为衣。贵少贱老，其性悍骜，怒则杀父兄，而终不害其母，以母有族类，父兄以己为种，无复报者故也"。鲜卑族"言语习俗与乌丸同"③。

文化的融合是一个长期的过程，而在北方游牧民族尚未全部融入汉民族之中的时候，他们最为当政者所看中的则是他们的骑射技术。无论是乌丸还是鲜卑，都成为当政者的兵源，乌丸突骑、鲜卑突骑都成为当政者手中一支奇兵。

同时，我们还看到，地处边塞的幽州也是常常受到乌丸、鲜卑等北部游牧部落侵扰的地区，时常的征战也使幽州民众保持着尚武之风。加之北方游牧部落文化的融入，当政者对善骑射者的重视，更加重了幽州民风中的尚武习俗，幽州突骑文化更为凸显。

---

① 《晋书》卷39《王沈附子王浚传》。
② 《晋书》卷4《惠帝纪》。
③ 《晋书》卷30《鲜卑传》。

二 夫冀州，天下之重资也

东汉以来，冀州的经济和文化都获得了较大的发展，冀州地区的人口总数也较西汉有所增长，成为东汉人口重心区域之一。这一发展态势一直延续到了东汉末年，董卓举荐韩馥为冀州牧时，"于时冀州民人殷盛，兵粮优足"。① 韩馥任冀州刺史后，却为时任勃海太守的袁绍所迫，欲让出冀州。他的谋士闵纯和李历劝阻说："冀州虽鄙，带甲百万，谷支十年。袁绍孤客穷军，仰我鼻息，譬如婴儿在股掌之上，绝其哺乳，立可饿杀。奈何乃欲以州与之？"袁绍得到冀州后具有了俯视众侯、力扶朝纲的实力，曾胸有成竹地说："吾南据河，北阻燕、代，兼戎狄之众，南向以争天下，庶可以济乎？"终因没有远大的政治谋略，使曹操迎献帝于许昌，失去了政治上的先机。此时的曹操虽然成为袁绍的主要对手，却不敢轻易与袁绍开战，曹操曾对崔琰说："昨案贵州（指冀州）户籍，可得三十万众。"其意是说冀州之民户殷盛，可征兵 30 万众，是兵精粮足之区。正所谓"夫冀州，天下之重资也"。②

曹操战败袁绍之后，自领冀州牧，着力恢复、开发冀州。冀州的发展主要体现在以下几个方面。

一是开凿人工河道，使邺城成为北方的交通中心。建安九年（204），曹操为进攻袁绍转运军粮的需要，"遏淇水入白沟，以通粮道"。淇水是黄河的支流，在黎阳南境入河，曹操在淇水入河口处用大木枋筑堰，迫使淇水东北流入白沟，"故时人号其处为枋头"③。据有邺城之后，当时"三郡乌丸承天下乱，破幽州，略有汉民合十余万户"。袁绍之子又依附于乌丸，时常入塞为害。曹操将征讨之，于建安十一年"凿渠，自呼沲入泒水，名平房渠；又从泃河口凿入潞河，名泉州渠，以通海"。"（建安）十三年春正月，公还邺，作玄武池以肄舟师。"曹操在邺城附近修建了一个玄武池，用以操练水师，可知这个玄武池是一个水面广阔的水域。建安十八年，曹

---

① 《三国志》卷 1《太祖纪》。

② 《三国志》卷 6《袁绍传》。

③ （北魏）郦道元著，（清）王先谦校：《水经注》卷 9《淇水》，巴蜀书社 1985 年版。

操又"凿渠引漳水入白沟以通河"，沟通了洹水、漳水和黄河，名为利漕渠。曹操开凿的利漕渠、平虏渠、泉州渠为南北向河道，将华北平原上东西流向的淇水、洹水、漳水、滹沱水、泒水、潔水和潞水沟通连接起来，形成北通蓟，南到黄河至洛阳或者再南下经睢阳渠入淮河的南北向交通大道，改变了春秋以来所形成的太行山东麓南北向交通道路，使邺城处于水陆交通的枢纽地位，并逐渐替代了邯郸而成为北方的政治中心、文化中心。正如《魏都赋》云："尔其疆域，则旁极齐秦，结凑冀道。开胸殷卫，跨蹑燕赵。"

人工渠道的开凿，不仅利于南北漕运、商业往来，而且渠道两侧的农田也因之得到灌溉和改良。太行山东麓至海滨地带，地势渐低，土壤受盐碱浸害严重，有"白壤"之称，对农耕生产是很大的制约。灌溉有利于盐碱土壤的改良，为河北平原腹地垦辟创造了有利条件。至太和年间（277—233），杜恕议论曹魏府库收入时说："其所持内充府库，外制四夷者，惟兖、豫、司、冀而已。""冀州户口最多，田多垦辟，又有桑枣之饶，国家征求之府。"冀州已成为曹魏政权中重要粮食产区，为"天下之腹心"。太和四年，诸葛亮再次出祁山威胁关中，司马孚"以关中连遭贼寇，谷帛不足"，建议"遣冀州农丁五千屯于上邽，秋冬习战阵，春夏修田桑。由是关中军国有余，待贼有备矣"①，被司马懿采纳，"于是表徙冀州农夫佃上邽，兴京兆、天水、南安监冶"。这条资料说明冀州百姓的农耕水平是较高的，否则也不会迁冀州百姓去屯田，这也从另一侧面证明冀州是曹魏政权的重要产粮区。

西晋时，历任冀州刺史多有惠政，如任城樊（今山东济宁）人魏舒"不修常人之节，不为皎厉之事，每欲容才长物，终不显人之短。性好骑射，著韦衣。入山泽，以渔猎为事"。先后出任宜阳、荥阳二郡太守，"甚有声称。征拜散骑常侍。出为冀州刺史，在州三年，以简惠称"②。"竹林七贤"之一的山涛出任冀州刺史，以"冀州俗薄，无相推毂。涛甄拔隐屈，搜访贤才，旌命三十余人，皆显名当时。人怀慕尚，风俗颇革。转北

---

① 《晋书》卷37《宗室安平献王孚传》。
② 《晋书》卷41《魏舒传》。

中郎将，督邺城守事"①。冀州在这些刺史的治理下，仍保持着农业经济较为发达的水平。

十六国时期，冀州时有战事发生，同时各种政治势力都在努力控制人口，在文献记载中既能看到有大量人口迁入冀州，而冀州人口也有外徙的。在战事平息的时候，统治者也会注意到采取措施恢复农业生产，石勒"以幽冀渐平，始下州郡阅实人户，户赀二匹，租二斛"②。正因如此，冀州常常在动荡时期能凸显出来，在政治更替中占具重要的地位，《晋书·地理志》称："其地有险有易，帝王所都，乱则冀安，弱则冀强，荒则冀丰。"

二是迁徙人口充实邺城等冀州地区。建安九年，曹操围攻邺城时，"城中饿死者过半"。为了充实邺都人口，曹操鼓励向邺都移民。文献记载较大规模向邺都移民的就有三次：建安年间，并州刺史梁习先后将入居的匈奴人数万徙送至邺。建安二十年（215），曹操征服汉中张鲁政权，"徙民诣邺"。杜袭跟随曹操至汉中讨伐张鲁，后拜驸马都尉，"留督汉中军事，绥怀开导，百姓自乐出徙洛、邺者，八万余口"。

除以上几次较大规模主动或被动向政治中心移民外，曹操部下多举家居邺，性质有如质子。如：右北平无终人田畴，原为袁尚部属，从曹操后，"尽将其家属及宗人三百余家居邺"。李典"宗族部曲三千余家，居乘氏，自请愿徙诣魏郡"，"遂徙部曲宗族万三千余口居邺"。曹操破袁谭于南皮，臧霸"求遣子弟及诸将父兄家属诣邺"。另外，曹魏制度凡是边郡郡守均须进任子，而任子多居邺城。以上措施使得曹操时代"邺县甚大，一乡万数千户"。至曹丕即位，邺都内外居民多达数万户。

魏、晋政权稳定后，人口大规模的迁徙减少了，进入十六国时期后，人口又成为各割据政权争夺的资源，人口流动频繁。石勒曾"徙平原乌丸展广、刘哆等部落三万余户于襄国"。建立后赵后，于太兴二年"徙朝臣掾属已上士族者三百户于襄国崇仁里，置公族大夫以领之"③。后来又"徙司冀豪右三千余家，以实襄国"。石勒又多次从刘曜境内迁徙人口到冀州，

①　《晋书》卷43《山涛传》。
②　《晋书》卷105《石勒载记上》。
③　《晋书》卷105《石勒载记下》。

《晋书·刘曜载记》："季龙执刘岳及其将王腾等八十余人，并氐羌三千余人，送于襄国，坑士卒一万六千。"又"徙其台省文武、关东流人、秦雍大族九千余人于襄国"。虽然有大量人口迁入冀州，但是，战乱所导致的人口损失也是很严重的，新迁入的人口逃离家园，在一段时期内是很难稳定下来的，这些都成为发展农业经济的一大阻碍。

三是营建邺城，"魏都之卓荦，六合之枢机"，使邺城成为北方的实际政治中心。建安十年（205）正月，曹操灭袁谭，平定冀州，并以邺城为根据地，开始对邺城进行建设。建安十七年（212），曹操调整邺城所在的魏郡的行政区划，将河内郡的荡阴、朝歌、林虑，东郡的卫国、顿丘、东武阳、发干，钜鹿郡的瘿陶、曲周、南和，广平郡的任城，赵国之襄国、邯郸、易阳14县划归魏郡，加上原有魏郡所领的15县，魏郡共辖29县，成为冀州境内面积最大的一郡。这样，以邺都为中心的半径，北面到了河北中西部，东抵鲁西北，西南包有淇水流域，西至河南中西部，南达于河。方圆数百公里的土地，都在邺城的控制范围之内。① 建安十八年（213），曹操封魏公，以邺为都，"置丞相以下群卿百寮，皆如汉家初诸侯之制"。同年在邺城修建社稷、宗庙，置尚书、侍中、六卿等职，并将并州归属冀州。冀州辖境扩至32郡国，成为当时北方各州中户口最多的一州。建安二十一年（216），曹操封魏王，邺城升为王都。曹操设天子旌旗，出入称警跸，并在邺城召集群臣处理国政，邺城已成为实际的国都，是政治中心之所在。

由于邺城政治地位的提升，曹操开始着力营建邺城。据《水经注·浊漳水》记载，"邺城东西七里，南北五里"。有七座城门："南曰凤阳门，中曰中阳门，次曰广阳门，东曰建春门，北曰广德门，次曰厩门，西曰金明门，一曰白门。"凤阳门三台洞开，高三十五丈。② 据考古实测，曹魏邺城（即邺北城）平面呈长方形，东西长2400米，南北宽1700米，约4平方公里。并以城墙为基修筑了三座高大的台榭（金凤、铜雀、冰井）。当时的邺城，堂、殿、楼、阁、台星罗棋布，应有尽有，把偌大的都城点缀

---

① 参见陈桥驿主编《中国七大古都》，中国青年出版社1991年版，第118—125页。

② 《水经注》卷10《浊漳水》。

得五彩缤纷，幽雅古朴。① 城内设有三市，《魏都赋》："廊三市而开廛，籍平逵而九达。班列肆以兼罗，设阛阓以襟带。济有无之常偏，距日中而毕会。""百隧毂击，连轸万贯，凭轼揸马，袖幕纷半。壹八方而混同，极风采之异观。质剂平而交易，刀布贸而无算。财以工化，贿以商通。难得之货，此则弗容。"四方物产毕集于此，"真定之梨，故安之栗。醇酎中山，流湎千日。淇洹之笋，信都之枣。雍丘之梁，清流之稻。锦绣襄邑，罗绮朝歌。绵纩房子，缣总清河。若此之属，繁富夥够"。邺城的繁荣，还引来了无数的文人雅客、四夷使者云集于此，"亿若大帝之所兴作，二嬴之所曾聆。金石丝竹之恒韵，匏土革木之常调。干戚羽旄之饰好，清讴微吟之要妙。世业之所日用，耳目之所闻觉。杂糅纷错，兼该泛博。鞮鞻所掌之音，韎昧任禁之曲。以娱四夷之君，以睦八荒之俗"②。

西晋时，邺城多为皇室镇守。十六国南北朝时期，邺城又成为后赵、冉魏、前燕、东魏、北齐诸朝的都城，修缮营建不断，如后赵建武元年（335），石虎称赵天王，从襄国迁都于邺。石虎在铜雀台东北，以三三为位，建立九座华丽的宫殿叫"九华宫"，住宫女一万多人。在铜雀台遗址东北曾出土了"大赵万岁"瓦当，这里可能是"九华宫"的遗址。东魏、北齐时期，在邺城南增筑了南城，形成了南北两座宫城。但邺北城仍延续使用不废，且有大规模的修建。如：北齐天保年间，征发工匠三十余万，用时三年修建了三台和附近宫室。经过考古钻探和挖掘，在铜雀台、金凤台遗址的东面和北面，有大片的东魏、北齐文化层，且有大量有文字戳记的黑瓦片和莲花瓦当出土，这很可能就是天保年间那次大规模建筑的遗存。邺南城呈长方形，西城墙距东城墙 2602 米，南城墙距北城墙 3454 米。文献记载："邺南城东西 6 里，南北 8 里 60 步。"以西晋尺 24 厘米计算，当时的 1 里合 432 米，6 里合 2592 米，8 里 60 步合 3542 米，钻探实测的数据和文献记载基本相符。③

以邺城为中心的冀州，在曹魏时期有大批文人聚集在那里，文风盛

---

① 陈剑：《邺城遗址的勘探发掘与研究》，《四川文物》2005 年第 1 期。
② （南朝梁）萧统：《昭明文选》卷 6，中州古籍出版社 1990 年版。
③ 河北省临漳县文物保管所：《邺城考古调查和钻探简报》，《中原文物》1983 年第 4 期。

极一时。西晋时，文化中心虽然转移到了洛阳，但是，冀州承曹魏时期之遗风，文化的发展也是有建树的。冀州各地人士著书 24 部，在西晋 19 州中占第 9 位，又以平原国（13 部）、安平国（7 部）为多。《晋书》所载西晋士人籍贯隶为冀州的达 44 人，总人数名列各州第 5 位，以勃海郡（14 人）、平原国（12 人）、安平国（8 人）为多。西晋时期冀州籍的将相大臣共有 11 位，仅次于司州和豫州，又以平原国和勃海郡籍的将相大臣为多。[1] 这说明冀州之文化地位已超过东汉水平，表明冀州在西晋时期为经学积极上升的一个重要时期。冀州文化的发展，与家族传承与私学教授有密切的关系，冀州的家族多以经学为业，平原刘寔"虽礼教陵迟，而行己以正"，弟刘智"读诵不辍，竟以儒行称"。河北私学也颇为兴盛，如阳平束皙"才学博通"，"教授门徒"。区域文脉基本上由文化家族与私学教授保持，这些家族与教授聚集的中心往往成为区域文化的发达之地。

冀州家族的发展一方面传承了经学文化，使幽冀之士可与颍汝之士相比。另一方面，家族出于自我保护的需要，修建大宅坞堡，聚族而居，习武自卫，促使了冀州习武的民风保持下来。诸如"三世共财"的南阳樊重，其"所起庐舍，皆有重堂高阁"[2]。河北安平出土东汉熹平五年墓葬壁画中"房屋栉比，层层进深"的庭院图应是这种大宅的具体形制。[3] 这所大宅"庭院深邃广阔，重叠错落。整组建筑，四面由房屋合拢成大四合院，其内又分割成许多小四合院。中心院有堂、厢、廊庑和通往各处的甬道"。大宅"不但周绕围墙，还有高耸的望楼，看来像是一座设防的坞堡"。[4] 豪家大族修建的大宅一般均具备相应的防御功能。据《四民月令》记载，东汉时北方豪族地主每年三月"农事尚闲……缮修门户，警设守备，以御春饥草窃之寇"。九月，"缮五兵，习战射，以备寒冰穷厄之寇"。这说明居住在大宅之中的家族成员有习武以御寇的义务。特别是在战乱时

---

① 据卢云《汉晋文化地理》，陕西人民教育出版社 1991 年版，附表 12、13、14 统计。

② 《后汉书》卷 32《樊宏传》。

③ 河北省博物馆、河北省文物管理处：《河北省出土文物选集》，文物出版社 1980 年版，第 52 页。

④ 中国社会科学院考古研究所：《新中国的考古发现和研究》，文物出版社 1984 年版，第 450 页。

期，这类大宅坞堡大量出现，西汉末年，"时赵、魏豪右往往屯聚，清河大姓赵纲遂于县界起坞壁，缮甲兵"①。东汉末年时，常林"依故河间太守陈延壁"，遭到军阀张杨的进攻，常林为之策谋拒敌，"见围六十余日，卒全堡壁"。②

因西晋末年之后的长期战乱，坞堡壁垒更是遍布于北方地区，"永嘉之乱，百姓流亡，所在屯聚"。"于时豪杰所在屯聚。"③ 据《晋书·石勒载记》记载，"（刘）元海命勒与刘零、阎罴等七将率众三万寇魏郡、顿丘诸垒壁，多陷之，假垒主将军、都尉，简强壮五万为军士，老弱安堵如故，军无私掠，百姓怀之"。又石勒"进军攻钜鹿、常山，害二郡守将。陷冀州郡县堡壁百余，众至十余万，其衣冠人物集为君子营"。又"王师退还，河北诸堡壁大震，皆请降送任于勒"。石勒都襄国后，又"分命诸将攻冀州郡县垒壁，率多降附，运粮以输勒"。《晋书·王弥传》中也有"（王弥）与刘曜、石勒等攻魏郡、汲郡、顿丘，陷五十余壁，皆调为军士"。文献中所说的垒壁、堡壁都是豪家大族的具有堡垒作用的大宅、坞壁。

从这些记载可见当时冀州坞堡数量之多，分布之广了。坞堡被攻陷之后，坞堡中的青壮年均可直接"简为军士"、"调为军士"，从另一方面证明坞堡中的家族成员有尚武之风，又受过军事训练。冀州习武的民风，一直延续到了南北朝时期，北魏地理学家阚骃在其《十三州记》中说："冀州之地，古京也，人患剽悍，故语曰：'仕宦不偶值冀部。'"冀州的民风使一些到冀州为官的都认为自己命不好。④

第三节　侠士与文士的结合：侠骨精神的初步形成

春秋后期出现了一次士阶层的分离，这次分离是文士和侠士从士阶

---

① 《后汉书》卷77《李章传》。
② 《三国志》卷23《常林传》。
③ 《晋书》卷100《苏峻传》。
④ 《太平御览》卷161《州郡部七·冀州》，河北教育出版社1994年版，第357页。

层中分离出来，走向了各自独立的发展道路。经过数百年的各自发展，到了汉代，儒学的兴起与侠士遭到政治上的压制，出现了侠士"折节"的现象。这一现象到东汉后期逐渐形成一种思潮，促使文士与侠士从各自不同的道路走到了一起，出现了一次结合。这次结合，使文士找到了自己精神上的一种寄托，也使侠士的行为转化为一种文化，形成了一种精神。

东汉后期战乱爆发，群雄风起，饱读诗书、深受儒家文化思想影响的文人儒士们胸怀大义，他们渴望能够施展自己的政治才华，实现政治抱负，解民于倒悬。面对动荡的社会，文人儒士们深感自己的弱小，倾慕那些特立独行的游侠，游侠的独来独往、凭借自身的胆识和人格力量替天行道、扶危济困，行自己欲行之事，从而成为文人儒士们心目中的英雄。因而，在他们的言语、行为和诗文创作中，游侠往往成为其理想的化身，在诗文中或慷慨悲歌、激扬文字，或借游侠之形，做他们想做而难以做到的事情，以表达其对理想人格精神的追求。

曹操"少机警，有权数，而任侠放荡，不治行业"，"年二十，举孝廉为郎，除洛阳北部尉，迁顿丘令"①。按本纪所述，曹操应是一位尚武任侠之人，秦汉时期的侠游们多以任侠为事，不习儒学，而曹操却在20岁时被举为孝廉，举孝廉是汉代以来政府选拔官吏的重要措施，为官吏进身的正途。被举之人大多为州郡属吏或通晓经书的儒生。州郡推举的孝廉到京师之后，还要依其科目与被举人的学艺不同，由公府分别加以考试。孝廉考试的内容是"诸生试家法（指所学某一经学大师的经说——引者注），文吏课笺奏"。任侠放荡的曹操如何能被举为孝廉，孙盛《异同杂语》中的记载可为注解："太祖尝私入中常侍张让室，让觉之；乃舞手戟于庭，逾垣而出。才武绝人，莫之能害。博览群书，特好兵法，抄集诸家兵法，名曰摘要，又注孙武十三篇，皆传于世。"② 可见，曹操虽然任侠放荡，却也是熟读儒家经典之人，也能被称为儒士，在他的身上体现了任侠之士向儒士的转化或侠士与儒士的结合。

---

① 《三国志》卷1《太祖纪》。
② 《三国志》卷1《太祖纪》引孙盛《异同杂语》。

曹操所具有的双重身份，使其诗文多任侠慷慨之气。曹操的《度关山》开篇道："天地间，人为贵。立君牧民，为之轨则。"慷慨大气，立意民本。"黜陟幽明，黎庶繁息。於铄贤圣，总统邦域。封建五爵，井田刑狱。有燔丹书，无普赦赎。皋陶甫侯，何有失职？"明君重用圣贤，维护社会等级秩序，刑罚公正，社会安宁。"嗟哉后世，改制易律。劳民为君，役赋其力。"对现今横征暴敛以满足君王的社会表达不满。要建立一个"兼爱尚同，疏者为戚"的大同社会。体现了曹操渴望国家统一、天下安定的政治志向。陈祚明在《采菽堂古诗选》中评价说："莽莽有古气。'嗟哉'四句，造感慨然，末语便欲笼盖四海。"① 其《短歌行》也是"梗慨多气"之作，"对酒当歌，人生几何？譬如朝露，去日苦多。慨当以慷，忧思难忘"，"山不厌高，海不厌深。周公吐哺，天下归心"，慨叹人生短促，渴望延揽人才以建功立业。

再看曹操的《薤露行》："惟汉廿二世，所任诚不良。沐猴而冠带，知小而谋强。犹豫不敢断，因狩执君王。白虹为贯日，己亦先受殃。"写了东汉末年政治昏暗，何太后临朝，宦官张让、段珪等把持朝政，大将军何进谋诛宦官，谋泄，反被宦官所杀。"贼臣持国柄，杀主灭宇京。荡覆帝基业，宗庙以燔丧。播越西迁移，号泣而且行。瞻彼洛城郭，微子为哀伤。"董卓入京诛杀宦官，窃取国家大权，于是关东各州郡的兵马起而讨伐董卓，社会陷入了军阀混战的局面，董卓放火烧毁了京城洛阳，挟持献帝西迁长安。真实地反映了汉末动乱的现实，被称作"诗史"。陈祚明说："老笔直断。禾黍之思，不须摹写，而悲感填胸。"《观沧海》的"日月之行，若出其中。星汉灿烂，若出其里。"通过对沧海的描绘和歌咏，表现出广阔的胸怀。《龟虽寿》的"老骥伏枥，志在千里；烈士暮年，壮心不已"，凸显了诗人阔达的胸襟抱负和对生命的昂扬态度。陈祚明说："名言激昂，千秋使人慷慨。"

曹丕也是一位熟读儒家经典，又有些任侠之气的人，《魏书》曰："（曹丕）年八岁，能属文。有逸才，遂博贯古今经传诸子百家之书。善骑

---

① 赵光勇主编：《汉魏六朝乐府观止》，陕西人民教育出版社1998年版，第177—179页。下文中未注明出处的均引自此书。

射，好击剑。"① 他曾拜数位名师习武，《典论·自序》中说："余又学击剑，阅师多矣，四方之法各异……余从阿（当时的著名剑术家史阿——引者注）学之精熟。"又说："余好击剑，善以短乘长，精而炼之其始成也。"与曹丕常在一起的"建安七子"都是当世名士，"今之文人，鲁国孔融、广陵陈琳、山阳王粲、北海徐幹、陈留阮瑀、汝南应玚、东平刘桢，斯七子者，於学无所遗，於辞无所假，咸自以骋骐骥于千里，仰齐足而并驰"。如王粲博物多识，才高而善于应机辩论。"（王）粲徙长安，左中郎将蔡邕见而奇之。时邕才学显著，贵重朝廷，常车骑填巷，宾客盈坐。闻粲在门，倒屣迎之。粲至，年既幼弱，容状短小，一坐尽惊。邕曰：'此王公孙也，有异才，吾不如也。吾家书籍文章，尽当与之。'"王粲受到蔡邕如此礼遇，足见其才学之高。魏国建立，拜为侍中。因王粲博物多识，问之无不对答如流。"时旧仪废弛，兴造制度，粲恒典之。"② 建安七子虽然没有曹操、曹丕父子的任侠之气，但是，他们的诗中的慷慨激扬之气却一直延承着。曹丕与建安七子们时常聚会饮宴郊游，《文选》卷20载曹植《公燕》，诗曰："公子敬爱客，终宴不知疲。清夜游西园，飞盖相追随。明月澄清景，列宿正参差。秋兰被长坂，朱华冒绿池。潜鱼跃清波，好鸟鸣高枝。神飙接丹毂，轻辇随风移。飘摇放志意，千秋长若斯。"游宴时，都会饮酒赋诗，曹丕在《又与吴质书》中说："昔日游处，行则同舆，止则接席，何尝须臾相失！每至觞酌流行，丝竹并奏，酒酣耳热，仰而赋诗。"③ 相聚游戏，悲歌慷慨，颇有秦汉时期燕赵游侠之风。此风在他们所创作的诗中也有体现，如曹丕的《陌上桑》："弃故乡，离室宅，远从军旅万里客。披荆棘，求阡陌，侧足独窘步。"为国征战，从军万里，豪情满怀。陈琳的《饮马长城窟行》中，有"男儿宁当格斗死，何能怫郁筑长城"这样以天下为己任的慷慨之言。

曹操三子曹植文思敏捷，也擅长剑术，常"胡舞五椎锻，跳丸击剑"，"栉风而沐雨，万里蒙霜露。剑戟不离手，铠甲为衣裳"。尚武之气直接影

① 《三国志》卷2《文帝纪》注引。
② 《三国志》卷21《王粲传》及注引《典论》。
③ 《三国志》卷21《王粲传》注引。

响到他的诗歌,他是最早以诗歌来描写游侠并借古之游侠来抒发自己的政治抱负的人。他的《白马篇》"借古题写时事",刻画了一位武艺高强、驰骋江湖的幽并游侠儿的形象。

曹植《白马篇》:

> 白马饰金羁,连翩西北驰。借问谁家子,幽并游侠儿。
> 少小去乡邑,扬声沙漠垂。宿昔秉良弓,楛矢何参差。
> 控弦破左的,右发摧月支。仰手接飞猱,俯身散马蹄。
> 狡捷过猴猿,勇剽若豹螭。边城多警急,虏骑数迁移。
> 羽檄从北来,厉马登高堤。长驱蹈匈奴,左顾陵鲜卑。
> 弃身锋刃端,性命安可怀?父母且不顾,何言子与妻!
> 名编壮士籍,不得中顾私。捐躯赴国难,视死忽如归!

少小离家建功边陲的幽并游侠,胯下白马,武艺超群,"狡捷过猴猿,勇剽若豹螭",在边城多警之时义无反顾地奔赴疆场,杀敌报国。"名编壮士籍,不得中顾私。捐躯赴国难,视死忽如归!"曹植在诗中还赋予了幽并游侠一种勇赴国难、视死如归的自觉精神。

《秦女休行》是左延年以当时流行于洛阳的有关女休的传说写成:

> 始出上西门,遥望秦氏庐。秦氏有好女,自名为女休。休年十四五,为宗行报仇。
> 左执白阳刃,右据宛鲁矛。仇家便东南,仆僵秦女休。女休西上山,上山四五里。
> 关吏呵问女休,女休前置辞:"平生为燕王妇,今为诏狱囚。平生衣参差,当今无领襦。明知杀人当死,兄言快快,弟言无道忧。女休坚辞为宗报仇,死不疑。"
> 杀人都市中,徼我都巷西。丞卿罗列东向坐,女休凄凄曳梏前。
> 两徒夹我持刀,刀五尺余。刀未下,朣胧击鼓赦书下。

燕王妃子秦氏女休为宗族复仇，杀仇人于市中的无畏无惧、快意恩仇的游侠形象，也成为诗人们歌咏的对象。

曹魏时期文士与游侠的结合，使他们的创作在情感上表现为激昂奋发、悲凉壮烈，重在表现社会的政治内容，追求慷慨、刚健、有力的风格和以天下为己任的生命忧患意识。刘勰在《文心雕龙》中总结道："自献帝播迁，文学蓬转，建安之末，区宇方辑。魏武以相王之尊，雅爱诗章；文帝以副君之重，妙善辞赋；陈思以公子之豪，下笔琳琅；并体貌英逸，故俊才云蒸。……观其时文，雅好慷慨，良由世积乱离，风衰俗怨，并志深而笔长，故梗概而多气也。"刘永济释曰："汉末大乱，民怨沸腾，魏武雄兴，志存戡定，文帝篡业，雅好词华，影响所及，文风亦慷慨而多气。"刘勰又对建安时期的文风作了归纳："暨建安之初，五言腾踊，文帝陈思，纵辔以骋节；王徐应刘，望路而争驱；并怜风月，狎池苑，述恩荣，叙酣宴，慷慨以任气，磊落以使才；造怀指事，不求纤密之巧，驱辞逐貌，唯取昭晰之能，此其所同也。"① 建安风骨的形成在某一方面讲也是游侠诚信尚义、济世救难的行为和精神再度得到社会的认可和追求的反映。

曹魏后期，文风渐趋靡华，然而建安风骨的影响依然存在。"及正始明道，诗杂仙心；何晏之徒，率多浮浅。唯嵇志清峻，阮旨遥深，故能标焉。若乃应璩《百一》，独立不惧，辞谲义贞，亦魏之遗直也。"② 史称嵇康"家世儒学，少有俊才，旷迈不群，高亮任性，不脩名誉，宽简有大量"。其"文辞壮丽，好言老、庄，而尚奇任侠"。阮籍"博览群籍，尤好《庄》、《老》"。曾登临广武山，观楚、汉战古场，叹惜曰："时无英雄，使竖子成名！"又登上武牢山，望京邑而感叹时事，于是赋《豪杰诗》。嵇康有任侠之称，其诗慷慨而多气与其秉性和建安风骨的影响有关。阮籍虽然无任侠之名，但是从其言行来看，却有任侠之实，登广武而为英雄项羽感叹，却让竖子刘邦成就了帝业；登武牢山，望京邑洛阳看到司马氏弄权，而感慨太祖曹操之雄武、其子孙之衰弱，愤而作《豪杰诗》。《豪杰诗》已失传，但是可从他的《咏怀诗》中，领略其任侠的一面。《咏怀诗》

---

① 刘勰著，刘永济校释：《文心雕龙校释》中《明诗第六》，中华书局1962年版。
② 同上。

五:"平生少年时,轻薄好弦歌",犹如秦汉时期的邯郸少年;诗十五:
"昔年十四五,志尚好诗书","丘墓蔽山冈,万代同一时。千秋万岁后,
荣名安所之",志向高远,欲留英名于后世;诗二十一:"挥袂抚长剑,仰
观浮云征。云间有玄鹤,抗志扬哀声。一飞冲青天,旷世不再鸣。岂与鹌
鹦游,连翩戏中庭",意气飞扬,慷慨多气。

东晋时期的大文学家陶渊明也有任侠、慷慨之气。陶渊明说过:"少
时壮且厉,抚剑独行游。谁言行游近,张掖至幽州。饥食首阳薇,渴饮易
水流。""忆我少壮时,无乐自欣豫。猛志逸四海,骞翮思远翥。"在他的
生活、志趣和性格中,也早已有豪放、侠义的色彩,陶渊明的《咏荆轲》①
更体现了这一点:

> 燕丹善养士,志在报强嬴。招集百夫良,岁暮得荆卿。
>
> 君子死知己,提剑出燕京。素骥鸣广陌,慷慨送我行。
>
> 雄发指危冠,猛气充长缨。饮饯易水上,四座列群英。
>
> 渐离击悲筑,宋意唱高声。萧萧哀风逝,淡淡寒波生。
>
> 商音更流涕,羽奏壮士惊。心知去不归,且有后世名。
>
> 登车何时顾,飞盖入秦庭。凌厉越万里,逶迤过千城。
>
> 图穷事自至,豪主正怔营。惜哉剑术疏,奇功遂不成。
>
> 其人虽已没,千载有余情。

魏晋时期文士与侠士的结合,是有其深层的文化基础的。文士倡导
儒学,儒家重义,主张见义勇为。孔子提出"君子以义为质"、"君子以
义为上"、"君子之于天下也,无适也,无莫也,义于之比"。把义视为君
子的根本品质,"见义不为,无勇也","闻义不能徙……是吾忧也"。孟子
曾用鱼和熊掌来比喻生和义——"鱼,我所欲也。熊掌,亦我所欲也。二
者不可得兼,舍鱼而取熊掌也。生,我所欲也。义,亦我所欲也。二者不
可得兼,舍生而取义也"。在孟子看来,义比生命更重要。游侠对于义是

---

① (晋)陶潜著,龚斌校:《陶渊明集校笺》,上海古籍出版社2011年版,第302、350页。

极端崇尚的，义是游侠观念的核心，游侠的一切行为都是在义的支配之下。为了义，游侠可以急人千里，"赴士之厄困"①，即使牺牲生命，也在所不惜。

诚信是儒家特别强调另一种观念。孔子曰："人而无信，不知其可也。大车无輗，小车无軏，其何以行哉？"信对于人的重要性就如同輗軏对于车，人无信不能立于世。在儒家思想中，诚信的含义表现在两个方面。一方面是守信于人。孔子主张要"言必信，行必果"。后生小子要"谨而信"，君子应"主忠信"，与人交往，要使"朋友信之"，即使君主治国也要有信誉。另一方面是取信于人。孔子曰："民无信不立"，子夏曰："君子信而后劳其民；未信，则以为厉己也。信而后谏；未信，则以为谤己也"。游侠也是极端崇尚信用的，重然诺、一言九鼎可谓其最基本的人格要素。秦汉间的大侠季布就是因此而为天下人所仰慕的。以至于当时有谚语曰："得黄金百，不如得季布一诺。"

儒家也提倡刚毅之气。这一点实际上是其对一种理想的道德品格和人格精神的勾画。特点有二：一曰独立，二曰平等。儒家意欲以这种独立平等之人格来弘扬仁道。曾子曰："士不可以不弘毅，任重而道远。仁以为己任，不亦重乎？死而后已，不亦远乎？"②儒家也是以弘扬仁道为人生的最高使命，为了实现这一目标，孔子曰："志士仁人，无求生以害仁，有杀身以成仁。"孔子又说："三军可夺帅也，匹夫不可夺志也。"宏扬仁道之志不可夺，这样才会实现人生价值。关于人格独立的论说在儒家那里也有不少，如孔子提出："君子可逝也，不可陷也，可欺也，不可罔也。"《礼记·儒行》提出："儒有可亲而不可劫也，可近而不可迫也，可杀而不可辱也。"孟子主张"富贵不能淫，贫贱不能移，威武不能屈"等。儒家的独立人格观念中包含有平等思想，这一点，孟子有明确表述。他说："君之视臣如手足，则臣视君如腹心，君之视臣如犬马，则臣视君如国人，君之视臣如土芥，则臣视君如寇仇。"③ 这些主张本身就带有一些侠气。儒

---

① 《史记》卷92《游侠列传》。
② 杨伯峻：《论语译注》，中华书局1980年版，第80页。
③ 杨伯峻：《孟子译注》，中华书局1960年版，第186页。

家与游侠在人格观念上高度一致。游侠大都顶天立地,重气节,特立独行,凛然于世。而且始终保持着平等的人格观念,战国时期的刺客之侠豫让曾言:"范、中行氏皆众人遇我,我固众人报之。至于智伯,国士遇我,我故国士报之。"① 此话可谓侠士的人格风向标。

儒家还提出为亲友复仇的主张。《礼记·檀弓》篇记载:"子夏问孔子曰:'居父母之仇,如之何?'夫子曰:'寝苦,枕干,不仕,弗与共天下也。遇诸市朝,不反兵而斗。'"② 《大戴礼记·曾子制言》曰:"父母之仇,不与共生;兄弟之仇,不与聚国;朋友之仇,不与聚乡;族人之仇,不与聚邻。"儒家的这种复仇观念与游侠的复仇观念是一致的,三国时期左延年的《秦女休行》所赞许的就是这一观念下的一种行为。③

文士与侠士在文化信仰和道德规范等诸多方面的相通架起了文士与侠士相融的桥梁,文士思想观念中信义忠勇的情感,在一定的情境中往往会表现出急切的特征,而在游侠身上获得强烈的共鸣。故而,游侠成了文士们歌咏的对象,成为文士抒情言志、抒写胸中块垒的凭借,此时的游侠已不是一个个具体的人物,而是内化成为一种精神的象征。

文士与侠士的结合,使儒家所倡导的"以天下为己任","修身、齐家、平天下","天下为公"等观念渗透到了侠的行为文化之中,使游侠的行为得到儒家思想道德的规范,在文士的笔下,游侠逐渐成为"为民"、"为国"的正义的化身,渐而积淀成侠骨的精神,正如张华在其诗所写:

> 雄儿任气侠,声盖少年场。借友行报怨,杀人租市旁。
> 吴刀鸣手中,利剑严秋霜。腰间叉素载,手持白头镶。
> 腾超如激电,回旋如流光。奋击当手决,交尸自纵横。
> 宁为殇鬼雄,义不入圜墙。生从命子游,死闻侠骨香。
> 身没心不惩,勇气加四方。(《博陵王宫侠曲》二首其二)

---

① 《史记》卷124《游侠列传》。
② 《十三经注疏》之《礼记正义》,中华书局1980年版,第1284页。
③ 参见刘飞滨《文人·儒家思想·游侠精神》,《兰州大学学报》(社会科学版)2004年第4期。

第四章　河北文士,率晓兵射

——南北朝时期的燕赵文化

第一节　南北朝时期燕赵地区的民风文化

一　词义贞刚的燕赵文士之风

《隋书》卷76《文学》:

> 江左宫商发越,贵于清绮。河朔词义贞刚,重乎气质。

"河朔"和"江左"都是对一个地理区域的泛称,河朔是指黄河以北的地区。《尚书·泰誓中》:"惟戊午,王次于河朔。"孔传:"戊午渡河而誓,既誓而止于河之北。"又《三国志·魏志·袁绍传》:"(袁绍)振一郡之卒,撮冀州之众,威震河朔,名重天下。"河朔以古燕国、赵国地域为主,包括今北京、天津、河北省全部及山东、河南部分地区。"河朔词义贞刚,重乎气质"正是对燕赵文士为主的民风特征的描述。

永嘉南渡后,江南山水的灵秀富庶,使南朝继承了魏晋以来主流文化的审美倾向。而黄河流域的战乱和游牧文化的南移,使北朝保留了魏晋时期尚儒文质的传统。北朝《乐府》的《企喻歌辞》:"男儿欲作健,结伴不须多。鹞子经天飞,群雀两向波。"歌咏了豪健勇士邀上好友,欲在战场上杀敌立功,就如同一飞冲天的鹞子冲入雀阵,所向披靡。"放马大泽中,草好马着臕。

图4-1 南北朝时期燕赵文化分布示意图

牌子铁裲裆，铉铧鹳尾条。"① 说的是丰美的草原，骏马膘肥体壮，穿戴好

---

① 张亚新：《六朝乐府诗选》，中州古籍出版社1986年版，第82页。

盔甲,准备好冲锋陷阵。歌词没有华丽的修饰,非常质朴,却将尚武之风表现得淋漓尽致,"贞刚"之气跃然纸上。沈德潜的《说诗晬语》言:"梁时横吹曲,武人之词居多。北音竞美,钲铙铿锵,《企喻歌》、《折杨柳歌辞》、《木兰诗》等篇,犹汉魏人遗响也。北齐《敕勒歌》,亦复相似。"[1]

《隋书·文学传》说:"暨永明、天监之际,太和、天保之间,洛阳、江左,文雅尤盛。于时作者,济阳江淹、吴郡沈约、乐安任昉、济阴温子升、河间邢子才、巨鹿魏伯起等,并学穷书圃,思极人文,缛彩郁于云霞,逸响振于金石。英华秀发,波澜浩荡,笔有余力,词无竭源。"于时,江南文坛有济阳江淹、吴郡沈约、乐安任昉,河朔文坛可与之匹敌的有济阴温子升、河间邢子才、巨鹿魏伯起。济阴温子升、河间邢、巨鹿魏收三人时称"北地三才",是河朔地区文士的代表,其文风也多质朴贞刚。温子升的诗文在当时影响很大,司空、济阴王元晖业曾说:"江左文人,宋有颜延之、谢灵运,梁有沈约、任昉,我子升足以陵颜轹谢,含任吐沈。"[2] 温子升的诗文有的仿南朝文风,风格清婉,讲究对偶,更多的诗文则深受北方民歌影响,自然流畅,风格清丽,如《白鼻騧》:"少年多好事,揽辔向西都。相逢狭斜路,驻马诣当垆。"少年好侠,途遇好友,驻马豪饮,此诗直白而又充满豪气。《凉州乐歌二首》:"远游武威郡,遥望姑臧城。车马相交错,歌吹日纵横。""路出玉门关,城接龙城坂。但事弦歌乐,谁道山川远。"文字朴实,既写出了凉州的繁华,又不失男儿志在四方的豪气。

邢邵是与温子升在文学上齐名的才子,时称"温邢"。邢邵字子才,河间鄚(治今河北任丘)人,10岁能属文,据其本传载:"自孝明之后,文雅大盛,邵雕虫之美,独步当时,每一文初出,京师为之纸贵,读诵俄遍远近。"[3]《冬日伤志篇》是其代表作,最能体现其特色:

　　昔时惰游士,任性少矜裁。朝驱玛瑙勒,夕衔熊耳杯。析花步淇

---

① (清)沈德潜著,郭松林注:《说诗晬语》,人民文学出版社1979年版,第204页。
② 《魏书》卷85《温子升传》,中华书局1974年版。
③ 《北齐书》卷36《邢邵传》,中华书局1972年版。

水，抚瑟望丛台。

繁华夙昔改，衰病一时来。重以三冬月，愁云聚复开。天高日色浅，林劲乌声哀。

终风激檐宇，余雪满条枚。遨游昔宛洛，踟蹰今草莱。时事方去矣，抚已独伤怀。①

诗中以少年时任性嬉游，欢乐无尽，来表现昔日北魏都城洛阳的繁华；而今年老力衰，衬托出洛阳城经尔朱荣之乱和魏帝迁都邺城后的残破和衰败。感怀世事，格外悲伤，由个人感慨扩展为时代的悲哀。诗篇直陈其事，借景抒情，层次分明，感情浓郁。

魏收，字伯起，巨鹿下曲阳（今河北晋州）人，"（魏）收年十五，颇已属文。及随父赴边，好习骑射，欲以武艺自达"。后折节读书，"夏月，坐板床，随树阴讽诵，积年，板床为之锐减，而精力不辍。以文华显"。一次，魏帝举行季秋大射，令臣子们赋诗，魏收的诗最后有句："尺书征建邺，折简召长安。"权臣高澄看后，大呼"壮之"，对诸人说："在朝今有魏收，便是国之光采，雅俗文墨，通达纵横。我亦使子才、子升时有所作，至于词气，并不及之。吾或意有所怀，忘而不语，语而不尽，意有未及，收呈草皆以周悉，此亦难有。"②

魏收虽然与温子升、邢邵并称"北地三才"，但是魏收在作诗方面，不如温邢，主要成就在文。其诗风有些南朝宫体，但也有佳作，如《喜雨》：

霞飞染刻栋，础润土碉楹。神山千叶照，仙草百花荣。泻溜高声响，添池曲岸平。

滴下如珠落，波回类璧成。气调高万里，年和欣百灵。定知丹甑出，何须铜雀鸣。③

---

① 万光治：《中国古代文学作品选·两汉魏晋南北朝》，东北大学出版社 1998 年版，第 634 页。

② 《北齐书》卷 37《魏收传》。

③ 万光治：《中国古代文学作品选·两汉魏晋南北朝》，东北大学出版社 1998 年版，第 635 页。

描写喜雨降临时的景象,以及作者喜悦的心情。语言清新,比喻确切,描写生动形象。

北朝《乐府》和温、邢、魏"三才子"的诗文所展现出来的文风正合"文质"、"贞刚"的特色,明朝著名学者、诗人和文艺批评家胡应麟对河朔文风也有中肯的评价。《诗薮》云:"北朝句如'芙蓉露下落,杨柳月中疏',较谢'池塘春草',天然不及而神韵有余。魏收'临风想玄度,对酒思公荣','尺书征建业,折简召长安',不事华藻,而风骨泠然。"[1]

二 邺下胡风

颜之推曾在南梁、北朝齐为官,对江左和河北的民风多有了解,并在自己的《颜氏家训》[2] 中作了记载,这成为我们了解邺下民风的重要材料。如:

> 齐朝有一大夫,尝谓吾曰:"我有一儿,年已十七,颇晓书疏,教其鲜卑语及弹琵琶,稍欲通释,以此伏事公卿,无不宠爱,亦要事也"。(《卷一·孝子》)

> 邺下风俗,专以妇持门户,争讼曲直,造请逢迎,车乘街衢,绮罗盈府寺,代子求官,为夫诉屈。此乃恒、代之遗风乎?(《卷一·治家》)

> 近世有两人,朗悟士也,性多营综,略无成名,经不足以待问,史不足以讨论,文章无可传于集录,书迹未堪以留爱玩,卜筮射六得三,医药治十差五,音乐在数十人下,弓矢在千百人中,天文、画绘、棋博、鲜卑语、胡书、煎胡桃油,练锡为银,如此之类,略得梗概,皆不通熟。(《卷五·省事》)

《颜氏家训》所反映出来的邺下"胡风",可以归纳为学说鲜卑语、习

---

① (明)胡应麟:《诗薮》,上海古籍出版社 1979 年版,第 155—156 页。
② (北齐)颜之推撰,王利器集解:《颜氏家训集解》,上海古籍出版社 1980 年版,第 36 页。

琵琶、妇女在家中主事等民风文化。学习鲜卑族的文化在当时社会(至少在上层社会)中是一种时尚,也是一种必需。如《北齐书·高乾传附高昂传》载:"于时鲜卑共轻中华朝士,唯惮服于昂。高祖每申令三军,常鲜卑语,昂若在列,则为华言。"若不懂鲜卑语如何在朝廷中共事。"孙搴,字彦举,乐安(治今山东广饶)人也。少厉志勤学,自检校御史再迁国子助教。"后为高祖撰写西讨檄文,"其文甚美。高祖大悦,即署相府主簿,专典文笔。又能通鲜卑语,兼宣传号令。当烦剧之任,大见赏重"①。兼通鲜卑语成为受重用的条件,故此,才有在朝为官者培养自己的孩子学习鲜卑语。语言是一个民族文化的最重要标志,北齐大力倡导讲鲜卑语,正说明其民风中的鲜卑化。

琵琶又称"枇杷",最早见于史载的是汉代刘熙的《释名·释乐器》:"枇杷本出于胡中,马上所鼓也。推手前曰枇,引手却曰杷,象其鼓时,因以为名也。"秦、汉时期的琵琶是直项琵琶,时称"秦汉子",是直柄圆形共鸣箱型的一种琵琶(共鸣箱两面蒙皮)。北朝盛行的是曲项琵琶,是通过丝绸之路与西域进行文化交流,由波斯经今新疆传入我国。曲项琵琶为四弦、四相(无柱)梨形,横抱用拨子弹奏。《隋书·音乐志》:"今曲项琵琶,竖头箜篌之徒,并出自西域,非华夏旧器。"范阳祖珽以"自解弹琵琶,能为新曲"②,临漳和士开"以倾巧便僻,又能弹胡琵琶"③ 而得到皇帝的任用和"亲狎"。北齐孝武帝高湛为储君长广王时,就喜爱胡舞、尚鲜卑语,陈元康就将祖珽推荐给长广王,很得长广王的信任。待长广王继任皇帝位后,擢祖珽为中书侍郎。时召祖珽于后园,让祖珽弹琵琶,使和士开跳胡舞娱乐。正所谓"好恶取舍,动静亡常,随君上之情欲,故谓之俗"。

按颜之推的描述,邺下妇女是聪明能干、社会活动较为自由的,这种社会风气也见于其他文献的记载,据《魏书·高祖纪》载,北魏延兴二年二月乙巳,文明太后下诏:"自今已后,有祭孔子庙,制用酒脯而已,不

---

① 《北齐书》卷24《孙搴 陈元康 杜弼》。
② 《北齐书》卷39《祖珽传》。
③ 《北齐书》卷50《和士开传》。

听妇女合杂，以祈非望之福，犯者以违制论。其公家有事，自如常礼。"《魏书·皇后列传》："太后曾与高祖幸灵泉池，燕群臣及藩国使人、诸方渠帅，各令为其方舞。高祖帅群臣上寿，太后忻然作歌，帝亦和歌，遂命群臣各言其志，于是和歌者九十人。"王晓卫分析道："在这样的场合，文明太后也表现得十分粗豪洒脱，大概是风习所染吧？"①《魏书·列女·封氏传》："（封氏）有才识，聪辩强记，多所究知，于时妇人莫能及。李敷、公孙文叔虽已贵重，近世故事有所不达，皆就而谘请焉。"《北齐书·娄后传》："神武明皇后娄氏，讳昭君，赠司徒内干之女也。少明悟，强族多聘之，并不肯行。及见神武于城上执役，惊曰：'此真吾夫也。'乃使婢通意，又数致私财，使以聘己，父母不得已而许焉。神武既有澄清之志，倾产以结英豪，密谋秘策，后恒参预。"可见，从北魏到北齐、北周，鲜卑男女较为平等，妇女社交活动比较自由。

颜之推所记载的民风虽然称邺下，但是实际上当时社会上已普遍追求这种民风，这种民风已是以邺城为中心的河北民风的一种描述。

邺下胡风与"河朔词义贞刚，重乎气质"是有密切关联的，胡风的复兴促使了河朔地区追求自然、尚武的精神长兴不衰，如《颜氏家训·杂艺》记载了河朔尚武的民风："弧矢之利，以威天下，先王所以观德择贤，亦济身之急务也。江南谓世之常射，以为兵射，冠冕儒生，多不习此；别为博射，弱弓长箭，施于准的，揖让升降，以行礼焉。防御寇难，了无所益。乱离之后，此术遂亡。河北文士，率晓兵射，非直葛洪一箭，已解追兵，三九宴集，常縻荣赐。"反映在文学上，则体现出的是文质而贞刚。

第二节　南北朝时期燕赵民风的形成

一　农业区的内缩与畜牧业的南移

冀朝鼎曾提出一个"基本经济区"的概念，他说："（一个经济区）其农业生产与运输设施，对于提供贡纳谷物来说，比其他地区要优越得

---

① 王晓卫：《北朝鲜卑婚俗考》，《中国史研究》1988 年第 3 期。

多，以致不管是哪一集团，只要控制了这一地区，它就有可能征服与统一全中国。"那么，这个经济区就是基本经济区。[1] 经过三代以来的发展，到秦汉时期在黄河流域形成了一个基本经济区，即司马迁在《史记·货殖列传》所说的、位于黄河中下游地区的"三河地区"和"关中地区"。司马迁指出："昔唐人都河东，殷人都河内，周人都河南，夫三河在天下之中。"今山西省南的汾涑地区即河东地区，是夏朝人兴起和主要活动的区域；今河北、河南、山东交界的黄河与古济水之间是河内地区，这里是商朝人兴起和主要活动的区域；今河南伊水、洛河流域是河南地区，是周朝巩固天下的重要的东方基地。关中地区位于今陕西渭水流域，自商周以来农业渐兴，特别是秦国著名的水利灌溉工程郑国渠竣工后，"溉泽卤之地四万顷，收皆亩一钟"。于是关中为沃野，无凶年，"秦以富强，卒并诸侯"。经秦汉时期的进一步发展，十分繁荣，"故关中之地，于天下三分之一，而人众不过什三，然量其富，什居其六"，已被时人称为"天府"之国。

司马迁根据秦汉时期农业经济的发展状况，在龙门（今山西省河津市西北12公里的黄河峡谷中的龙门，今称禹门口）和碣石山（位于河北省昌黎县城北）之间画了一条线，称"龙门碣石北，多马、牛、羊、旃裘、筋角"，即是说西起关中平原北部向东至龙门，由龙门东北行经太原过太行山，沿燕山南麓至碣石山，这条线以北地区是以游牧业为主的地区，以南是以农业经济为主的地区，龙门碣石这条线也就是秦汉时期的农业与牧业的分界线，称农牧分界线。这条农牧分界线在南北朝时期发生了重大变化，并导致农业经济区域向南收缩。

西晋之后出现了"五胡十六国"，在这个动荡的时期，虽然我们仍能看到一些地方割据的统治者也有恢复农业生产的诏令和举措，但是，要想恢复到秦汉时期的农业经济水平是不可能的。石勒建立后赵之后，以"司冀渐宁，人始租赋"，平定幽州后，又"以幽冀渐平，始下州郡阅实人户，户赀二匹，租二斛"；石勒又因"百姓复业，资储未备，于是重制禁酿，郊祀宗庙，皆以醴酒，行之数年，无复酿者"。足见粮食的产量还不能满

---

① ［美］冀朝鼎：《中国历史上的基本经济区与水利事业的发展》，朱诗鳌译，中国社会科学出版社1981年版，第10页。

足社会的需求。石勒还派专人"循行州郡，核实户籍，劝课农桑。民桑最修者，赐爵大夫"①。前燕慕容皝也非常重视农业生产，将苑囿分给百姓来耕种，贫穷没有资产的，赐牧牛一头，如有剩余力量的还可用官牛垦田，按照魏晋旧法与官分成。有二千石令长不劝民农桑者，要"措之刑法"②。在十六国时期已形成了中山、襄国、邺、信都三角形的主要农业区。北朝时期实行均田制，河北农业持续发展着，卢道任燕郡太守时，"敦课农桑，垦田岁倍"。裴延隽为幽州刺史时，亲自督修亢渠、戾陵堰等水利工程，灌溉农田百余万亩，"为利十倍，百姓至今赖之"③。冀州（治信都，今冀州市冀州镇）、定州（治卢奴，今定州市区）以及邺的农业都有所发展，京畿之地和并、肆地区发生灾荒，政府就组织灾民到冀州、定州就食，仅太和七年六月，定州赐粥饥民救活百万口，同年七月，冀州赐粥饥民救活75万余口。齐神武帝征战各地时，任命段荣守邺，军需粮草都由段荣提供，"转输无缺"。正是由于农业经济的发展，使河北成为北魏政府最主要的粮食供应地，正所谓"国之资储，唯籍河北"。④

当时蚕桑生产的中心区域在黄河中下游地区，北魏政府在户调征收上以丝织品为准，只有在那些没有蚕桑生产的地区才征取麻布。北魏"均田制"规定："其民调，一夫一妇帛一匹，粟二石。民年十五以上未娶者，四人出一夫一妇之调；奴任耕、婢任绩者，八口当未娶者四；耕牛二十头当奴婢八。其麻布之乡，一夫一妇布一匹，下至牛，以此为降。"⑤北齐时期的制度亦大体相似，"河清三年（564）令：率人一床（即一夫一妇）调绢一匹，绵八两，凡十斤绵中，折一斤作丝"⑥。河北地区仍是最主要的桑蚕养殖和丝织品生产中心，西晋时期的左思在《魏都赋》中称："锦绣襄邑，罗绮朝歌，绵纩房子，缣总清河"⑦，同一时代的石崇也在《奴券》中

① 《晋书》卷104《石勒载记》。
② 《晋书》卷109《慕容皝载记》。
③ 《魏书》卷69《裴延隽传》。
④ 《北史》卷17《常山王遵传》。
⑤ 《魏书》卷110《食货志》。
⑥ 《隋书》卷24《食货志》。
⑦ 《文选》卷6引左思《魏都赋》。

提到了"常山细缣，赵国之编。许昌之总，沙房之绵"等①。襄邑的锦、房子的绵和纩、清河的缣和总、常山细缣，赵国之编等是当时有名的蚕桑丝织品。北魏时河北南部地区承继种桑养蚕的传统，丝织业仍很发达，北魏在冀、定二州曾一年即征发绢30万匹；又据《魏书·食货志》记载：当时司、冀、雍、华、定、相、秦、洛、豫、怀、兖、陕、徐、青、齐、济、南豫、东兖、东徐等十九州"贡绵绢及丝"，这些地区为北魏主要的桑蚕养殖和丝织品生产的地区；北齐曾在冀、定二州设立绫局染署，并于定州设桑园部丞，规定："桑蚕之月，妇女年十五以上，皆营蚕桑。"② 可见蚕桑业在北朝经济中具有重要的地位。又据《齐民要术》卷五《种桑、柘》记载："今自河以北，大家收百石，少者尚数十斛。故杜、葛乱后，饥馑荐臻，唯仰以全躯命，数州之内，民死而生者，干椹之力也。"③ 这从一个特殊侧面反映了河北地区桑树种植甚盛。

在农业经济恢复的同时，畜牧业也由龙门、碣石一线以北地区向南迁移，进入了原秦汉时期的农耕区。东汉后期，蒙古高原地区的匈奴、鲜卑、丁零、羯等民族南下，逐渐移入中原地区，如袁绍部下有数量可观的鲜卑、乌桓人，"幕府奉汉威灵，折冲宇宙，长戟百万，胡骑千群"④。据河北北部地区的公孙瓒"招诱乌丸、鲜卑，得胡汉数万人"⑤。

十六国以来，受战争因素的影响，人口流动增多起来，但是，对中原文化、民风影响致大的莫过于大漠游牧民族的南下。刘汉建元元年（315），石勒徙平原乌桓展广、刘哆等部落3万余户于襄国。麟嘉元年（316）春，石勒部将支雄等徙东武阳（山东阳谷西南）宁黑部众万余于襄国。光初三年（318），石勒攻靳准，徙羌、羯降者10万落于冀州。十六国时期，襄国、邺城等地成为匈奴、鲜卑、羯等民族的一个集中聚居之地，"鲜卑之众星布燕代"⑥，冉魏之乱，仅在邺城内外被杀的羯族就达20

① （清）严可均辑，何宛屏等审订：《全晋文》卷33引，商务印书馆1999年版。
② 《隋书》卷24《食货志》。
③ （北魏）贾思勰著，石声汉校释：《齐民要术》，中华书局2009年版。
④ 《三国志》卷6《袁绍传》。
⑤ 《三国志》卷8《公孙瓒传》。
⑥ 《晋书》卷102《刘聪载记》。

余万。进入北朝时期，各民族的流动依然继续，如太平真君五年（444），北魏徙北部民 5000 余落于冀、定、相等 3 州为营户。八年（447）徙定州丁零 3000 家于平城。兴安元年（452）十一月，徙陇西屠各部众 3000 家于赵、魏。孝昌元年（525）破六韩拔陵起义失败，北镇降户 20 余万分徙于冀、定、瀛三州。东魏天平元年（534），高欢迁洛阳士民 40 万户于邺。"根据初步考察，十六国北朝融入汉族的少数民族族别有 10 多个，人口总数约有 11361 千人。按北魏熙平元年（516）国有领民最多时为 32327 千人计，少数民族参加汉化的人口数约占国家领民的 35%。如此众多的民族和人口要实现汉化，也即要彻底改变其原有的政治、经济、文化状况、各民族传统习惯势力的阻挠，其斗争的激烈程度和复杂局面可想而知。"[1]

在游牧民族南下的时期，也是中原汉民族越淮跨江迁徙到长江一带的时期。据谭其骧先生研究，由今河北境内迁到江苏的有济阳郡，长乐、阳乐、新乐、广平、顿丘、柏人县；迁到安徽的有阳平郡，济阳、顿丘、信都、阴安、长垣县；迁到湖北的有邯郸县；迁到河南南部的有广平郡；迁到山东南部的有冀州、广川、河间、顿丘、高阳、勃海等郡，离狐、顿丘、元城、广川、武强、中水、广宗、安次、新乐、魏、肥乡、蠡吾、乐城、城平、武垣、章武、南皮、阜城、卫国、阴安、安平、饶阳、高阳、新城、蓨、长乐、邺等县。这些侨置郡县多来自河北的中南部，是人口流失最严重的地区。

汉民族的南迁为游牧民族南下让出了充足的生存空间。南迁的汉民族中又以士家豪族为主，谭先生说："中原遗黎南渡，虽为民族一般趋势，然其间要以冠冕缙绅之流为盛。"所谓"永嘉之后，帝室东迁，衣冠避难，多所萃止。艺文儒术，斯之为盛。今虽闾阎贱品，处力役之际，吟咏不辍，盖颜、谢、徐、庾之风扇焉"。《南史》列传中人物，凡有 728 人（后妃、宗室、孝义不计），籍隶北方者 506 人，南方但得 222 人，"自是而后，东南人物声教之盛，遂凌驾北土而上之"。[2]

---

① 朱大渭：《儒家民族观与十六国北朝民族融合及其历史影响》，《中国史研究》2004 年第 2 期。
② 谭其骧：《晋永嘉丧乱后之民族迁徙》，《长水集（上）》，人民出版社 1987 年版，第 199—223 页。

在黄河流域气候进入寒冷时期之后，草原地带的生存条件更为艰苦，如太延四年，"时漠北大旱，无水草，军马多死"①。生存的压力也造成他们大规模南下，他们的南下是带着大量的牛羊一起南下的，也就是说北方民族进入中原之后，并没有很快地放弃畜牧业去从事新的产业——农业，而是持续着他们的畜牧业。他们的汉化，即转化成从事农业生产的民族，要到隋朝年间了。② 在这漫长的融合过程中，河北地区的很多农业区开始变成了牧羊驱马之地。《魏书·食货志》云："高祖即位之后，复以河阳为牧场，恒置戎马十万匹，以拟京师军警之备。而河西之牧弥滋矣。"迁都洛阳以后，复有宇文福主持兴建河阳牧场，又据《宇文福传》载："时仍迁洛，敕（宇文）福检行牧马之所。福规石济以西、河内以东，拒黄河南北千里为牧地。事寻施行，今之马场是也。及从代移杂畜于牧所，福善于将养，并无损耗。"③ 这个牧场"恒置戎马十万匹"，作为京师军警之备。马对草场的需求量很大，一般饲养一匹马需 80—100 亩草场，10 万匹马就需要 800 万—1000 万亩土地，而一般饲养马匹时，都要同时饲养一定数量的羊、牛等，这样，需要草场面积将会更大。河阳位于黄河之北，这数以千万计的牧马场就在今河北南部、河南北部地区。

成为河北地区主人的鲜卑族人对畜牧业产品仍保持着较为旺盛的需求，不仅改善了中原内地的家畜品种，同时也改变了当地的畜产结构，家畜构成发生了相当明显的变化。《齐民要术》记载，当时北方地区所饲养的家畜有马、牛、驴、骡、羊、猪等，其种类与过去没有什么变化。但值得注意的是，除了马、牛等大型役畜之外，养羊受到了前所未有的特殊重视，该书对养羊技术的讨论最为详细，其内容篇幅超过了养猪、鸡、鹅、鸭等篇之和，反映当时即使是在农耕地区，羊的地位也有了明显提高。结合同一时期其他文献的记载，可以认为：当时羊在北方地区已经取代了猪的地位，成为最主要的肉畜。养猪虽然继续存在，在《齐民要术》中也列

---

① 《北史》卷 98《蠕蠕传》。

② 陈新海：《南北朝时期各民族在黄河中下游地区的分布及汉化程度》，《中国历史地理论丛》1990 年第 1 期。

③ 《魏书》卷 44《宇文福传》。

有专篇，但与两汉相比则地位明显下降，不成规模，与羊的百十成群不能相比。当时文献记载羊的数量常以百、千、万乃至十万、百万计，有关养猪的数字记载则非常之小。

当时文献关于食用羊肉和猪肉的记载进一步说明了上述事实。关于食羊肉，魏晋文献中的记载尚较少，但自十六国之后则迅速增多。北朝社会是胡人占上风，羊肉当然是主要肉食，"羊肉酪浆"是经常享用并特别受人喜爱的美食，贾思勰在《齐民要术》中就记载了各种肉类和各种奶酪的食用方法。反映在礼俗上，北齐时期聘礼所用的肉料主要是羊，其次是牛犊和雁，但没有猪；此外，北齐制度规定百姓家"生两男者，赏羊五口"。这些都反映了当时人们对羊的重视。正因为如此，这个时代有人将羊称为"陆产之最"①。

畜牧业的南移，使秦汉时期的农耕区缩小，农牧分界线在河北地区南移至保定南部，在山西地区南移至霍太山以南，许多农耕区成了农牧交错区。经济形态的变化为内迁的游牧民族人口较长时期内从事牧业生产、保持游牧生活习俗提供了物质基础，对这一时期燕赵地区的文化也产生了一定的影响。

二　尚武之风的盛行

游牧民族的南下、传统的承继与战争的需要，使尚武之风盛行于燕赵大地。十六国时期，各国都很重视习武竞技，石勒"朝其群臣于邺，命郡国立学官"。所谓"教国子击刺战射之法"②。石虎又于"邺造东西宫，后庭教宫人星占及马步射"。

北朝时期尚武之风仍保持不坠，北魏的统治者多习鞍马骑射并倡导习武骑射，永兴元年七月，明元帝"立马射台于陂西，仍讲武教战"③。太武帝在始光三年"秋七月，筑马射台于长川，帝亲登台观走马；王公诸国君

---

① 王利华主编：《中国农业通史（魏晋南北朝卷）》，中国农业出版社 2009 年版，第 131—132 页。

② （北魏）崔鸿撰，（清）汤球辑补，王鲁一、王立华点校：《十六国春秋辑补》卷 15《后赵录五·石勒》，齐鲁书社 2000 年版，第 115 页。

③ 《魏书》卷 3《太宗纪》。

长驰射，中者赐金锦缯絮各有差"，四年"秋七月己巳，车驾至上郡属国城，大飨群臣，讲武马射"①。文成帝于兴安二年七月，"筑马射台于南郊"。② 其后的继任者在强调修文兴儒的同时，也不忘记尚武的重要性。孝文帝以汉化改革而闻名史书，他也强调习武不能废弛，太和十六年下诏说："文武之道，自古并行，威福之施，必也相藉。故三、五至仁，尚有征伐之事；夏殷明睿，未舍兵甲之行。然则天下虽平，忘战者殆；不教民战，可谓弃之。是以周立司马之官，汉置将军之职，皆所以辅文强武，威肃四方者矣。国家虽崇文以怀九服，修武以宁八荒，然于习武之方，犹为未尽。今则训文有典，教武阙然。将于马射之前，先行讲武之式，可敕有司豫修场埒。其列阵之仪，五戎之数，别俟后敕。"③ 地方官员也遵循其政策，修文习武，如韦阆任东豫州刺史时，在境内就推行文武兼修。"（韦）阆，字遵庆，亦有学识。……稍迁平远将军、东豫州刺史。阆绥怀蛮左，颇得其心。蛮首田益宗子鲁生、鲁贤先叛父南入，数为寇掠。自阆至州，鲁生等咸笺启修敬，不复为害。阆以蛮俗荒梗，不识礼仪，乃表立太学，选诸郡生徒于州总教。又于城北置宗武馆以习武焉。境内清肃。"④ 正是在征战的社会环境和政府的倡导下，儒学和骑射已是普通人应该掌握的，"纂文习武，人之常艺"。⑤

北朝统治者们还将射箭作为一项礼仪，不时举行，孝文帝在太和十六年八月"将行大射之礼"，因雨而停止。"静帝曾季秋大射，普令赋诗。"⑥《北齐书·文宣帝纪》：北齐天保七年（557）"春正月甲辰，帝至自晋阳，于邺城西马射，大集众庶而观之"。次年（558），北齐文宣帝高洋又在邺城东举行了为期7天的盛大马射比武竞技活动，"是月，帝在城东马射，敕京师妇女悉赴观，不赴者罪以军法，七日乃止"。不仅如此，他们还很喜欢"赌射"游戏，君臣都参与，胜者还能获得不少的奖

① 《魏书》卷4《世祖上》。
② 《魏书》卷5《高宗纪》。
③ 《魏书》卷7《高祖纪下》。
④ 《魏书》卷45《韦阆、杜铨、裴骏、辛绍先、柳崇》。
⑤ 《魏书》卷78《孙绍、张普惠传》。
⑥ 《魏书》卷104《自序》。

励。北魏文成帝和平二年（461），"其年冬，诏出内库绫绵布帛二十万匹，令内外臣官分曹赌射"①。《魏书·杨播传》："时车驾耀威滍水，上巳设宴，高祖（孝文帝）与中军、彭城王勰赌射，左卫元遥在勰朋内，而（杨）播居帝曹。遥射侯正中，筹限已满。高祖曰：'左卫筹足，右卫不得不解。'播对曰：'仰恃圣恩，庶几必争。'于是弯弓而发，其箭正中。"如东魏孝静帝武定五年（547），"梁使来聘，云有武艺，求访北人，欲与相角。世宗遣（綦连）猛就馆接之，双带两鞬，左右驰射。兼共试力，挽强，梁人引弓两张，力皆三石，猛遂并取四张，叠而挽之过度。梁人嗟服之"。②又同传记，"肃宗曾与群臣于西园醼射，文武预者二百余人。设侯去堂百四十余步，中的者赐与良马及金玉锦彩等。有一人射中兽头，去鼻寸余。唯（元）景安最后有一矢未发，帝令景安解之，景安徐整容仪，操弓引满，正中兽鼻。帝嗟赏称善，特赉马两疋，玉帛杂物又加常等"。君臣文武时常以"兵射"为娱乐之戏，足见在邺城地区受鲜卑等胡风的影响，尚武之风是很浓的，就连颇有文才，时与济阴温子升、河间邢子才号称"三才"的魏收，也曾"好习骑射"，想以"武艺自达"③。最终魏收还是以文才"自达"的，但同时，我们还应注意到魏收还是一个善跳胡舞的高手。

北朝统治者的习尚和政策，推动了北朝百姓的习武之风，就连北朝女子的择偶标准都深受其影响，勇武之男儿成为北朝女子心目中理想的对象，并非南朝女子所津津乐道的那种具有女性美的"百媚郎"。如《乐府诗集》"横吹曲辞"的《慕容家自鲁企由谷歌》云："郎在十重楼，女在九重阁。郎非黄鹞子，那得云中雀？"④鹞子是生活在草原之上的鹰科鸟类，凶猛而样子像鹰，通常称"鹞鹰"。用黄鹞子来代表刚健勇武的男儿，只有像猛禽黄鹞子那样的男儿才能得到她的爱情。在北朝还流行一首"处女歌谣"，曰："求良丈，当如倍侯。"倍侯利原是高车斛律部将帅，以后

---

① 《魏书》卷110《食货志》。
② 《北齐书》卷41《綦连猛传》。
③ 《北齐书》卷37《魏收传》。
④ 张亚新：《六朝乐府诗选》，中州古籍出版社1986年版，第101页。

奔魏。史称:"侯利质直,勇健过人,奋戈陷阵,有异于众,北方人畏之,婴儿啼者,语曰:'倍侯利来',便止。"① 倍侯利成为刚健勇武男儿的代表,也成为北朝女子理想中的配偶,足见尚武之风之盛。

颜之推总结说:"河北文士,率晓兵射"。使尚武之风浸润到文学艺术上,《琅琊王歌辞》:"新买五尺刀,悬着中梁柱。一日三摩娑,剧于十五女。"英雄对宝刀的喜爱跃然纸上,将其尚武之神采写得淋漓尽致。王士祯评曰:"语有令人骨腾肉飞。"②《折杨柳歌辞》之四:"健儿须快马,快马须健儿"。勇猛豪放的健儿最喜飞奔驰骋的宝马,英雄、宝马的形象展现在了我们的面前。《李波小妹歌》:"李波小妹字雍容,褰裙逐马如卷蓬。左射右射必叠双。妇女尚如此,男子安可逢。"和《木兰诗》:"万里赴戎机,关山度若飞。朔气传金柝,寒光照铁衣。将军百战死,壮士十年归。"③ 展现了北朝女子武艺高强、勇敢善良的巾帼英雄的风采。诗的风格也比较刚健古朴,凸显了北朝民歌的特色。

北朝的艺术创作也深受尚武习之风的影响,在敦煌莫高窟中,北魏、西魏、北周的洞窟中有"伎乐力士图",洞窟四壁上部顶端多画有天宫伎乐,他们露出大半个身子,在跳舞、奏乐,婀娜多姿,绰约动人,似乎有拍打腰鼓、弹奏琵琶的乐声在我们耳边萦绕。另外,在这些洞窟壁画的最下部,大都画有"力士",其中包括演奏器乐的"伎乐力士",他们身材粗壮,有各种不同的姿势,气质雄伟,刚健有力。有学者对这一时期敦煌乐舞壁画评价说,"正处于上升时期的生龙活虎、朝气蓬勃、充满生机,具有强大的生命力的北朝之勇武强悍的狩猎、游牧部族",恰好形成了敦煌莫高窟北朝壁画之"尚武"精神最适宜生长的土壤。④

据史念海先生统计:魏、齐两朝出自关东、西而非鲜卑族的将帅,以及驰逐疆场而树立功勋的武臣,见于《魏书》和《北齐书》的约有93人。其中北魏一代为54人,北齐为39人。北魏的54人中,关西才有12人,

---

① 《北史》卷98《高车传》。

② (清)王士祯:《带经堂诗话》,人民文学出版社1963年版,第29页。

③ 张亚新:《六朝乐府诗选》,中州古籍出版社1986年版,第84、98、145、104页。

④ 杨亦军:《北朝至唐的"尚武"之变与西域乐舞"东传"》,《北京化工大学学报》(社会科学版)2011年第2期。

而关东有 42 人。北齐的 39 人中，关西稍多一点，为 24 人，关东为 15 人，如果算上《周书》中所记载的，还可增多若干。

北魏出身于关东各郡的将士有 42 人，其中属于今河北的有：广宁（治广宁，今河北涿鹿县）的王建、王斤、王度；中山（治卢奴，今河北定州市）的李先、贾显度；博陵（治安平，今河北安平县）的崔延伯；河间（治武垣，今河北河间县南）的邢峦；常山（治所在今河北石家庄东）的韩茂；长乐（治信都，今河北冀州市冀州镇）的刘洁；勃海（治南皮，今河北南皮县）的高湖、刁雍；广平的刘藻；清河的傅永、傅竖眼、傅文骥、崔亮、崔士和、崔士泰等 18 人，占关东武将的 42.8%。

北齐出身于关东各郡的将士有 15 人，其中属于河北籍的是广宁的蔡儁、韩贤、任廷敬；燕郡的平鉴；范阳的卢文伟；中山的杜弼；巨鹿（治曲阳，今河北晋县）的魏兰根；赵郡的李浑、独孤永业、李元忠；勃海的高乾、高昂、高季武、封隆之等 14 人。河北籍武将是北齐政权的重要支柱。北朝时期河北的这种尚武精神仍然是和关东各族杂居关系分不开的。"魏、齐统治区域中，各族杂居的局面不仅没有改善，而且更趋于复杂。北魏道武帝天兴元年（398），曾经一次徙山东六州民吏及徙何、高丽杂夷 36 万，百工技巧十余万口以充实京师。其时正当后燕崩溃之时，慕容盛局限于辽西，慕容德远避于青州，大部疆土皆为北魏所囊括。旧史虽未备载这六州的名称，实际上不外太行山东各地。这里是后燕故土，故北魏于攻下中山之后，得以大徙当地的居民。这里所说的杂夷，未悉具体民族的部落，至少常山郡还有丁零，应是了无疑义的。况且既为后燕故土，当然有大量鲜卑。这样，各族杂居亦是可想而知的了。"[1]

三　世家与尚儒文质民风

随着大家族的形成和发展，到东汉时期就已形成在郡中颇有影响力的大姓，如《魏略》记载："天水旧姜、阎、任、赵四姓，常推于郡中。"[2]

---

[1]　史念海：《唐代前期关东地区尚武风气的溯源》，《唐史研究会论文集》，陕西人民出版社 1983 年版。

[2]　《三国志》卷 13《王朗附王肃传》裴注引。

桓、田、吉、郭为冯翊郡甲姓。① 到了两晋南北朝,崇尚郡姓郡望之风更盛,所谓"自世重高门,人轻寒族,竟以姓望所出,邑里相矜。若仲远之寻郑玄,先云汝南应劭;文举之对曹操,自谓鲁国孔融是也"②。这一时期,郡望是一个大家族社会地位、经济实力和政治影响力的重要标识,大家族也凭借着几代人累世为家族赢得的社会地位、经济实力和政治影响力,为家族成员提供较为优越的教育资源、社会地位和政治资源,累世大家族也成为传播儒学文化的重要基地。陈寅恪先生指出:"盖自汉代学校制度废弛,博士传播之风气止息之后,学校中心移于家族,而家族复限于地域,故魏、晋、南北朝之学术、宗教皆与家族、地域两点不可分离。"③世家大族为儒学文化的传播作出了重要贡献。

两晋南北朝时期,河北地区世家大族不仅数量多,社会影响也颇大。据胡阿祥研究,两晋南北朝时期河北地区郡望郡姓有勃海郡的高、封、石、才等姓;乐陵郡有王姓;中山有甄、杜、刘、张等姓;高阳郡有许姓;广平郡有游、宋、程等姓;范阳郡有卢、祖、李、张、郦、魏等姓;上谷郡有张、寇、公孙、侯等姓;博陵郡有崔、冯姓;河间有邢姓;清河有崔、房、张、傅、窦、韩、孙、杨等姓;长乐郡有冯、张姓;巨鹿郡有魏姓;平原郡有刘、明、华、宋等姓;赵郡有李、崔、张姓;魏郡有申、杜、冉、戴姓;阳平郡有路、魏姓;顿丘郡有李、窦姓;北平郡有路、阳、西方等姓;辽西郡有宇文姓;燕国有刘姓;昌黎郡有宇文、豆卢、慕容、孙姓。④ 这些世家大族注重汉魏以来形成的"家学"传统,书香不绝,代有贤俊,如赵郡李氏家族,李曾,少治《郑氏礼》、《左氏春秋》,以教授为业。曾被州辟主簿,"到官月余,乃叹曰:'梁叔敬有云:州郡之职,徒劳人耳。道之不行,身之忧也。'"遂弃官还家讲经授徒。后出任赵郡太守,"令行禁止,劫盗奔窜。太宗嘉之"。其子李孝伯"少传父业,博综群言。美风仪,动有法度"。世祖见到李孝伯后,称赞说:"真卿家千里驹也。"

---

① 《三国志》卷23《裴潜传》裴注引。
② (唐)刘知几著,刘占召注:《史通评注》卷5《内篇·邑里》,中央编译出版社2010年版。
③ 陈寅恪:《隋唐制度渊源略论稿》,中华书局1963年版,第17页。
④ 周振鹤主编:《中国历史文化区域研究》,复旦大学出版社1997年版,第154—155页。

李孝伯族兄李祥，"学传家业，乡党宗之"。李祥之子李安世，"幼而聪悟。兴安二年，高宗引见侍郎、博士之子，简其秀俊者欲为中书学生。安世年十一，高宗见其尚小，引问之。安世陈说祖父，甚有次第，即以为学生。高宗每幸国学，恒独被引问。诏曰：'汝但守此，至大不虑不富贵。'居父忧以孝闻"。李安世子李玚"涉历史传，颇有文才，气尚豪爽，公强当世"。李安世三子李郁"好学沉静，博通经史"。后任国子博士，"自国学之建，诸博士率不讲说，朝夕教授，惟（李）郁而已。谦虚雅宽，甚有儒者之风"。永熙三年春，于显阳殿讲《礼》，诏李郁执经主讲，"解说不穷，群难锋起，无废谈笑。出帝及诸王公凡预听者，莫不嗟善"①。李曾一族都以传习儒学为主，又以儒学而被重用，在朝为官。其他如渤海人李铉教授生徒数百人，凡"燕、赵间能言经者，多出其门"。② 河间人马敬德，少好儒学，长于《左氏春秋》，燕赵间生徒颇众。

正因世家大族重视"家学"的传承，又促使了家族在政治地位和社会影响力上的进一步提升，朝廷选拔人才之时，也首选这些世家大族的成员，在家族内部形成了"家学传统—名显当世—入朝为官—壮大家族—弘扬家学"的良性循环。北魏太武帝拓跋焘曾下诏曰："顷逆命纵逸，方夏未宁，戎车屡驾，不遑休息。今二寇摧殄，士马无为，方将偃武修文，遵太平之化，理废职，举逸民，拔起幽穷，延登俊乂。昧旦思求，想遇师辅，虽殷宗之梦板筑，罔以加也。访诸有司，咸称范阳卢玄、博陵崔绰、赵郡李灵、河间邢颖、勃海高允、广平游雅、太原张伟等，皆贤俊之胄，冠冕州邦，有羽仪之用。《诗》不云乎：'鹤鸣九皋，声闻于天'。庶得其人，任之政事，共臻邕熙之美。《易》曰：'我有好爵，吾与尔縻之。'如玄之比，隐迹衡门、不耀名誉者，尽敕州郡以礼发遣。"遂征召卢玄等以及州郡推举的贤达者有数百人，皆差次叙用。③ 郡中大姓被世人所看重，所推荐的也是以大家族的成员为主。

河北地区的世家大族的"家学"，从学术传承上看，在经学上秉承汉

① 《魏书》卷53《李孝伯传》。
② 《北齐书》卷44《儒林传》。
③ 《魏书》卷4《世祖纪上》。

儒旧说，在文学上师承魏晋文风，保留了魏晋时期的尚儒文质传统，与永嘉南渡后的南朝继承了魏晋以来的主流文化审美倾向大不相同。如河北的世家大族范阳卢氏、赵郡李氏、清河崔氏等，他们注重儒学经术的经世致用和汉魏朴学的研究，而不热衷于文学创作的探讨，与南朝文人的好尚不同。赵郡的李玚"俶傥有大志，好饮酒，笃于亲知"，每次与其弟李郁谈话都说："士大夫学问，稽博古今而罢，何用专经为老博士也？"强调习儒入仕、经世致用，功名意识强烈。正因河北家族"家学"保留了魏晋时期的尚儒文质的学术传统，又受鲜卑等南下游牧民族尚武习之风的影响，使汉魏风骨的精神特质在其家学中得以延续，而体现出"词义贞刚"的文风。《周书·王褒庾信传论》中说："泊乎有魏，定鼎沙朔，南包河、淮，西吞关、陇。当时之士，有许谦、崔宏、崔浩、高允、高闾、游雅等，先后之间，声实俱茂，词义典正，有永嘉之遗烈焉。"

第三节　邺城胡风的成因

一　"胡化运动"下的邺城

从上文叙述可知，在人口流动的大潮中，邺城地区士家豪族、衣冠人物的流失，使邺城成为多民族聚居的地区，同时，还应注意到此时邺城地位的上升。"邺城是西汉末年以来政治、军事、经济、地理各种因素交叉融合后而形成的中心，是河北平原地区政治、经济地位提高的反映。在整个魏晋南北朝时期，就是不在邺城建都，邺城也是控制河北平原的军事中心。""邺都的出现，是黄河流域政治、经济发展到一个转折时期的表现，在黄河流域地区史上有着重要意义。"①

邺城地区的诸多变化，汇聚到怀朔集团统治下的北齐政权，致使邺城民风的胡化。北齐的奠基者高欢的祖父高谧，"仕魏，位至侍御史，坐法徙居怀朔镇"。"神武既累世北边，故习其俗，遂同鲜卑。"跟随高欢打天

---

① 邹逸麟：《试论邺都兴起的历史地理背景及其在古都史上的地位》，《中国历史地理论丛》1995 年第 1 期。

下的文武大臣也多出身于怀朔地区，如高欢手下名将窦泰，"本出清河观津，曾祖罗，魏统万镇将，因居北边"。"及长，善骑射，有勇略。""累迁侍中、京畿大都督，寻领御史中尉。""尉景，字士真，善无人也"；"厍狄干，善无人也。曾祖越豆眷，魏道武时以功割善无之西腊汙山地方百里以处之，后率部北迁，因家朔方。干梗直少言，有武艺。"他们是高欢最倚重的大臣。善无，属恒州（治山西大同），北邻怀朔六镇。"娄昭，字菩萨，代郡平城人也"，方雅正直，弓马冠世，随神武定下天，官至大司马、司徒、定州刺史。代郡平城即属恒州（治山西大同），为州治所。"潘乐，字相贵，广宁石门人也。本广宗大族，魏世分镇北边，因家焉。"广宁属燕州（治河北涿鹿）。① 山东大行台、大都督段荣"姑臧武威人也。祖信，仕沮渠氏，后入魏，以豪族徙北边，仍家于五原郡"。段荣的儿子段昭、孙子段懿都是"少工骑射"，"颇解音乐，又善骑射"。② 斛律金，原为朔州敕勒部人，"性敦直，善骑射"，跟随高欢举义。③

文臣"孙腾，字龙雀，咸阳石安人也。祖通，仕沮渠氏为中书舍人，沮渠灭，入魏，因居北边"。"司马子如，字遵业，河内温人也。八世祖模，晋司空、南阳王。模世子保，晋乱出奔凉州，因家焉。魏平姑臧，徙居于云中，其自序云尔。"司马子如追随高祖"以为大行台尚书，朝夕左右，参知军国。天平初，除左仆射，与侍中高岳、侍中孙腾、右仆射高隆之等共知朝政，甚见信重"④。

从上所举诸例可以看出，北齐王朝的奠基者，是以高欢为核心、以世居怀朔及其周围诸州为地域的文臣武将所构成的怀朔集团。怀朔六镇及其山西大同地区的恒、朔、肆诸州，是北朝鲜卑族进入中原的最早的根据地，这里地近大漠，气候干凉，宜畜牧稼穑，鲜卑族来到此地，虽然离散诸部，开始学习农耕生产，但是其原有的畜牧活动及民风习俗并没有彻底改变，就是在孝文帝进行汉化改革的时期，大同地区仍然保留着

---

① 《北齐书》卷15《窦泰 尉景 娄昭（兄子睿）厍狄干（子士文）韩轨 潘乐传》。
② 《北齐书》卷16《段荣传》。
③ 《北齐书》卷17《斛律金（子光 羡）传》。
④ 《北齐书》卷18《司马子如传》。

鲜卑的古风古韵。《隋书·地理志》云："太原山川重复，实一都之会，本虽后齐别都，人物殷阜，然不甚机巧。俗与上党颇同，人性劲悍，习于戎马。离石、雁门、马邑、定襄、楼烦、涿郡、上谷、渔阳、北平、安乐、辽西，皆连接边郡，习尚与太原同俗，故自古言勇侠者，皆推幽、并云。"

北齐王朝的奠基者们是鲜卑化很深（或已接受鲜卑民风习俗）的怀朔集团，统治北齐王朝的高氏皇室仍然保持着这一传统，时常在讨论一些治国用人的问题时以"鲜卑人"自居，与汉族大臣发生冲突。如文宣皇帝高洋尝问杜弼："治国当用何人？"杜弼对曰："鲜卑车马客，会须用中国人。"高洋以为杜弼是用此言讥讽他。史载，杜弼是中山曲阳人也，"幼聪敏，家贫无书，年十二，寄郡学受业，讲授之祭，师每奇之"。后来其才能受到神武皇帝高欢、文宣皇帝高洋的重用，"弼儒雅宽恕，尤晓史职。所在清洁，为吏民所怀。耽好玄理，老而愈笃。又注《庄子·惠施篇》、《易上下系》，名《新注义苑》，并行于世。弼性质直，前在霸朝，多所匡正。及显祖作相，致位僚首，初闻揖让之议，犹有谏言。"杜弼是一位受过良好儒学教育，又如魏徵一般的敢犯龙颜的诤臣，对于跟随高祖、以武功居要位的怀朔集团成员早有意见，"弼以文武在位，罕有廉洁"，曾向高祖建议严加惩治。所以，当高洋问到治国用人问题时，杜弼就直言相告，没有讥讽之意。高洋之所以能感觉到杜弼是在讥讽他，是因为他自认为是"鲜卑车马客"。天保十年（559）夏，文宣帝高洋饮酒后，下令杀了杜弼。文宣帝虽然"既而悔之"，但是，杜弼被杀，表面上是有高德政等人的谗言、为政有过失等因素，而实质上是一种文化的冲突，"《北齐书·神武纪上》所说：'神武既累世（高谧、高树、高欢三世）北边，故习其俗，遂同鲜卑。'这就是'化'的问题。高欢在血统上虽是汉人，在'化'上因为累世北边，已经是鲜卑化的人了。'化'比血统重要，鲜卑化人也就是鲜卑人。'化'指文化习俗而言。"①

这类因"化"的问题而引起的文化冲突还有几例，如后主时，昌黎人

---

① 陈寅恪：《北齐的鲜卑化及西胡化》，万绳南整理：《陈寅恪魏晋南北朝史讲演录》，贵州人民出版社 2007 年版，第 248—254 页。

韩长鸾得宠,"军国要密。无不经手"。韩凤也是一位汉族血统却自认为是鲜卑的人,时常以"狗汉大不可耐,唯须杀却"来呵斥朝中百官。时寿春被围,后主欲巡幸晋阳。崔季舒与张雕等商议,若皇帝此时出巡晋阳,有"畏避南寇"之嫌,会引起军民不安,不利于抵御南寇。于是与从驾文官连名进谏。韩长鸾借此进谗,奏云:"汉儿文官连名总署,声云谏止向并,其实未必不反,宜加诛戮。"后主即将署名官员召至含章殿,以崔季舒、张雕、刘逖、封孝琰、裴泽、郭遵等为首,斩之殿庭。① 高德政的行为更值得关注,高德政是渤海蓨人,是魏齐禅让的功臣,后被高洋所杀。高德政死后,高洋对群臣曰:"高德政常言宜用汉人,除鲜卑,此即合死。又教我诛诸元,我今杀之,为诸元报仇也。"② 高洋禅让成功之后,欲立赵郡李希宗之女李祖娥为后,高德政和高隆之反对,说:"汉妇人不可为天下母,宜更择美配。"③ 高德政这种前后不一致的行为,正是高德政想利用鲜卑族(或鲜卑化的汉族)与汉族之间的冲突,以达到政治目的的表现。

以皇室为代表的北齐上层统治层的"鲜卑化",是对孝文帝汉化政策的反动。这在墓葬考古中也有反映。墓葬画像的主题是最能体现墓主人观念的形式,洛阳和邺城画像的主题十分明确:洛阳以孝悌和升仙为主题,而邺城以出行仪仗、宴饮享乐为主题。孝悌与神仙观念是汉代以来丧葬制度的两个主要观念。"洛阳北魏石质葬具上的'孝悌'与'神仙'两大画像主题,实际上是汉代画像主题的再现,既是汉画宣教功能('成教化、助人伦')的延续,也是汉代传统宇宙观在北魏的恢复。而这一切是与北魏统治者的汉化政策相适应的。"邺城的北齐墓葬画像无论出行仪仗,还是墓主人宴饮享乐、属吏供奉,都是一些非常"现实"的题材。④ 这一变化正是对北魏汉化政策的屏弃和对鲜卑民风习俗的回归。

---

① 《北齐书》卷50《韩凤传》,卷39《崔季舒传》。
② 《北齐书》卷30《高德政传》。
③ 《北齐书》卷9《文宣李后传》。
④ 李梅田:《从洛阳到邺城——北朝墓室画像及象征意义的转变》,《考古与文物》2006年第2期。

二 交通西域与邺下民风中的西域文化

西域诸国自汉代以来，与中原王朝交通不绝。北魏建立后，很快与西域各国建立了联系，据统计，北魏迁都洛阳后的宣武帝和孝明帝在位的近30年间（500—528），于阗、疏勒、龟兹、悉万斤、渴槃陀、波斯、吠哒、朱居、乾达、罽宾等西域80余国，遣使朝贡。北魏政府特在城南宣阳门外御道东建崦嵫等四馆，来接待西域各国使者和商人，西域商人"乐中国土风，因而宅者，不可胜数。是以附化之民，万有余家"①。东西魏及北齐北周的对峙，对东魏北齐与西域各国的联系产生了重大影响，《北史·西域传》云："东西魏时，中国方扰，及于齐、周，不闻有事西域，故二代书并不立记录。"实际上北齐与西域各国的联系并没有断绝，《北史·吐谷浑传》：西魏废帝二年（553），"是岁，夸吕又通使于齐。凉州刺史史宁觇知其还，袭之于州西赤泉，获其仆射乞伏触状、将军翟潘密，商胡二百四十人，驼骡六百头，杂彩丝绢以万计"。又《北齐书·文宣纪》载：武定七年十一月，吐谷浑遣使朝贡。天保元年十月，吐谷浑再次遣使朝贡。其后虽无记载，但是可从其他记载中获得消息。后主时，北周攻占并州，后主遣纥奚永安告急于突厥他钵略可汗。"及闻齐灭，他钵略可汗处永安于吐谷浑使下。"② 说明吐谷浑与突厥有联系，而突厥与北齐又保持着较好的关系，南北朝时期，吐谷浑是西域各国与中原各国交往的枢纽。正是这不绝如缕的联系，使西域文化源源不断地传播到邺城的上层社会。同时，洛阳倾覆之时，40余万洛阳人口来到了邺城，其中定有不少定居洛阳的西域商人的后裔。幼主时，"任陆令萱、和士开、高阿那肱、穆提婆、韩长鸾等宰制天下，陈德信、邓长颙、何洪珍参预机权"。朝政大乱，"诸宫奴婢、阉人、商人、胡户、杂户、歌舞人、见鬼人滥得富贵者将万数，庶姓封王者百数，不复可纪"③。北齐音乐中的"杂乐有西凉鼙舞、清乐、龟兹等。然吹笛、弹琵琶、五弦及歌舞之伎，自文襄以来，皆所爱好。至河清以

---

① （魏）杨玄之撰，周祖谟校释：《洛阳伽蓝记校释》卷3，中华书局1987年版。
② 《北齐书》卷41《傅伏传》。
③ 《北齐书》卷8《幼主纪》。

后,传习尤盛。后主唯赏胡戎乐,耽爱无已。于是繁手淫声,争新哀怨。故曹妙达、安未弱、安马驹之徒,至有封王开府者,遂服簪缨而为伶人之事。后主亦自能度曲,亲执乐器,悦玩无倦,倚弦而歌。别采新声,为《无愁曲》,音韵窈窕,极于哀思,使胡儿阉官之辈,齐唱和之,曲终乐阕,莫不殒涕。虽行幸道路,或时马上奏之,乐往哀来,竟以亡国"①。

故此,弹胡琵琶、握槊戏(西胡之戏)、用胡桃油作画等极具西域风情的文化在邺城上层社会中传播开来,成为时尚。就连墓葬画像中也多有反映。邺城北齐壁画墓中,壁画和部分随葬品明确表现出北齐胡化的西域指向。如壁画人物用橘黄色作退晕色,染低不染高的晕染法与龟兹的关系,北齐画家以胡桃油为调色剂的胡画风气……北齐艺术胡化的西域指向是远取粟特,近取龟兹。②

三 尊母遗风与邺下妇女自由的社交活动

王沈《魏书》云:"(鲜卑)贵少贱老,其性悍骜,怒则杀父兄而终不害母,以母有族类,父兄以已为种,无复报者故也。……故其俗从妇人计,至战斗时,乃自决之。"③ 妇女在鲜卑社会与家庭中的地位是由鲜卑族草原的游牧生活、居无常所和以母系为主的生存环境这三个方面决定的。游牧业中牲畜既是游牧民的生产资料,也是他们的生活资料,牲畜的饲养靠大自然赐予的草场。"逐水草迁徙,无城郭常居耕田之业"成为游牧民族共同的生活方式。这种生活方式,使男子常年逐水草、随畜群在外游牧,家中的一切均靠妇女们操持,尤其是孩子的抚养主要依靠妇女。长期以来,形成了以妇女为核心的家庭社会,儿女识母不识父是习常之事。

鲜卑族进入中原地区之后,鲜卑氏族组织逐渐转变为地域组织,生活方式也有所改变,但是这种转变并不彻底,尤其在北方边镇,还散布许多内附部落,保留着许多畜牧经济生活的习俗,北魏分裂之后,边镇地区的

---

① 《隋书》卷14《音乐志》中。
② 李梅田:《从洛阳到邺城——北朝墓室画像及象征意义的转变》,《考古与文物》2006年第2期。
③ 《三国志》卷30《乌桓传》注引。

鲜卑诸族大量南下，使这种习俗比以前更浓些。鲜卑习俗的恢复，可从其婚俗中看出一二。《北齐书·文襄元后传》："（文宣）曰：'吾兄昔奸我妇，我今须报。'乃滛于后。"《北史·后妃传下》："神武崩，文襄从蠕蠕国法，蒸公主，产一女焉。"文宣帝高洋占其嫂，文襄帝高澄占有父妻，都是按照鲜卑古老习俗行事的。《魏书·吐谷浑传》载："父兄死，妻后母及嫂等，与突厥俗同。"正是因为北朝社会上层沿用着许多以畜牧经济生活为基础的习俗，使得当时社会上的妇女很少受汉家礼法的束缚，妇女能够自主地决定自己的婚姻，进行社会交往，参与政治活动等。如北齐时，娄昭君"少明悟"，代北强族很多人争相聘她为妻，但"并不肯行"。当她看到高欢在城上执役时，一见钟情，惊喜地说："此真吾夫也！"遂派婢女倾诉自己的爱慕之情。[①] 此时的高欢出身于渤海蓨县一个败落的汉族官宦家庭，虽然"累世北边，故习其俗，遂同鲜卑"，却并非鲜卑贵族，家贫无余财。魏晋以来，社会上已形成了士族与寒族之别，士族与寒族之间已筑有鸿沟，不可能通婚。娄昭君与高欢就如同士族与寒族，娄昭君没有受到这种社会习尚的影响，大胆地追求自己的幸福，她私下馈送大量财物，使高欢作为订婚聘礼，两人情爱甚笃，终于结为百年之好。此后在高欢的事业发展中，娄昭君不仅"倾产以结英豪"助其事，还出谋划策，"密谋秘策，后恒参预"[②]。娄昭君之事并非孤例，娥英是北周宣帝皇后乐平公主的女儿，开皇初年，为了挑选一位如意郎君，"敕贵公子弟集弘圣宫者，日以百数"。娥英看中了"美姿容，善骑射，工歌舞弦管"的李敏，便主动相许以私，终成眷属。李敏迎娶娥英之后，乐平公主就为李敏向皇帝讨封，"公主谓敏曰：'我以天下与至尊，唯一女夫，当为汝求柱国。若授余官，慎无谢。'及进见上，上歌舞，大悦，谓公主曰：'敏何官？'对曰：'一白丁耳。'谓敏曰：'今授仪同。'敏不答。上曰：'不满尔意耶？今授开府。'又不谢。上曰：'公主有大功于我，我何得向其女婿惜官，今授卿柱国。'敏乃拜而蹈舞。遂于坐发诏授柱国"[③]。乐平公主为李敏讨封，是因为李敏是

---

① 《北齐书》卷9《神武娄后传》。

② 《北齐书》卷1《神武纪上》。

③ 《北史》卷59《李贤传附孙敏》。

"白丁"，即出身较低，并非士族高门，官授柱国之后，两人门第相当了。

娄昭君和娥英的例子说明，北朝鲜卑女子有时可以不经"父母之命，媒妁之言"，可以不考虑出身和门第，而由自己去选择意中人。这在北朝民歌中多有表述，如《捉搦歌》①：

谁家女子能行步，反著夹禅后裙露。

天生男女共一处，愿得两个成翁姬。

大胆而直接地表达了男大当婚女大当嫁的思想。男女交往也很直率："月明光光星欲堕，欲来不来早语我"，"郎不念女，各自努力。""出入搂郎臂，蹀坐郎膝边"②。

北齐妇女在边镇鲜卑及鲜卑化的汉人的影响下，与江南妇女的生活风气产生了十分明显的差别。"江东妇女，略无交遊，其婚姻之家，或十数年间，未相识者，惟以信命赠遗，致殷勤焉。"江南妇女的生活风气代表了汉魏以来的文化正统，高欢曾经很忧虑地对杜弼说："天下浊乱，习俗已久。今督将家属多在关西，黑獭常相招诱，人情去留未定。江东复有一吴儿老翁萧衍者，专事衣冠礼乐，中原士大夫望之以为正朔所在。我若急作法纲，不相饶借，恐督将尽投黑獭，士子悉奔萧衍，则人物流散，何以为国？尔宜少待，吾不忘之。"③

北齐邺下胡风之盛，是在北齐上层统治集团强有力的支撑之下出现的，是对北魏汉化政策的一种反动。隋统一全国之后，原有的支撑力量消失了，上层社会流行的"贵族"语言鲜卑语等胡风也渐趋消失，而原有的胡风文化也逐渐与汉文化融合。诸如来自西域的《龟兹》等音乐，在隋代已被视为"国伎"了，对此，陈寅恪先生指出："至云魏周之际遂谓之国伎，则流传既久，浑亡其外来之性质，凡今日所谓国粹者颇多类此。"④

---

① 万光治：《中国古代文学作品选·两汉魏晋南北朝》，东北大学出版社 1998 年版，第 717 页。

② 庄华锋：《北朝时代鲜卑妇女的生活风气》，《民族研究》1994 年第 6 期。

③ 《北齐书》卷 24《杜弼传》。

④ 陈寅恪：《隋唐制度渊源略论稿》，生活·读书·新知三联书店 2004 年版，第 132 页。

《龟兹》诸音乐已完全汉化了，国人已不把它看成是西域之音乐，仅仅看成是优美的音乐而已。又如"握槊"戏，刘禹锡《观博》对这种游戏的玩法作了解释说明，并指出，"是制也，行之久矣，莫详所祖，以其用必投掷，以博投诏之"。说明，"握槊"仅是一种供人娱乐的游戏，而不被看成是西域胡戏，这与齐后主宁失国土，甘作"龟兹国子"，也要"握槊不缀"相比，握槊和《龟兹》等音乐一样，已是百姓喜爱的一种游戏，已失去了它原有的"胡"的属性。

第五章　燕赵古称多感慨悲歌之士

——隋唐时期的燕赵文化

第一节　隋唐时期燕赵地区的民风文化

一　燕赵古称多感慨悲歌之士

韩愈在《送董邵南游河北序》中说：

> 燕赵古称多感慨悲歌之士。董生举进士，连不得志于有司，怀抱利器，郁郁适兹土。吾知其必有合也。董生勉乎哉！

> 夫以子之不遇时，苟慕义强仁者，皆爱惜焉，矧燕赵之士，出乎其性者哉，然吾尝闻风俗与化移易，吾恶知其今不异于古所云邪？聊以吾子之行卜之也。董生勉乎哉！

> 吾因子有所感矣。为我吊望诸君之墓，而观于其市，复有昔时屠狗者乎？为我谢曰："明天子在上，可以出而仕矣。"①

董邵南，是寿州安丰（今安徽寿县）人，在元和年间因屡考进士未中，拟去河北托身藩镇幕府。此时正是唐代后期的藩镇割据时代，河北的藩镇主要有魏博、卢龙、成德和昭义、义武、横海 6 镇，其中前三镇处于脱离唐中央的割据状态，后三镇是非割据性藩镇，处于唐政府的统治之下。

---

① （唐）韩愈著，严昌点校：《韩愈集》，岳麓书社 2000 年版，第 247 页。

图 5-1 隋唐时期燕赵文化分布示意图

割据的藩镇为做大做强,招募各地名士为幕府,出谋划策。董邵南欲应招就身藩镇为幕僚，以图立功建业。和他一样的还有李益，李益登进士第，长为歌诗。"以是久之不调，而流辈皆居显位。益不得意，北游河朔。"幽州刘济辟为从事，唐宪宗雅闻李益之名后，又自河北将李益召还，用为秘书少监、集贤殿学士。[①] 足见投身藩镇幕府在当时是一时风气。

韩愈既反对藩镇割据，主张统一，又为董生怀才不遇而感叹，指出河北之地古称燕赵，多感慨悲歌之士，而且他们的任侠感慨都是出乎其本性。然而，风俗是随着教化而改变的，安史之乱之后的河北在藩镇军阀们的统治之下，其余音古风是否尚存，需要董生认真思考和深入街市去实地观察。

从韩愈的这段文字里，我们可以得知，唐前中期以前，河北之地的慷慨悲歌、好气任侠之风尚存，是被韩愈所认可的。事实也是如此。《隋书·地理志》载："信都、清河、河间、博陵、恒山、赵郡、武安、襄国，其俗颇同。人性多敦厚，务在农桑，好尚儒学，而伤于迟重。前代称冀、幽之士钝如椎，盖取此焉。俗重气侠，好结朋党，其相赴死生，亦出于仁义。故《班志》述其土风，悲歌慷慨，椎剽掘冢，亦自古之所患焉。前谚云：'仕官不偶遇冀部，实弊此也。'""涿郡、上谷、渔阳、北平、安乐、辽西，皆连接边郡，习尚与太原同俗"，"人性劲悍，习于戎马。""故自古言勇侠者，皆推幽、并云。"[②]《隋书》成书于唐太宗贞观十年（636），不仅记载了南北朝以来大量的典章制度，也反映了唐前期的民风状况。

信都至襄国诸郡为汉冀州之地，不仅"俗重气侠"，而且"好尚儒学"，体现出儒与侠的结合。涿郡、上谷诸郡为汉幽州之地，尚勇任侠更为突出。正因为燕赵之士的尚气任侠是"出乎其性者"，所以在河北地区涌现出了众多有任侠之行为的文人侠士，据汪聚应的统计[③]，唐代任侠者有 146 人。若以唐开元十五道为区划来划分，其中京畿道 33 人，关内道 2 人，都畿道 8 人，河南道 17 人，河东道 15 人，河北道 31 人，山南东道 3 人，山南西道

---

①　《旧唐书》卷 137《李益传》，中华书局 1965 年版。
②　《隋书》卷 30《地理志》，中华书局 1973 年版。
③　汪聚应：《唐代侠风与文学》，陕西师范大学博士学位论文，2002 年。

1 人，陇右道 4 人，淮南道 1 人，江南东道 3 人，江南西道 1 人，黔中道无，剑南道 4 人，岭南道 2 人。确切州县不详者 21 人（见附录表 2）。

任侠人数以京畿道和河北道分别位居一、二位，京畿道即关中地区，是隋唐都城所在地；河北道是燕赵地区。就这两个区域来比较，它们都是自秦汉以来就尚气任侠的传统区域，然而，京畿道所在的关中地区，是天子脚下，历代统治者为了加强对豪强富商们的控制，都要将他们迁到都城周围，如开皇七年（587），隋文帝征后梁入朝，梁主率群臣 200 余人，自江陵迁入长安。① 开皇九年，隋军南下灭陈，陈叔宝等王公、百官及其家属被迁往长安，"大小在路，五百里累累不绝"②。这些豪强富商往往都是任侠尚武者或喜与任侠者结交的人。他们聚集到都城之地，也使不少任侠者汇集到京城。京畿道成为一个任侠者较多的区域也就是自然的事情了。《隋书·沈光传》："光独跅弛，交通轻侠，为京师恶少年之所朋附。"这种"恶少年"仰慕游侠，以游侠为榜样，只学游侠的任情与快意，却没有侠士之精神，成为京师之一害。王维的《少年行》反映的正是京师恶少年的行为："新丰美酒斗十千，咸阳游侠多少年，相逢意气为君饮，系马高楼垂柳边。"由于这样的原因，所以他们对当地一般普通百姓的风俗习尚影响不深，再加之京城为各方人物错居之处，各地风俗交融，并深受皇亲贵戚们的喜奢尚华的影响，所以在当地民风中尚武任侠之风并不显著。《隋书·地理志》云："京兆王都所在，俗具五方，人物混淆，华戎杂错。去农从商，争朝夕之利，游手为事，竞锥刀之末。贵者崇侈靡，贱者薄仁义，豪强者纵横，贫窭者窘蹙。桴鼓屡惊，盗贼不禁，此乃古今之所同焉。"③ 河北道则不同，任侠尚武之气承自秦汉，历经魏晋南北朝未衰减反而更加鲜明，并影响至隋唐。韩愈所说的"出乎其性者"，可谓至深之理。这也就是为什么《隋书·地理志》记载了各地的民风习尚，唯独称燕赵地区有"气侠"、"勇侠"之风了。

隋唐时期燕赵地区的尚武任侠之风，对众多文人诗作也多有浸润。生

---

① 《资治通鉴》卷 176，长城公祯明元年八月，中华书局 1997 年版。
② 《资治通鉴》卷 177，开皇九年三月，中华书局 1997 年版。
③ 《隋书》卷 29《地理志》。

活在武则天至唐玄宗时期的赵郡（治今河北赵县固城村）的边塞诗人李颀，少时任侠使气，结交少年游侠，慷慨誓言同生共死，其在《缓歌行》中说："结交杜陵轻薄子，谓言可生复可死。""早知今日读书是，悔作从前任侠非。"李颀虽然后来折节读书，但是任侠之风已融入血液之中并体现在他的诗文中，如在《古意》诗中对燕赵男儿描写道："男儿事长征，少小幽燕客。赌胜马蹄下，由来轻七尺。杀人莫敢前，须如猬毛磔。"身处疆场，却不以为意，马下以赌为乐，豪侠之气油然而起也。其《塞下曲》："少年学骑射，勇冠并州儿。直爱出身早，边功沙漠垂。戎鞭腰下插，羌笛雪中吹。膂力今应早，将军犹未知。"

蓨县（今河北景县）诗人高适（700—765）"喜言王霸大略，务功名，尚节义。逢时多难，以安危为己任"。唐玄宗命他任侍御史时评价高适："立节贞峻，植躬高朗，感激怀经济之略，纷纶赡文雅之才。"尚节任侠的高适的诗中也多带任侠之风。如《邯郸少年行》："邯郸城南游侠子，自矜生长邯郸里。千场纵博家仍富，几度报仇身不死。"又《蓟门行》："幽州多骑射，结发重横行。一朝事将军，出入有声名。纷纷猎秋草，相向角弓鸣"。"蓟门逢古老，独立思氛氲。一身既零丁，头鬓白纷纷。勋庸今已矣，不识霍将军。"

其他如范阳（今河北涿州）诗人卢象之的《杂诗二首》："死生辽海战，雨雪蓟门行。"尚武任侠之气跃然纸上。王昌龄虽不是河北人，却也受燕赵之风感染："仗剑出门去，孤城逢合围。杀人辽水上，走马渔阳归。"

从附表中我们看到的任侠尚武者都是初唐、盛唐和中唐时期的，那么，安史之乱后的晚唐时期又如何呢？七年的安史之乱，河北是战乱的核心地区，战乱结束后的藩镇割据使唐政府与藩镇之间、藩镇与藩镇之间时常有战争发生，如唐大历十年（775），魏博节度使田承嗣诱昭义将吏作乱，攻取相（河南安阳）、洺（河北永年）、卫（河南汲县）三州。唐王朝命成德、淄青、幽州、河东诸道征讨田承嗣，田承嗣在多次兵败后离间淄青、成德节度使与唐中央关系，造成各藩镇间互相攻击。十一年，汴州留后李灵曜又北结田承嗣反唐，汴州之乱刚平定不久，魏博节度使田悦又叛唐。十二年，卢龙朱滔、恒（河北正定）、冀（河北冀州市冀州镇）王武俊起兵联合田悦叛唐。战乱的环境迫使河北百姓为自保而尚武，尚武之风较安史之乱前更为浓烈。

顾乃武利用唐后期河北地区的墓志作品，分析了唐代后期之河北既具有尚武之文化传统，又长期处于藩镇割据、地方势力强大的历史时期，因此而产生了独具尚武情怀的、悖主流的社会习俗。他在《唐代后期河北墓志作品悖流之尚武情怀探析》中列举了一些事例，如成德邢忠收“幼而好武，长乃从戎，早立辕门”，王德祖“少年从仕，卓立辕门”，魏博宗庠“幼习文武，长攻郡艺”。军人亦为时人所赞美，如军人刘方“志行不群，孤标独异，勇略称时”，刘元宗“素蕴奇志，早践戎方丹，亲卫爪牙”，刘逸“幼专诗礼，长艺弓裘，不坠门风，雅称宗祖”，纪奏“唐镇州讨击副使、兼冀州马步虞候；祖晏，深州饶阳镇遏都将；考審，步军左建武将，并忠孝传家，谦恭著誉”，张道昪“知文可经邦，乃伏膺阅史；武以勘难，则弯弓习射。至若龙韬豹略之术，纵火沉沙之策，莫不三研精覃思，穷理尽性”，曹某“幼习典章，久闲军振，传蒯信之规模，有搴旗之计。为将则海内无尘，处文则决胜千里”，磁州邯郸人王文殷“矢发百扬之捷”，邢州人张少华“养由基穿杨之艺”。最后认为，唐代后期河北地区尚武墓志作品的大量出现，正是唐代后期藩镇割据形势下河北地域文化势力抬头、中央崇尚文辞之习对河北地区影响相对弱化的结果。[①] 杜佑在《通典》中记载了唐晚时期各地民风，在“冀州”条下分“山东”、“山西”和“并州”三地，对冀州民风进行了记载：“冀州尧都所在，疆域尤广。山东之人性缓尚儒，仗气任侠。而邺郡高齐国都，浮巧成俗。……并州近狄，俗尚武艺。左右山河，古称重镇。寄任之者，必文武兼资焉。”此处的“山东”和“山西”是指太行山的东、西，据此可见河北地区晚唐时期的民风依然尚武任侠。生活在唐宪宗时期的河间鄚县（今河北任丘）诗人张仲素，其慷慨悲歌的诗风正是此时燕赵任侠之气的反映，如《塞上曲》：“卷旆生风喜气新，早持龙节静边尘。汉家天子图麟阁，身是当今第一人。”

---

① 顾乃武、潘艳蕊：《唐代后期河北墓志作品悖流之尚武情怀探析》，《学术论坛》2011 年第 6 期。

又《塞下曲五首》之三："朔雪飘飘开雁门，平沙历乱卷蓬根。功名耻计擒生数，直斩楼兰报国恩。"

二 人性敦厚，好尚儒学

《隋书·地理志》载：

> 信都、清河、河间、博陵、恒山、赵郡、武安、襄国，其俗颇同。人性多敦厚，务在农桑，好尚儒学，而伤于迟重。前代称冀、幽之士钝如椎（槌），盖取此焉。俗重气侠，好结朋党，其相赴死生，亦出于仁义。……然涿郡、太原，自前代已来，皆多文雅之士，虽俱曰边郡，然风教不为比也。

《通典》云：

> 冀州尧都所在，疆域尤广。山东之人性缓尚儒，仗气任侠。

河北地区的儒学在隋唐的发展是很值得称道的，特别是燕山以南地区。涿郡的儒学教化虽然要滞后于信都、清河诸郡，但是其儒学也是有些起色的。就是到了唐后期，尚儒任侠之风依旧。性格沉稳，敦厚尚儒，好气任侠成为河北民风的非常鲜明的特征。

汉末诗歌之慷慨悲凉，是北方文学的主要基调，这一特征已在曹氏父子为首的建安文学中得到淋漓尽致的体现。永嘉之后，北人络绎南迁，文学重心随之移到南方，辞赋、诗歌受到南方风尚的熏染，使艺术的表现力日趋丰富，作品被打磨得珠圆玉润、铺锦列绣、雕缋满眼，为诗赋形式美的追求提供了更加广阔的空间。北方文士虽然对南方新风尚有一定程度的赏识、崇拜，甚至模仿，但是，这并非真正的南北合流，在北方文学中仍含有慷慨、尚武之风气。罗根泽对此概括说："后来首先反对六朝文学者，是隋朝的李谔及王通；而唐代有名的古文家，除陈子昂外，又大半是北人；其中的元结、独孤及，不惟是北人，且是胡种；所以古文实兴于北朝，实是以北朝的文学观打倒南朝的文学观的一种文学革命运动。"[1] 此后的韩柳也是北人，罗先生认为唐代的古文运动继承的是北朝系统，是以北朝的文学观代替南朝的文学观，唐初文学逐渐以"北"代"南"。

河北文风是受到时人称赞的，《隋书·儒林传》中共收录了 14 位儒学卓越者（见表 5-1），其中河北儒学者有 4 人，山东 2 人，浙江 2 人，江苏 3 人，河南、陕西、甘肃各 1 人。河北地区不仅在儒学之士的人数上独占鳌头，而且是隋代儒学的核心区。当时对隋代儒学的发展与传承最具影响力的要数"二刘"，"于时旧儒多已凋亡，二刘拔萃出类，学通南北，博极今古，后生钻仰，莫之能测。所制诸经义疏，搢绅咸师宗之"。"二刘"即是信都昌亭人刘焯和河间景城人刘炫。

表 5-1 隋代儒学人物分布

地区	儒学人物	地区	儒学人物
河南洛阳（今属河南）	元善	信都昌亭（今属河北）	刘焯
陇西狄道（今属甘肃）	辛彦之	河间景城（今属河北）	刘炫
西城郡（今属陕西）	何妥	恒山真定（今属河北）	房晖远
彭城郡兰陵（今属山东）	萧该	武安郡（今属河北）	马光
平原郡（今属山东）	王孝籍	东海郡（今属江苏）	包恺
余杭郡（今属浙江）	顾彪、鲁世达	吴郡（今属江苏）	褚辉、张冲

刘焯，聪敏沈深，弱不好弄。少与河间刘炫结盟为友，同受《诗》于同郡刘轨思，受《左传》于广平郭懋常，问《礼》于阜城熊安生，皆不卒业而去。武强交津桥刘智海家素多坟籍，焯与炫就之读书，向经十载，虽衣食不继，晏如也。遂以儒学知名，为州博士。后入京长安，与左仆射杨素、吏部尚书牛弘、国子祭酒苏威、国子祭酒元善、博士萧该、何妥、太学博士房晖远、崔宗德、晋王文学崔赜等于国子共论古今滞义前贤所不通者。"每升座，论难锋起，皆不能屈，杨素等莫不服其精博。六年，运洛阳《石经》至京师，文字磨灭，莫能知者，奉敕与刘炫等考定。"后辞官为民，"优游乡里，专以教授著述为务，孜孜不倦。贾、马、王、郑所传

① 罗根泽：《中国文学批评史·隋唐文学批评史》，商务印书馆 1947 年版，第 103 页。

章句，多所是非。《九章算术》、《周髀》、《七曜历书》十余部，推步日月之经，量度山海之术，莫不核其根本，穷其秘奥。著《稽极》十卷，《历书》十卷，《五经述议》，并行于世。刘炫聪明博学，名亚于焯，故时人称二刘焉。天下名儒后进，质疑受业，不远千里而至者，不可胜数。论者以为数百年已来，博学通儒，无能出其右者"。

刘炫，少以聪敏见称，与信都刘焯闭户读书，十年不出。炫眸子精明，视日不眩，强记默识，莫与为俦。左画方，右画圆，口诵，目数，耳听，五事同举，无有遗失。北周时曾奉敕与著作郎王劭同修国史。"又与诸术者修天文律历，兼于内史省考定群言，内史令博陵李德林甚礼之。炫虽遍直三省，竟不得官，为县司责其赋役。炫自陈于内史，内史送诣吏部，吏部尚书韦世康问其所能。炫自为状曰：'《周礼》、《礼记》、《毛诗》、《尚书》、《公羊》、《左传》、《孝经》、《论语》孔、郑、王、何、服、杜等注，凡十三家，虽义有精粗，并堪讲授。《周易》、《仪礼》、《谷梁》，用功差少。史子文集，嘉言美事，咸诵于心。天文律历，穷核微妙。至于公私文翰，未尝假手。'吏部竟不详试，然在朝知名之士十余人，保明炫所陈不谬，于是除殿内将军。"刘炫性情急躁，好争趋利，又恃才高傲，喜好轻侮当世，为执政者所恶，所以仕途不畅。著有《论语述议》十卷，《春秋攻昧》十卷，《五经正名》十二卷，《孝经述议》五卷，《春秋述议》四十卷，《尚书述议》二十卷，《毛诗述议》四十卷，《注诗序》一卷，《算术》一卷，并行于世。①

《隋书·儒林传》对"二刘"评价曰："刘焯道冠缙绅，数穷天象，既精且博，洞幽究微，铭深致远，源流不测，数百年来，斯人而已；刘炫学实通儒，才堪成务，九流七略，无不该览，虽探赜索隐，不逮于焯，裁成义说，文雅过之。"能够洞达儒学精义的数百年来刘焯堪称第一人，并直接影响着唐代儒学的发展。

其他的河北儒学者也是博通经典，自成一家，影响一时。如房晖远是世传儒学，习学《三礼》、《春秋三传》、《诗》、《书》、《周易》，兼善图纬，恒

---

① 《隋书》卷75《儒林·刘焯、刘炫传》。

以教授为务。远方负笈而从者，动以千计。马光，从师学习数十年，昼夜不息，图书谶纬，莫不毕览，尤明《三礼》，为儒者所宗。开皇初，高祖征山东义学之士，光与张仲让、孔笼、窦士荣、张黑奴、刘祖仁等俱至，并授太学博士，时人号为六儒。山东《三礼》学者，自熊安生后，唯宗马光一人。"初，教授瀛、博间，门徒千数，至是多负笈从入长安。"①

唐代河北文风承继于隋代，唐初为总结隋代的经验教训，自武德以后，有邓世隆、顾胤、李延寿、李仁实前后修撰国史，颇为当时所称。李仁实是魏州顿丘人，官至左史，曾参与修撰国史。高宗以许敬宗所修贞观二十三年以后《实录》多与史实不符，诏刘仁轨等主持改撰，刘仁轨荐李仁实专掌其事，所撰于志宁、许敬宗、李义府诸传，皆秉笔直书。尝著《格论》三卷、《通历》八卷、《戎州记》，并行于时。邓世隆和李延寿都属相州人，也是当时河北道的辖区。可见河北文风之一斑。

盛世鸿儒孔颖达是冀州衡水（今属河北）人②，是孔子32代孙。曾从隋代儒学大师刘焯问学，日诵千言，熟读经传，善于词章，隋大业初，"时炀帝征诸郡儒官集于东都，令国子秘书学士与之论难，颖达为最"。入唐后，任国子监祭酒，为唐朝著名的经学家。曾奉唐太宗命编纂《五经正义》，他继承汉学风格，融合了南北经学家的见解，是集魏晋南北朝以来经学大成的著作，对后世影响极为深远。

另一位在经学方面与孔颖达同出一门之下的是冀州信都人盖文达。盖文达师从刘焯，与族弟盖文懿皆为名儒，人称"二盖"。盖文达精于《春秋三传》，入唐后由文学殿学士升谏议大夫，拜崇贤学士。刺史窦抗曾召集诸生，跟他进行辩论。当时大儒刘焯、刘轨思、孔颖达等人均在现场。文达对答如流，窦抗觉得好奇，问他是跟着谁做学问的。刘焯说这个人的学问，出于自然，并无门户之见。窦抗感叹："可谓冰生于水而寒于水也。"

孔颖达和盖文达同是衡水人，又同为唐太宗"十八学士"之一。方是时，被选中进入文学馆者，为天下所慕问，谓之"登瀛洲"③。衡水因为出

① 《隋书》卷75《儒林·房晖远、马光传》。
② 《旧唐书》卷73《孔颖达传》。
③ 《新唐书》卷102《褚亮传》。

了两名大学士，使"衡水"之名朝野皆知，衡水县城的官吏、儒士们更是引以为荣。

入唐之后，河北的尚儒之风依然深厚，《旧唐书·儒学传》中收录了45人（见表5-2），其中江苏儒学者15人，河北儒学者11人，陕西4人，山西3人，安徽2人，河南2人，湖南1人，2人不能确定其籍贯。河北的儒学者名列第二，却集中分布在河北的南部，其学问卓行受到时人的推崇，如张士衡，跟刘轨思学习《毛诗》、《周礼》，又从熊安生及刘焯学习《礼记》，皆精究大义。此后遍讲《五经》，尤攻《三礼》。贞观年间，擢授朝散大夫、崇贤馆学士。"士衡既礼学为优，当时受其业擅名于时者，唯贾公彦为最焉。"

洺州永年人贾公彦，永徽年间官至太学博士。撰有《周礼义疏》五十卷、《仪礼义疏》四十卷。贾公彦有位学生也见于记载，即赵州人李玄植。李玄植跟随贾公彦学习《三礼》，撰写的《三礼音义》在代地区成为诸儒生们学习的教材。李玄植又跟从王德韶兼习《春秋左氏传》，受《毛诗》于齐威，博涉汉史及老、庄诸子之说。贞观中，累迁太子文学、弘文馆直学士。高宗时，屡次被召见，在御前讲说经义，深得高宗赞许。史籍虽然对贾公彦的事迹记载不多，但是从其位至太学博士和培养的学生的影响来看，贾公彦的儒学造诣也是非常高的。

贝州宋城人文懿，武德初年，任国子助教。时高祖又于秘书省内设置学馆，以文懿为博士，教授王公大臣们的子弟。每当文懿开讲《毛诗》等，公卿大臣都萃聚到学馆听讲，并更相提问以难，文懿对诸经阐发宏扬，十分风雅，甚得公卿大臣们信服。"贞观中，卒于国子博士。"

魏州昌乐人谷那律，贞观中，累补国子博士。以精通儒家经典而知名于世，被黄门侍郎褚遂良称为"九经库"。寻迁谏议大夫，兼弘文馆学士。一次，跟从唐太宗外出狩猎，在途中遇雨，太宗问曰："油衣若为得不漏？"谷那律对曰："能以瓦为之，必不漏矣。"意在劝谏太宗要勤政，不要沉迷于田猎。谷那律为人耿直，敢于直谏，得到太宗的信任，赐帛二百段。永徽初，卒官。

表 5 - 2 唐代儒学人物分布

地区	儒学人物	地区	儒学人物
常州晋陵	秦景通	潭州临湘	欧阳询、欧阳通
苏州吴人 苏州昆山 苏州嘉兴 吴郡	陆德明、硃子奢 张后胤 徐岱 陆质	雍州长安 雍州始平	萧德言 祝钦明
扬州江都	曹宪、李善、公孙罗、王绍宗	京兆万年 京兆武功	韦叔夏 苏弁、苏衮、苏冕
润州句容	许淹、许叔牙、许子儒	幽州范阳	卢粲
徐州彭城	刘伯庄、刘之宏	冀州信都	盖文达
洛州偃师	徐文远、孙季良	瀛州乐寿	张士衡
濮州鄄城	王元感	洺州永年	贾公彦
和州历阳	高子贡	定州新乐	郎余令
滁州全椒	邢文伟	赵州	李玄植
蒲州河东 蒲州虞乡	敬播、郭山恽 罗道琮、柳冲	贝州宋城 贝州临清	文懿 路敬淳、路敬潜
绛州翼城	尹知章	魏州昌乐 魏州元城	谷那律 冯伉
无确定籍贯	韦表微、许康佐		

贝州临清人路敬淳与季弟路敬潜俱早知名。路敬淳尤勤学，不窥门庭，遍览坟籍，深为武则天所倚重。路敬淳尤明谱学，尽能究其根源枝派，近代以来，无及之者。撰《著姓略记》十卷，行于时。

幽州范阳人卢粲，家学甚厚，其祖卢彦卿，撰有《后魏纪》二十卷，行于时。"粲博览经史，弱冠举进士。景龙二年，累迁给事中。"后因多次上书阻止安乐公主的越制请，使公主大怒。"粲以忤旨出为陈州刺史。累转秘书少监。开元初卒。"卢粲之行为更彰显了燕赵之士尚儒而仗气任侠之风。①

隋唐的《儒林传》、《儒学传》中的河北儒学之士多分布在河北的南部地区，王会昌根据《新唐书》所载，也指出河北道南部是唐代学风最浓的地区。河北道 12 个州共有著名儒生 16 人、文士 17 人，居当时全国首位，尤其是冀中平原的赵州（儒生、文士共 5 人）、冀州（4 人）和瀛州（4

---

① 以上均出自《旧唐书》卷 189《儒学传》。

人）等，人才最为集中。河北道南部的贝、博、相、魏、卫诸州，州州人才辈出。次于河北道者是都畿道和河东道，各有人才 11 人。从东晋十六国开始，黄河下游文化发达地区，已逐步转到太行山东麓平原的河北南部和河南北部平原上。南北朝时期，北方文化发达地区向太行山东麓平原转移的趋势继续发展，到隋唐时代，北方学风分布的总的趋势已经完全转移到了长安—洛阳—安阳—信都—河间这条主轴线上。①

三　浮巧成俗的邺城地区

《隋书·地理志》：

> 魏郡，邺都所在，浮巧成俗，雕刻之工，特云精妙，士女被服，咸以奢丽相高，其性所尚习，得京、洛之风矣。语曰："魏郡、清河，天公无奈何！"斯皆轻狡所致。

《通典》云：

> 邺郡，高齐国都，浮巧成俗。

据《旧唐书·地理志》"邺县"条下记载："邺，汉县，属魏郡。后魏于此置相州，东魏改为司州。周平齐，复为相州。周大象二年，隋文辅政，相州刺史尉迟迥举兵不顺，杨坚令韦孝宽讨迥，平之，乃焚烧邺城，徙其居人，南迁四十五里。以安阳城为相州理所，仍为邺县。炀帝初，于邺故都大慈寺置邺县。贞观八年，始筑今治所小城。"东魏定都邺城后，废安阳入邺，使安阳与邺城合一。其后北齐又继以邺城为都城，并对邺城进行了大规模的修建，如天保七年（556）征发丁匠 30 余万，用时两年增建三台宫殿，"因其旧基而高博之，大起宫室"。邺城作为东魏和北齐的都城，人口繁盛，五方杂处，加之北齐统治者好尚胡风，使邺城浮巧奢靡之

---

① 王会昌：《中国文化地理》，华中师范大学出版社 1996 年版，第 137—139 页。

风较浓。据载，"（北齐）后主末年，祭非其鬼，至于躬自鼓儛，以事胡天。邺中遂多淫祀，兹风至今不绝。后周欲招来西域，又有拜胡天制，皇帝亲焉。其仪并从夷俗，淫僻不可纪也"①。"炀帝矜奢，颇玩淫曲，御史大夫裴蕴，揣知帝情，奏括周、齐、梁、陈乐工子弟，及人间善声调者，凡三百余人，并付太乐。倡优獶杂，咸来萃止。其哀管新声，淫弦巧奏，皆出邺城之下，高齐之旧曲云"②。北齐灭亡之后，"衣冠士人多迁关内，唯技巧、商贩及乐户之家移实州郭。由是人情险诐，妄起风谣，诉讼官人，万端千变"③。邺城之内的官宦之家、衣冠贵族大都迁往长安地区，艺人、乐户和商贩多留在了邺城的城郭。580 年，杨坚毁邺城，迁相州、魏郡、邺县于南 40 里的安阳城，再次使邺城与安阳城合一。邺城里的居民也随之来到安阳城。艺人、乐户和商贩等人的社会地位虽然不是很高，但是他们的身份却不一般，以前多是在皇帝、贵族身边之人，接触的多为豪贵，出入侯门，不会把一般的地方官放在眼里，故史称"邺都俗薄，旧号难治。"《隋书·梁彦光传》载，梁彦光自请为相州刺史，"（梁）彦光下车，发摘奸隐，有若神明，于是狡猾之徒，莫不潜窜，合境大骇"。梁彦光又"招致山东大儒，每乡立学，非圣哲之书不得教授。常以季月召集之，亲临策试。有勤学异等、聪令有闻者，升堂设馔，其余并坐廊下。有好争讼、惰业无成者，坐之庭中，设以草具。及大成，当举行宾贡之礼，又于郊外祖道，并以财物资之。于是人皆克励，风俗大改"。又《令狐熙传》曰，令狐熙"不妄通宾客，凡所交给，必一时名士。博览群书，尤明《三礼》，善骑射，颇知音律"。"开皇八年，徙为河北道行台度支尚书，吏民追思，相与立碑颂德。及行台废，授并州总管司马。后征为雍州别驾。寻为长史，迁鸿胪卿。后以本官兼吏部尚书，往判五曹尚书事，号为明干，上甚任之。及上祠太山还，次汴州，恶其殷盛，多有奸侠，于是以熙为汴州刺史。下车禁游食，抑工商，民有向街开门者杜之，船客停于郭外星居者，勒为聚落，侨人逐令归本，其有滞狱，并决遣之，令行禁止，称为良政。上闻而嘉之，顾谓侍臣曰：'邺都

---

① 《隋书》卷 7《礼仪志二》。
② 《隋书》卷 13《音乐志八》。
③ 《隋书》卷 73《梁彦光传》。

天下难理处也'。敕相州刺史豆卢通，令习熙之法。其年来朝，考绩为天下之最，赐帛三百匹，颁告天下。"从《令狐熙传》中，可知邺城游食众，事工商者多，使邺城民风失去淳朴。故令相州刺史豆卢通学习令狐熙的做法，来改变邺城民风。《隋书·长孙平传》又载，长孙平初为汴州刺史。其后历任许、贝二州刺史，俱有善政。"邺都俗薄，旧号难治，前后刺史多不称职。朝廷以平所在善称，转相州刺史。甚有能名。"

第二节　隋唐时期燕赵民风文化的形成

一　多民族错居的边塞燕地

隋唐时期，中原王朝的北部边塞所面临的对手是可以和汉朝时期相媲美的。早在北魏末期，突厥在伊利可汗带领下击败铁勒和茹茹。到木杆可汗时，灭茹茹，又"西破挹怛，东走契丹，北方戎狄悉归之，抗衡中夏"。到北齐之际，突厥在佗钵可汗的统治下已有"控弦数十万，中国惮之"。隋初，突厥控弦之士发展到40余万，其民族又"善骑射，性残忍"。"信巫觋，重兵死而耻病终，大抵与匈奴同俗。"战斗力很强，隋柱国冯昱、兰州总管屾李长叉、上柱国李崇等先后为突厥所败。突厥成为隋朝北部边塞的最主要的对手，其后突厥分为东、西两部，至开皇七年（587），东突厥沙钵略可汗请求游牧于恒、代之间，得到隋朝的同意。山西和河北北部、内蒙古南部成为突厥活动区域，双方征战讨伐伴随隋王朝兴衰始终。隋末，突厥又强盛起来，"值天下大乱，中国人奔之者众。其族强盛，东自契丹、室韦，西尽吐谷浑、高昌诸国，皆臣属焉。控弦百余万，北狄之盛，未之有也。高视阴山，有轻中夏之志"①。贞观初年，突厥内部大乱，诸部叛离，唐太宗乘机出兵大胜突厥，贞观四年（630），生擒颉利可汗，东突厥灭亡，十余万突厥部众归降。唐太宗采纳温彦博以羁縻的方法管理内附少数民族的意见，"于朔方之地，自幽州至灵州，置顺、祐、化、长四州都督府，又分颉利之

---

① 《旧唐书》卷194《突厥传上》。

地六州，左置定襄都督府，右置云中都督府，以统其部众"①。其后还设有奚族、契丹等族的羁縻州。据《新唐书·地理志七下·羁縻州》记载，当时河北道管辖的羁縻州数量不少，其中在今河北承德、宽城、平泉、隆化、滦平、丰宁、围场等市县境内就设有奚族为主体的饶乐都督府，突厥的顺州都督府初侨治营州五柳戍，天宝初年侨治于幽州城中。羁縻府州的设置使大量侨治番州存在于幽州境内，有突厥、契丹等各族。而据《旧唐书》可考的番族人口便有 2 万户，占当时幽州总人口的三分之一，包括随突厥败亡内乱迁入的，经商迁入的粟特人等。表明在安史之乱前，幽州地区就有大量少数民族迁入，而这些民族，构成了安史叛军的主力。"禄山发所部兵同罗、奚、契丹、室韦凡十五万众，号二十万，反于范阳。"②

契丹、奚、突厥、靺鞨、室韦及其他胡人等少数民族入居幽州、营州境内，一方面使河北北部地区成为多民族错居的地区，另一方面由于胡人在政治与军事上的强势（范阳节度使、卢龙节度使及其镇将多出自胡人），胡风在这一地区兴起。《唐故范阳卢秀才墓志》云："秀才卢生名需，字子中，自天宝后三代或仕燕，或仕赵，两地皆多良田畜马，生年二十未知古有人曰周公、孔夫子者，击毬饮酒，马射走兔，语言习尚无非攻守战门之事。"③ 卢秀才身上的胡风之气已很浓了，这也正是河北北部地区社会风气的一种表现，《旧唐书·田弘正传》载，他少习儒书，颇通兵法，善骑射，勇而有礼。宪宗时充任魏、博等州节度观察、处置、支度、营田等使，既受节铖，上表曰："臣家本边塞，累代唐人；从乃祖乃父以来，沐文子文孙之化。臣幸因宗族，早列偏裨，驱驰戎马之乡，不睹朝廷之礼。惟忠与孝，天与臣心。……伏自天宝已还，幽陵肇乱，山东奥壤，悉化戎墟。"田弘正在表章中首先强调的是他的家族几代人都是唐人，就因为在边塞地区，很久看不到大唐的文化礼仪了，这里已是"驱驰戎马之乡"了。④ "幽州者，列九围之一，地方千里而遥，其民刚强，厥田沃壤。远则慕田光、荆卿之义，近则染禄山、思明

---

① 《旧唐书》卷 194《突厥传上》。
② 《资治通鉴》卷 217，"天宝十四年十月"条。
③ 杜牧：《唐故范阳卢秀才墓志》，《全唐文》卷 7575，上海古籍出版社 1995 年版。
④ 《旧唐书》卷 141《田弘正传》。

之风。二百余年，自相崇树，虽朝廷有时命帅，而士人多务逐君。"① 正因河北北部地区社会风气的变化，时人已默认这里为胡人之区了，所谓："天下指河朔若夷狄然。"② 陈寅恪先生说："在李唐最盛之时，即玄宗之世，东汉、魏晋、北朝文化最高之河朔地域，其胡化亦已开始。"③

胡化之社会环境，为唐守边而产生的对勇武之人的重用，"远则慕田光、荆卿之义"的尚武任侠古风影响和"边塞"诗人们对边塞军人、边塞生活的歌颂、赞美与向往，强化了当地百姓尚武的文化取向，直接带来的是河北北部地区的尚武之风。史籍称其"人性劲悍，习于戎马"，"故自古言勇侠者，皆推幽并云"也就是自然之事了。

二　务农尚儒的赵地

隋唐的统一，为河北经济的发展提供了条件。水利建设是农业发展的基础，隋代开凿永济渠，对河北境内的河流进行了改造。唐代在河北地区进行的水利建设达到了一定的高度，见于记载的有相州的高平渠、邺县的金凤渠、尧城（今河北磁县东南）的万金渠、临漳县的菊花渠和利物渠、鹿泉县的大唐渠和礼教渠、南宫县的通渠、衡水县的羊令渠、昭庆县（今河北隆尧县东）的澧水渠、柏乡县的千金渠、河间县的长丰渠、任丘县的通利渠、三河县的孤山陂、贵乡县（今河北大名东北）的西渠、沧州的无棣沟、幽州引卢沟水溉田等，据《河北通史（隋唐五代卷）》的统计，河北道总计开挖河渠陂塘等 55 处，总规模是很大的，在唐前期全国各道兴修的农田水利工程项目中数量上占第一位。④ 水利工程的建设，使水浇农田的面积增加，如河间的长丰渠经前后两次开凿，溉田达 500 余顷；莫州任丘的通利渠溉田 200 余顷；三河县孤山陂溉田 3000 余顷。

隋唐时，全国进入了一个气候温暖时期，平均气温比现今高 3℃ 以上，黄河流域的农业文明再度兴盛，农业生产迅速恢复，水稻在这一地区又重新

---

① 《旧唐书》卷 180《朱克融李载义杨志诚张仲武等传》之"史臣曰"。
② 《新唐书》卷 148《史孝章传》。
③ 陈寅恪：《唐代政治史述论稿》，上海古籍出版社 1997 年版，第 29 页。
④ 杜荣泉：《河北通史（隋唐五代卷）》，河北人民出版社 2000 年版，第 94 页。

得到广泛种植，唐代的十五道中的京畿、关内、都畿、河南、河北、河东、陇右七道都曾种植水稻，如唐永徽年间幽州都督裴行方引卢沟水（今永定河）开稻田数十顷，"百姓赖以丰给"①。幽州—并州—绛州—同州—京兆府—陇州—渭州—兰州是当时水稻的主产区。② 因气候暖湿，农业带明显向北推进，农业耕作区扩大，农作物品种多样化，农作物的生长期及复种指数等都得到不同程度的增长和提高，这使土地的单位面积产量大幅度上升，也使农业总产量相应提高，从而使国家经济力量强盛，物质文明发达。杜甫的《忆昔》一诗描绘了社会繁荣的景象："忆昔开元全盛日，小邑犹藏万家室。稻米流脂粟米白，公私仓廪俱丰实。九州道路无豺虎，远行不劳吉日出。齐纨鲁缟车班班，男耕女桑不相失。"河北的农业生产取得了历史上的好成绩，杜佑《通典》记载了唐玄宗天宝八年（749）全国各道正仓、义仓、常平仓的储粮数量，全国 10 道正仓共储粮 1616.7 万石，正仓储粮超过 100 万石的有：关内道，储粮 181.516 万石；河北道，储粮 181.546 万石；河东道，储粮 350 万石；河南道，储粮 580 万石。河北道位居第三。义仓 10 道共 6316.7 万石，储粮过千万石的有河北、河南道，其中河北道 1754.46 万石；河南道 1542.98 万石，两道合计 3297.4 万石，占全国的 52%。常平仓 10 道共 406.2 万石，储粮过百万石的有河北、河南道，其中河北道 161.38 万石；河南道 121.25 万石，两道合计为 282.6 万石，占全国的 70%。在义仓、常平仓的储粮数量上，河北道都位居全国第一位，足见河北农业经济在唐代的重要地位。正因此，隋唐时期河北地区成为政府主要漕粮供给地区，唐玄宗《谕河南河北租米折留本州诏》："大河南北，人户殷繁，衣食之源，租赋尤广。"③ 1971 年，洛阳含嘉仓遗址被发现，其中一个粮窖内尚有大半窖约 50 万斤的炭化谷物。从含嘉仓出土的记载粮食品种、来源、数量、时间的铭砖上，可以看到武周天授元年（690）时河北的魏州、沧州向这里运送了大量的粮食；长寿二年（693）时邢州和年代不明的冀州也有大量的粮食运来。④ 据记

---

① （北宋）王钦若：《册府元龟》卷497《邦计部·河渠》，中华书局1960年版。
② 葛全胜等：《中国历朝气候变化》，科学出版社2011年版，第336页。
③ 《全唐文》卷31，中华书局1983年版。
④ 《洛阳隋唐含嘉仓遗址的发掘》，《文物》1972年第3期。

载，含嘉仓在天宝八年储粮 583.34 万石。含嘉仓只是唐政府诸多粮仓中的一个，说明了河北农业经济的水平与实力。

隋唐时期，为征战的需要都在河北北部地区进行了屯田，唐代的屯田主要集中在幽州到渝关（今山海关）一线，形成幽蓟、平营、檀妫等三个屯田区。据《唐六典》卷 7《尚书工部·屯田郎中》记载，幽蓟屯田 77 屯，每屯为 50 顷，合约 3850 顷；平营屯田 97 屯，约 4850 顷；檀妫屯田 30 屯，约 1500 顷。时全国屯田 1039 屯，河北道屯田达 208 屯，仅次于关内道的 258 屯。又据《通典》卷 2《食货·屯田》记载，天宝八载（749）全国诸屯收谷 191.396 万石，河北达 40.328 万石，占全国的 21%。

隋唐时，河北农业经济的迅速发展与其在唐朝的重要经济地位，促使了赵地民风由三国北朝的尚武之风盛行，渐而转为崇文。"高祖膺期纂历，平一寰宇，顿天网以掩之，贲旌帛以礼之，设好爵以縻之，于是四海九州强学待问之士，靡不毕集焉。天子乃整万乘，率百僚，遵问道之仪，观释奠之礼。博士罄悬河之辩，侍中竭重席之奥，考正亡逸，研核异同，积滞群疑，涣然冰释。于是超擢奇秀，厚赏诸儒，京邑达乎四方，皆启黉校。齐、鲁、赵、魏，学者尤多，负笈追师，不远千里，讲诵之声，道路不绝。"[1]

史念海先生根据两《唐书》列传中能具知本籍贯的 1900 多位人物，研究了列传人物的地理分布；冻国栋《唐代人口问题研究》一书，亦根据《新唐书·文艺传》、《登科记考》，日本人平冈武夫、市原亨吉编《唐代的诗人》，今井清二编《唐代的散文家》等文献，经研究绘制出《唐代诗人前后期各道分布统计》、《唐代散文作家前后期各道分布统计》、《唐代进士前后期各道分布统计》等表，从量化的角度比较出各道人物分布及前后期变化；陈尚君《唐诗人占籍考》一文，充分利用各种文献并参考今人研究成果，对唐代诗人籍贯问题进行了深入研究。李浩则将史念海（简称"史著"）、冻国栋（简称"冻著"）、陈尚君（简称"陈著"）的有关统计分关陇、山东、江南三大地域，进行了汇总列表（见表 5-3、表 5-4、表 5-5）。[2]

---

① 《隋书》卷 75《儒林传》。
② 李浩：《大唐之音　和而不同——以唐代三大地域文学风貌为重心的考察》，《文学遗产》2005 年第 4 期。

从表中可以看出，无论是两《唐书》中的人物，还是进士、诗人、散文家，山东地区都名居首位，即山东地区是唐代文化最发达的地区，是文化中心所在地，而山东地区中，河北又居前列。两《唐书》中河北籍人物计409人，占全部人物1814位的22.54%，占山东地区人物的39.6%，位居山东地区首位；河北籍进士计85人，为全国进士515名的16.5%，占山东地区进士的36.9%，居第二位；河北籍诗人计245人，为全国诗人1686名的14.5%，占山东地区诗人的32.6%，位居第二；散文家全国共1009名，河北籍散文家计210名，占20.8%，占山东地区散文家的39.5%，居首位。唐代河北文风之盛可见一斑。

表5-3　　　　　　　　　　　　　关中地区各类人物统计

		人物		进士		散文家		诗人	
		关内	陇右	关内	陇右	关内	陇右	关内	陇右
史著	前期	263	23						
	后期	267	22						
冻著	前期			12	1	117	8		
	后期			50	20	140	21		
陈著								285	27
小计		530	45	62	21	257	29	285	27
合计		575		83		286		312	

表5-4　　　　　　　　　　　　　山东地区各类人物统计

		人物			进士			散文家			诗人		
		河南	河北	河东	河南	河北	河东	河南	河北	河东	河南	河北	河东
史著	前期	177	171	110									
	后期	224	233	114									
冻著	前期				16	28	11	75	72	47			
	后期				71	57	47	121	138	79			
陈著											357	245	149
小计		401	404	224	87	85	58	196	210	126	357	245	149
合计		1029			230			532			751		

表 5-5　　　　　　　　　　　江南地区各类人物统计

		人物		进士		散文家		诗人		
		江南	淮南	江南	淮南	江南	淮南	江南	江南东	淮南
史著	前期	61	34							
	后期	86	24							
冻著	前期			14	3	40	10			
	后期			177	8	130	11			
陈著								404	159	60
小计		147	58	191	11	170	21	404	159	60
合计		205		202		191		623		

隋唐时期河北文风之盛是"好尚儒学"的最好诠释，然而众多的河北籍文学之士的诗作中多具任侠之气，初唐名相、巨鹿（今河北晋州）诗人魏徵的《述怀》诗：

中原初逐鹿，投笔事戎轩。纵横计不就，慷慨志犹存。杖策谒天子，驱马出关门。

请缨系南越，凭轼下东藩。郁纡陟高岫，出没望平原。古木鸣寒鸟，空山啼夜猿。

既伤千里目，还惊九逝魂。岂不惮艰险？深怀国士恩。季布无二诺，侯嬴重一言。

人生感意气，功名谁复论。

魏徵以重义气、然言诺的古之侠士季布和侯嬴明自己之志，纵然志向不能实现，慷慨之气犹存。特别强调了人生的短促，应立志践行，功名乃是身后之事，不必计较。慷慨任侠之气跃然纸上。

博陵（今河北安平）诗人崔涯，在其《侠士》诗中写道：

太行岭上二尺雪，崔涯袖中三尺铁。一朝若遇有心人，出门便与妻儿别。

"妻儿"此等家务琐事，岂能与男儿的三尺宝剑行天下的雄志相比。

赵郡（今河北赵县）诗人李嶷的《杂曲歌辞·少年行三首》："十八羽林郎，戎衣事汉王。臂鹰金殿侧，挟弹玉舆旁。""尘生马影灭，箭落雁行稀。薄暮归随仗，联翩入琐闱。玉剑膝边横，金杯马上倾。朝游茂陵道，暮宿凤凰城。豪吏多猜忌，无劳问姓名。"凸显出少年侠士箭出雁落的高强武艺、戎衣臂鹰的英武身姿和游侠四方无须留名的豪气。

广平（今河北永年东）诗人、"大历十才子"之一的司空曙，其诗《观猎骑》（一作公子行）：

> 缠臂绣纶巾，貂裘窄称身。射禽风助箭，走马雪翻尘。
> 金埒争开道，香车为驻轮。翩翩不知处，传是霍家亲。

身着窄袖紧身的貂裘猎装，箭如疾风的武艺，高超的骑术，将尚侠之风展现了出来。

清河（今河北清河县）诗人张祜的《从军行》：

> 少年金紫就光辉，直指边城虎翼飞。一卷旄收千骑虏，万全身出百重围。
> 黄云断塞寻鹰去，白草连天射雁归。白首汉廷刀笔吏，丈夫功业本相依。

《书愤》：

> 三十未封侯，颠狂遍九州。平生镆铘剑，不报小人仇。

青春年少就应赴塞外为国守边，建功立业就是大丈夫的人生追求。虽然空有报国志，未遇时机去实现，但是，胸怀慷慨之志就如手持宝剑镆铘，若是自甘堕落，就好似用镆铘去找小人报仇，有辱宝剑。人处逆境当自强。

在这些河北文士的诗作中，"俗重气侠、相赴死生"的民风得到了鲜明的体现。

三　邺城民风的转变

邺城被毁之后，虽然在邺城旧址上先后设有灵芝、邺县，但是长期没有固定的治所，到唐贞观八年（634）始筑小城于故邺城西50步为邺县治所，并为隋魏郡、唐相州的属县。后来加上交通道路和河道水系的变迁，邺城的地位不断衰落，隋朝的诗人段君彦《过故邺》云："玉马芝兰北，金凤鼓山东。旧国千门废，荒垒四郊通。深潭直有菊，涸井半生桐。粉落妆楼毁，尘飞歌殿空。虽临玄武观，不识紫微宫。年代俄成昔，唯馀风月同。"①邺城的衰落可见一斑，加之前后几任相州刺史都执行的是抑工商、禁游食、务农耕的政策，使邺城的繁华渐渐失去，翻检新旧《唐书》有关邺城的记载，都没有涉及"邺城难治"这一令隋代统治者头痛的问题，这说明邺城的民风已大为改变了。据宋人陈申之所撰的《相台志》记载，邺城"志挟人稀，习尚淳厚，雅重儒术，而耕凿甚勤"②。"志挟人稀"许作民注释为"此句疑有脱讹"。到了北宋时期，邺城人口稀少，民勤本业，民风淳厚，习尚儒学的民风文化已是非常明显了，而且，与隋代的"浮巧成俗"大不相同了。故此，北宋熙宁五年（1072）因邺县人口稀少，废县为镇，邺县一部分并临漳，另一部分并入安阳。邺城的繁华浮巧也成了过去。

第三节　建功立业，为国为民的任侠"节义"观的雏形

任侠之民风发展到隋唐时期，已与秦汉和魏晋时期大不相同了。疆域的统一，国力的强盛，隋唐两代君主都有雄踞天下、一扫六合的气魄，又承继魏周之传统——重视军功，使边塞马上求取功名成为科举之外的另一重要途径。"宁为百夫长，胜作一书生"；"平生多志气，箭底觅封侯"。"少年金紫就光辉，直指边城虎翼飞。"边塞立功、保家卫民已与自己的荣

---

① 《先秦汉魏南北朝诗·隋诗》卷7，中华书局1983年版。
② 许作民辑校注：《邺都佚志辑校注》，中州古籍出版社1996年版，第194页。

辱结合在一起，任侠的民风之中蕴含着报国为民的"节义"精神。

隋唐时期，任侠民风的转变，一方面表现在自魏晋以来，儒与侠的融合，使儒士文人身体中多有侠义之气。而且，时代和政治环境的不同，儒士文人的境遇不同，使其对侠的崇尚逐渐由对侠之人物的崇尚发展成对侠之精神的崇尚。春秋战国以来，"春秋无义战"、战国争霸之战的政治环境，使侠士崇尚"言必行，行必果"，知遇之恩必报，快意恩仇，不计后果，其侠之精神重在"一诺千金"。魏晋南北朝的动荡，使众多儒士文人有志难申，渴慕侠士的快意恩仇、以逞我志的行为，笔下多是借古侠士之名，而抒发自己之志。西晋范阳方城（今河北固安）人张华的一句"侠骨香"，使儒士文人对侠的崇尚由行为开始转为对侠的精神的追求。《博陵王宫侠曲》之二"雄儿任气侠，声盖少年场。借友行报怨，杀人租市旁"。"宁为殇鬼雄，义不入圜墙。生从命子游，死闻侠骨香。身没心不惩，勇气加四方。"表现了侠的一种宁死不屈、以求精神永存的气概。一个"香"字，更是形象地概括了一种精神的高度。后来的唐代诗人李白《侠客行》中有"纵死侠骨香"，王维又将此句扩展为七句，《少年行》中的"纵死犹闻侠骨香"，唐汝询《唐诗解》认为："此盖指郭解（按，汉代侠客名）之流，虽或捐躯而侠烈之声不减。"① 特别是李白的《侠客行》淋漓尽致地表达了对侠客精神的崇尚：

赵客缦胡缨，吴钩霜雪明。银鞍照白马，飒沓如流星。十步杀一人，千里不留行。

事了拂衣去，深藏身与名。闲过信陵饮，脱剑膝前横。将炙啖朱亥，持觞劝侯嬴。

三杯吐然诺，五岳倒为轻。眼花耳热后，意气素霓生。救赵挥金槌，邯郸先震惊。

千秋二壮士，烜赫大梁城。纵死侠骨香，不惭世上英。谁能书阁下，白首太玄经。

---

① 徐培均主编：《唐诗名句300》，汉语大词典出版社2000年版，第275页。

侠之然诺，重于五岳，身名又何足挂齿，男儿大丈夫就应当成为世上英豪，留名千秋，岂能终生坐于书阁，虚度一生。

隋唐时期，儒士文人对侠的崇尚之风并未减少，隋炀帝时有这样一则故事被记载在《孔颖达传》中："时炀帝征诸郡儒官集于东都，令国子秘书学士与之论难，颖达为最。"孔颖达以其渊博通达的学识，在这次东都儒学论辩会中脱颖而出，受到时人称赞。却遭到老儒们的记恨："时颖达少年，而先辈宿儒耻为之屈，潜遣刺客图之。礼部尚书杨玄感舍之于家，由是获免。补太学助教。"① 由此可见，儒者文士多是儒侠兼融、两者合一，他们的身体中多多少少都流淌着侠的血液。陈山先生指出，咏侠思潮在语言层面上对精英文化的影响，反映了上层社会部分成员中这种"侠"的道德关系与道德准则的确立。咏侠思潮的兴起，使大量有"侠"的语汇涌入上层社会人士的语言体系中，一些在民间社会流行的语汇，由于咏侠诗的推动而被上层社会认同了。如"侠骨"一词，晋代张华首先在《博陵王宫侠曲》中采用："宁为殇鬼雄，死间侠骨香。"后来盛唐诗人王维又在咏侠诗《少年行》中运用："孰知不向边庭苦，纵死犹闻侠骨香。"不久，中唐诗人李贺又在其著名的组诗《马诗》中再次用于正面的赞颂："宝玦谁家子，长闻侠骨香。"于是，"侠骨"便成为一个褒义词在上层社会流行，"侠骨香"也就成为一句书面成语，用来赞扬上层社会中被认为是有勇武仗义的气质、性格和言行的人。随着这些词汇的流行，任侠意识中的某些成分也就不知不觉地渗入上层社会文化圈内，并被改造、融化为上层社会价值观念、行为方式的一部分。②

另一方面表现在唐边塞战争的持续不断，使儒士文人有了体验古之侠客之气的实践场所。唐代在边塞地区设有都督府（后为节度使），统兵守卫边塞的都督有权开府招募幕僚，协助其处理军务。据戴伟华在《唐方镇文职僚佐考》一文的统计，到玄宗末年，进入使府的文士可考时间的有174 人，肃宗以后可考时间的有 2652 人（加上由于时间无法考证的共 3158 人）；诸科登第后入幕节度使府的到天宝末年可考的有 29 人，肃宗以后可

---

①　《旧唐书》卷 73《孔颖达传》。

②　陈山：《中国武侠史》，上海三联书店 1992 年版，第 146 页。

考的有970人(加上由于时间无法考证的共1050人)。① 可以看到,安史之乱后无论从规模上还是素质上,文士入幕比前期都有了较大的发展。虽然此时入幕还有其他客观原因,但是不能否认一些文士希望以自身力量实现报国的宏愿。唐代有名的诗人、散文家、传奇作者十之七八都有过幕府生活,如骆宾王、陈子昂、王维、孟浩然、李白、杜甫、高适、岑参、李益、卢纶、李翱、权德舆、刘禹锡、韩愈、杜牧、李商隐、韩偓,还有沈亚之、李公佐、裴铏。有许多优秀的作品则写于幕府之中,骆宾王的《讨武曌檄》至今仍有着激动人心的力量;陈子昂的《登幽州台歌》把郁闷化入了茫茫不尽的时间和空间之中,成为千古绝唱;李白在《永王东巡歌》中高唱"试借君王玉马鞭,指挥戎虏坐琼筵。南风一扫胡尘静,西入长安到日边"。毫不夸张地说,没有幕府生活,高适、岑参都成不了赫赫有名的边塞诗人。中晚唐文人与幕府关系更为密切,有些文人一辈子混迹于幕府之中。

　　幕府是服务于最高长官的办公机构,它的成员大多数是及第进士与落第的文士,这些人碰在一起,公务之暇,就会以游宴为事,少不了登临赋诗、饮酒吟咏。从某种意义上说,幕府在这种时刻已由协助管理的机关蜕变为创作小集团,在一种宽松和谐、畅快抒情的环境中去驰骋他们的想象,写出最新最美的诗章。诗的国度,几乎无处不活跃着这样一批文人,时代的风气就是这样。

　　到了天宝后期,"上方锐意武功,宠厚边将"。走边地幕府,成了猎取功名的士子又一条南山捷径。安史之乱以后,节度使到处都设,幕府大盛,愈演愈烈。唐宣宗时,"开莲花之府者凡五十余镇焉"。如此多的方镇幕府,不知容纳了多少文士。

　　胡震亨《唐音癸签》卷27云:"唐词人自禁林外,节镇幕府为盛。""中叶后尤多。盖唐制,新及第人,例就辟外幕。而布衣流落才士,更多因缘幕府,蹬级进身。"可见唐代幕府与文学的关系的密切。②

　　边塞的实际生活,使儒士文人们将边塞立功和侠义恩报观念相联系,

----

① 统计数据参见戴伟华《唐代文学与幕府关系的研究》,《淮阴师范学院学报》2000年第2期。
② 戴伟华:《唐代幕府与文学》,现代出版社1990年版,第1—3页。

将出塞从军、立功边塞的行为，看成"男儿本自重横行，天子非常赐颜色"的"报国恩"的具体行动。"初唐四杰"之一、范阳（今河北涿州）著名诗人卢照邻的《刘生》一诗写道："刘生气不平，抱剑欲专征。报恩为豪侠，死难在横行。翠羽装刀鞘，黄金饰马铃。但令一顾重，不吝百身轻。"仗剑横行，豪侠重义，为答知遇之恩，不惜百死相报，这正是舍生而取义的豪侠本色。任侠者的行为是在报国恩，而其精神上的追求，已提升到为国为民的新阶段，对侠义也有了新的注释。李德裕的《豪侠论》正是这一时代背景下对侠义的最好的诠释。

李德裕，字文饶，赵州（今河北赵县）人，"幼有壮志，苦心力学，尤精《西汉书》、《左氏春秋》。耻与诸生同乡赋，不喜科试。年才及冠，志业大成"①。《新唐书》曰："少力于学，既冠，卓荦有大节。不喜与诸生试有司，以荫补校书郎。河东张弘靖辟为掌书记。"② 新旧《唐书》都记载了李德裕少有才华却与众不同，不愿去参加科举考试以获得功名，而对为国家建功立业、立名节之事，却十分重视。"卓荦有大节"是对李德裕恰当的评价。李德裕在《臣子论》中指出："士之有志气而思富贵者，必能建功业。有志气而轻爵禄者，必能立名节。二者虽其志不同，然时危世乱，皆人君之所急也。何者？非好功业不能以戡乱，非好名节不能以死难。此其梗概也。好功业者，当理平之世，或能思乱。惟重名节者，理乱比可以大任。"③ 李德裕非常看重士之有志气且重名节者，有志气而追求富贵的人，在乱世时可以成为治世的能臣，但是在太平之世时因无名节，也可能成为追求富贵而祸乱天下的人。只有重名节又有志气、思建功业的人，才能在乱世成为治世的能臣，在太平之世也能轻爵禄、淡名利，执政为民。李德裕在唐文宗大和七年（833）和武宗开成五年（840）两度为相，执政期间外平回鹘、内定昭义、裁汰冗官、协助武宗灭佛，功绩显赫。《长安秋夜》诗体现了他一心忠君为国之情，"内宫传诏问戎

---

① 《旧唐书》卷174《李德裕传》。
② 《新唐书》卷180《李德裕传》。
③ 李德裕：《臣子论》，《李卫公会昌一品集·别集外集补遗》外集卷二，中华书局1985年版，第260页。

机，载笔金銮夜始归。万户千门皆寂寂，月中清露点朝衣"。《旧唐书》赞其："功烈光明，佐武中兴，与姚（崇）、宋（璟）等矣。"李德裕渴望为国建功立业，追求名节正是隋唐时期儒士文人的时代风尚。这种社会的价值观念、行为方式，也反映在他对任侠行为的看法。他在《豪侠论》①中指出：

> 爰盎、汲黯，皆豪侠者也，若非气盖当世，义动明主，岂有是名哉！爰盎曰："缓急人所有。"故善剧孟，匿季心。汲黯好游侠，任气节，善灌夫，所以知其然也，余斯言岂徒妄发？杨子所谓孟轲之勇类如是。夫侠者，盖非常之人也，虽以然诺许人，必以节气为本。义非侠不立，侠非义不成，难兼之矣。所谓不知义者，感匹夫之交，校君父之命，为贯高危汉祖者是也。所利者邪，所害者正，为梁王杀爰盎者是也。此乃盗贼耳，焉得谓之侠哉？唯锄麑不贼赵孟，承基不忍志宁，斯为真侠矣。淮南王惮汲黯，以其守节死义，所以易公孙宏如发蒙耳，黯实气义之兼者。士之任气而不知义，皆可谓之盗矣。然士无气义者，为臣必不能死难，求道必不能出世。近代房孺复问径山大师："欲习道，可得至乎？"径山对曰："学道者，惟猛将可也。身首分裂，无所顾惜。"由是而知士之无气义者，虽为桑门，亦不足观矣。

爰盎，即袁盎，是西汉文帝、景帝时期的大臣，特别是在文帝时，深得信任，敢言直谏，为人"仁心为质，引义慷慨"。剧孟是洛阳人，是当时闻名于世的大侠，却好赌；季心是季布的弟弟，楚人，为人恭谨，任侠尚义，气盖关中，曾杀人后逃亡到吴国，爰盎正任吴国相，将季心隐匿起来。爰盎能够与好赌的剧孟友善，隐匿杀人犯季心，都是因为他们是当世的大侠。爰盎在他们急需帮助时能出手相助，故被李德裕称为大侠。

汲黯是西汉景帝、武帝时的大臣，为人耿直，好直谏廷诤，被汉武帝称为"社稷之臣"。汲黯好游侠，任气节。灌夫为人刚强直爽，在景帝时

---

① 李德裕：《豪侠论》，《李卫公会昌一品集·别集外集补遗》外集卷二，中华书局1985年版，第264页。

发生吴楚七国之乱，灌夫跟随父亲灌孟从军平乱。当父亲战死沙场后，灌夫慷慨立誓斩吴国将军的人头，替父亲报仇而没有返乡安葬父亲。灌夫杀入吴军如入无人之境，身受重创十多处，以勇猛闻名。汲黯与灌夫交好，也是英雄相惜。

　　李德裕在这短短 300 字的文章中，对侠的人格作了较高的评价，将爰盎、汲黯视为豪侠，称其是"气盖当世，义动明主"的"非常之人"。首次将"义"作为侠的唯一特征本质，"义非侠不立，侠非义不成"，强调侠"必以节义为本"。如果"任气而不知义"，就走向了侠的反面，即是盗。这与孔子的观点是一致的，《论语·阳货》："君子以义为上。君子有勇而无义为乱，小人有勇而无义为盗。"[1] 任侠必须要符合儒家的道德规范，具有"孟轲之勇"和"守节死义"的情操，即如孟轲之勇一样，在反躬自问，确认正义在我之后，对方纵是千军万马，也要舍生而取义，勇往直前。比起司马迁《游侠列传序》来，已从个人的喜好游侠，重其一诺千金的行为，发展到对任侠的本质特征的认识，对侠的认识已上升到"义"的新高度，使任侠由一种行为文化，升华成以"为国为民"为侠义核心的任侠文化，并对后世，特别是对近代初期的社会产生了深远的影响。

---

① 　杨伯峻译注：《论语译注》，中华书局 2012 年版，第 264 页。

第六章 质厚少文、气勇尚义

——宋元时期的燕赵文化

第一节 宋辽时期燕赵地区的民风文化

契丹族占据北方蒙古草原之后，势力强盛，"东际海，南暨白檀，西逾松漠，北抵潢水"。契丹以其勇猛的骑兵部队，四处征伐。神册二年、五年，派兵攻打幽州、蓟州；① 天显三年（928），耶律德光也两次出兵河北。幽蓟地区成为他们攻取的主要战略目标。天显十一年（936），石敬瑭为换取契丹支持其称帝，承诺割让幽州等地。会同元年（938），石敬瑭遣使向契丹献幽云十六州图籍，割幽（今北京）、蓟（治今天津蓟县）、瀛（治今河北河间）、莫（治今河北任丘）、涿（治今河北涿州市）、檀（治今北京密云县）、顺（治今北京顺义县）、新（治今河北涿鹿县）、妫（治今河北怀来县）、儒（治今北京延庆县）、武（治今山西神池县）、云（治今山西大同市）、应（今山西应县）、寰（今山西朔县马邑）、朔（治今山西朔州市）、蔚（治今河北蔚县）十六州地与契丹，同年，辽太宗耶律德光升幽州为南京，又称燕京。

后周时期，周太祖、周世宗都积极收复幽云十六州，显德六年（959），周世宗大举伐辽，收复了瀛、莫二州和瓦桥、淤口（霸州市东信安镇）、益津三关，并把瓦桥关改为雄州（治今河北雄县），益津关改为霸州（治今河北霸州市）。北宋建立后，采取"先南后北"，"先易后难"的

---

① 《辽史》卷1《太祖本纪上》，中华书局1974年版。

统一策略，直到太平兴国四年，宋太宗灭北汉后，再次乘胜进攻幽云诸州，高梁河之战、淤口关之战，北宋战败，此后，北宋不再有北伐之举。辽军却于咸平二年（999）开始数次南下攻宋，并取得胜利。景德元年（1004），辽宋达成"澶渊之盟"，双方约定以白沟河为界，白沟河被称为界河。此后，双方开榷关贸易，再无大的征战。界河以北的幽云等地成为辽朝稳固的疆域。在传统民风、民族文化与战争的影响下，界河南北两地形成既有相似又有差异的民风文化区。

一　风气刚劲的幽云地区

《辽史·地理志》载：

> 幽州在渤、碣之间，并州北有代、朔，营州东暨辽海。其地负山带海，其民执干戈，奋武卫，风气刚劲，自古为用武之地。

幽云地区民风刚劲，是有历史传统的，自司马迁记载这一地区"人民矜懻忮"以来，历经魏晋、隋唐而无太大的改变。辽朝民歌《焚骨咒》曰："夏时向阳食，冬时向阴食。使我射猎，豬鹿多得。"[1]骑射耕战是幽云地区的一种日常生活，苏辙使辽期间所作《奉使契丹二十八首·虏帐》："春粱煮雪安得饱，击兔射鹿夸强雄。""弯弓射猎本天性，拱手朝会愁心胸。"又《燕山》中有："居民异风气，自古习耕战。上论召公奭，礼乐比姬旦。次称望诸君，术略亚狐管。子丹号无策，亦数游侠冠。割弃何人斯，腥臊久不瀚。哀哉汉唐余，左衽今已半。"[2]幽云地区在辽的统治下，民风已异于中原，牛羊乳酪、圆领窄袖左衽长袍，饮食服装多半胡化。然而其"数游侠冠"的尚武任侠之古风却传承下来，"其人坚忍奇崛，包藏祸心，狡立凶谋，前有荆轲太子丹之风，后习安禄山史思明之态"[3]。

蓟州人孙延寿，少倜傥，曾对其亲友们说："大丈夫为将，当效节边陲，

---

① 周惠泉、米治国：《辽金文学作品选》，时代文艺出版社1986年版，第21页。
② （宋）苏辙：《栾城集》卷16，商务印书馆1936年版。
③ （宋）徐梦莘：《三朝北盟会编》卷38，《靖康中帙十三》，上海古籍出版社2008年版。

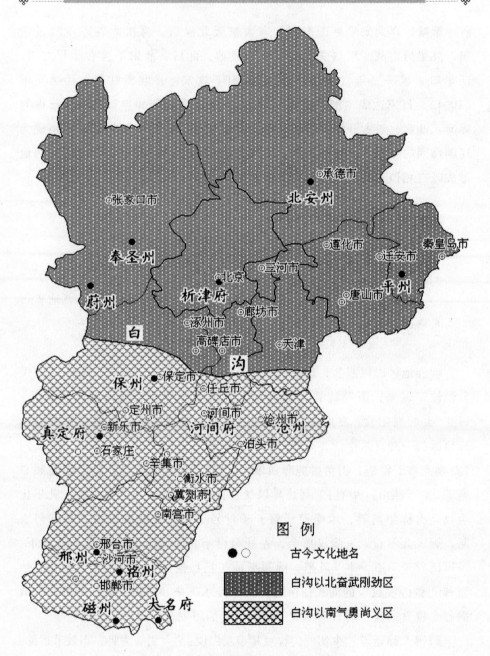

承德市

北安州

张家口市

奉圣州

蔚州

遵化市

秦皇岛市

迁安市

北京

析津府

三河市

唐山市

平州

廊坊市

涿州市

白

高碑店市

沟

天津

保州

保定市

任丘市

定州市

河间市

沧州市

真定府

新乐市

河间府

石家庄

泊头市

辛集市

衡水市

冀州市

南宫市

图 例

● ○   古今文化地名

白沟以北奋武刚劲区

白沟以南气勇尚义区

邢台市

邢州

沙河市

洺州

邯郸市

磁州

大名府

图 6-1   宋辽时期燕赵文化分布示意图

马革裹尸。"① 言语间充满了慷慨忠义之气。卢龙人赵思温，"少果锐，膂力兼人，隶燕帅刘仁恭幕"②。范阳人牛温舒，"刚正尚节义，有远器。大安初，累迁户部使，转给事中、知三司使事。国民兼足，上以为能"③。幽云地区虽然受到"胡风"的一定影响，但是秦汉以来的任侠尚武的"遗风"有着坚忍的传承力量，这在辽代幽云地区的墓葬文化考古方面得到了印证："辽代幽云地区虽然属辽管辖，但是丧葬文化的取向基本上还是沿着中原地区的演变方向发展的，即便是有一些契丹人迁居于此，也不影响汉文化在本地区的主导地位。"④ 幽云地区在"遗风"和"胡风"的影响下形成了彪悍尚武的性格。

二 气勇尚义的白沟以南地区

《宋史·地理志》载：

> 河北路，盖《禹贡》兖、冀、青三州之域，而冀、兖为多。……南滨大河，北际幽、朔，东濒海岱，西压上党。茧丝、织纴之所出。人性质厚少文，多专经术，大率气勇尚义，号为强伎。土平而近边，习尚战斗。有河漕以实边用，商贾贸迁，刍粟峙积。宋初募置乡义，大修战备，为三关，置方田以资军廪。契丹数来侵扰，人多去本，及荐修戎好，益开互市，而流庸复来归矣。大名、澶渊、安阳、临洺、汲郡之地，颇杂斥卤，宜于畜牧。浮阳际海，多鬻盐之利。其控带北地，镇、魏、中山皆为雄镇云。

从上引的文献可以看到，河北地区的民风文化最为突出的是质厚少文、气勇尚义。"质厚"，主要是指民风淳古，好农耕稼穑而安于本分。这与仅隔一个太行山的河东路很是相近，《宋史·地理志》记："其俗刚悍而

---

① 《辽史》卷74《康默记（延寿）传》。
② 《辽史》卷76《赵思温传》。
③ 《辽史》卷86《牛温舒传》。
④ 吴敬：《辽代契丹文化与汉文化的考古学观察》，《社会科学战线》2011年第5期。

朴直,勤农织之事业。"对此,宋哲宗时毕仲游又作了进一步的说明:"臣见河东土风淳固,盗贼稀少。人民耕田力作,衣食至薄,而罕敢为非,比之他方,狱司刑罚十无一二。"① 质厚的民风文化是与"勤农织之事业"或"人民耕田力作"密切联系在一起的,即是在农业经济的基础上形成的。河北农业经济自两汉以来,特别是隋唐时期得到了很好的发展,就是在北宋时期,当地百姓也没有失去农业之本。"少文"是指河北百姓做事直爽,不善于言辞。西晋时期就有"汝颍之士利如锥;幽冀之士钝如槌"之说,盖是此民风的传承吧。

"气勇",是因长期处在边塞地区的征战戍守环境中形成的,"土平而近边,习尚战斗"。刘牧曾言:"长老常为牧言边防事,云两河间夷未通好时,其民过邻里亲旧家,必带刀剑。霜降农闲,里胥长会民习古战阵之法。居常畜健马干食,寇至里粮持剑,带甲上马,不悔战死,以怯为耻。"战争状态下,边民出入都带刀剑防身,就是到亲戚朋友家中也是如此,农闲的时候,边民还要在里长的带领下习武演阵,操练兵法,以备战事。有了战事,备马出征,以战死为荣。宋辽和好数十年之后,"子孙生来,见闻保障不惊,城池不完,开门逢迎,不见危疑。食稻衣锦,养移于体,虽其风俗耐辛苦,尚武勇,而无事以来,习熟为然,亦少殆矣"②。和平时期,边民也享受着"食稻衣锦"的美好生活,但是"尚武勇"的民风却没有多少改变。时任定州知州的宋祁说:"天下根本在河北,河北根本在镇、定,以其扼贼冲,为国门户也。……臣窃虑欲兵之强,莫如多谷与财;欲士训练,莫如善择将帅;欲人乐斗,莫如赏重罚严;欲贼顾望不敢前,莫如使镇重而定强。夫耻怯尚勇,好论事,甘得而忘死,河北之人殆天性然。陛下少励之,不忧不战。"③ 有钱粮可以使兵强,有好的将帅可以使战士得到良好的训练,重赏军功严惩临阵逃生可以使人勇于战斗,河北之人本来就有耻怯尚勇、慷慨赴死的精神与民风,只要皇上能给予一定的奖

① 《历代名臣奏议》卷116《风俗》,上海古籍出版社2012年版。
② 《宋文鉴》卷85《刘牧〈送张损之赴任定府幕职序〉》,郑福田主编《永乐大典》卷20479,远方出版社2006年版。
③ 《宋史》卷284《宋祁传》,中华书局1985年版。

励，河北之人就能成为一支英勇的精锐之师。"今河北之民，实古赵魏之俗也。悲歌慷慨，起则椎瓢掘家，赵俗也；刚强多豪杰，侵夺少恩礼，好生分者，魏俗然也。二者至今皆然。"① 慷慨豪放、任侠尚义的燕赵雄风，至宋代依然浩荡如故，在忠勇尚武民风的浸染下，造就了许多著名的军事将领，活跃在北宋及南宋前期。据统计，北宋一朝共有武将 257 人，河北籍武将 72 人，占 28%，即北宋武将约三分之一是出自河北地区的。其中，北宋前期（太祖、太宗、真宗时期）河北路出武将 57 人，占这一时期武将总数 156 人的 36.5%，中期（仁宗、英宗、神宗时期）出武将 14 人，占这一时期武将总数 77 人的 18.2%，后期（哲宗、徽宗、钦宗时期）出武将 1 人，占这一时期武将总数 24 人的 4.2%。② 特别是北宋前期，河北籍武将不仅人数众多，而且身居要职，成为北宋的中坚力量。宋理宗昭勋阁二十四功臣中，只有曹彬、潘美、曹玮、李继隆、韩世忠五位是职业军人，其中，河北籍武将就有三人，即曹彬、潘美、曹玮。李继隆是上党（今山西长治）人，韩世忠是延安（今陕西省绥德县）人，均出自北方。

这一时期河北地区形成了几大武将群，即大名籍武将群、真定籍武将群、冀州籍武将群、定州籍武将群等。

大名籍武将群主要以潘美③父子为代表，还有冯继业④，大名元城人李继勋和李继偓⑤，有胆略、善骑射著称的崔彦进，有勇力、善射的张琼等；真定籍武将群主要指曹彬父子和葛霸父子等，还有忠厚倜傥、武勇喜戎事的高怀德⑥、赵晁等；冀州籍武将群主要有张廷翰、荆罕儒、傅潜父子、范廷昭、皇甫继明、耿全斌、王继昇、王昭远等人。

此外，毗邻大名的磁州也出了不少武将，如武安人韩重赟，少以武勇隶周太祖麾下。后受到宋太祖重用，屡立战功。另有武安人韩伦、韩令坤

---

① 《景迁生集》卷 2《朔问下》，吉林出版社 2005 年版。
② 程民生：《宋代地域文化》，河南大学出版社 1997 年版，第 132 页。
③ 《宋史》卷 258《曹彬（子璨　玮　琮）、潘美传》，下文中未注出处的均引自《宋史》。
④ 《宋史》卷 253《冯继业传》。
⑤ 《宋史》卷 254《李继勋、赵晁传》。
⑥ 《宋史》卷 250《高怀德、韩重赟传》。

父子等①。

"尚义"，即推崇节义，讲究志操。北宋时期河北地区的地位极为特殊，北部的幽州等地为辽所占据，两国分据河之南北，原为一家之天下，现为敌国，居民深受外敌侵略的危害，所以将节义之观念与敌我观念、忠君为国的是非观念融为一体，爱憎分明。程民生先生认为，北方的忠义常为宋人所称道，是非观念强，在国家危亡之际，常在忠义方面有突出表现。并列举了几则小故事加以说明，非常有说服力，现援引如下。

一则，建炎三年（1129）流亡中的南宋政权内部发生了"苗、刘之变"，一位刺客夜间潜至负责平叛的张浚住所，并不杀人，而是恳切地对张浚表白道："仆，河北人，精读书，知顺逆，岂为贼用！顾为备不严，恐有后来者。"这位河北刺客深明大义，不顾个人安危，不为叛乱者所利用，反而提醒张浚注意安全，然后连自己的姓名也不肯留下，悄然而去。他以忠义的河北人自许，印证了河北"土风浑厚，人性质朴，则慷慨忠义之士固宜出于其中"的风俗。

二则，绍兴十年（1140），金兵抓获宋河东经略使王忠植，押到庆阳（今甘肃庆阳）城下，迫使他劝守城宋军投降。王忠植则大声呼喊道："我河东步佛山忠义人也，为金所执，使来招降。愿将士勿负朝廷，坚守城壁，忠植即死城下！"遂为金兵所杀。

三则，南宋初兵荒马乱，出现许多以乱兵为主的匪帮祸国殃民，其中一支的首领是河东人吴锡，自称是前河东、北宣抚司一军官的亲属。在其攻打孝感（今湖北孝感）时，守臣以他是河东人而激责道："河东人劲气直，汝之先又登显仕，何不图报国，而为盗以干诛？"吴锡听了很惭愧，"感悟"之后，表示"愿得自新"，不久即接受了招安。足见北方多忠义之士已在人们心目中形成固定印象，是北方人，就理应讲忠义。②

这一时期，"义"字在河北民风文化中占有突出的地位，它与战国秦汉时期的"侠义"有一定的差异。战国秦汉时期的"侠义"的"义"是"仗义"的"义"，强调重义气、讲义气，尤其重视守信用，所谓"千金一

---

① 《宋史》卷251《韩令坤附伦传》。
② 程民生：《宋代地域文化》，河南大学出版社1997年版，第3—4页。

诺"，诺而有信等。北宋时期的"义"，包含了民族大义、国家大义在其中，把自己的利益、荣辱与国家、民族的利益、荣辱联系在一起，是一个更高层次上的"义"。这一民风的形成应该是在隋唐时期河北儒学文化昌盛的基础上形成的。

第二节　金元时期燕赵地区的民风文化

《大金国志·初兴风土》：

> 其人勇悍（好诈、贪婪、残忍），善骑射，喜耕种，好渔猎。每见野兽之踪，聂而求之，能得其潜伏之所。又以桦皮为角，吹（作）呦呦之声，呼麋鹿而射之。

> 俗勇悍，喜战斗，耐饥渴苦辛。（善）骑，上下崖壁如飞，济江河不用舟楫，浮马而渡。其乐唯鼓笛，其歌惟《鹧鸪曲》，第高下长短如鹧鸪声而已。其疾病无医药，尚巫祝，病者杀猪狗以禳之，或用车载病者入深山大谷以避之。其亲友死，则以刃剺额，血泪交下，谓之"送血泪"。死者埋之而无棺椁。贵者生焚所宠奴婢、所乘鞍马以殉之。其祀祭饮食之物尽焚之，谓之"烧饭"。①

《大金国志》反映了女真族初入中原之时的女真民风，勇悍尚武是其突出的特色。这在《许奉使行程录》中也有相同的记载，宣和七年（1125），奉议郎、尚书司封员外郎许亢宗出使金国，至燕山府时描述道："燕山乃古冀州地，舜以冀州（南北）广远，分置幽州，以其地在北方幽阴之地。东有朝鲜、辽东，北有楼烦、白檀，西有云中、九原，南有滹沱、易水。……户口安堵，人物丰庶。……蔬、瓜、果实、稻粱之类，靡不毕出，桑、柘、麻、麦、羊、豕、雉、兔，不问可知。水甘土厚，人多技艺。民尚气节，秀者读书，次习骑射，耐劳苦。"②

---

① （金）宇文懋昭撰，李西宁点校：《二十五别史·大金国志》，齐鲁书社 2000 年版。
② 《大金国志》卷 40《许奉使行程录》，齐鲁书社 2000 年版。

随着金政权的巩固，大量女真等北方民族迁入河北等处，民族杂错相居，民风文化碰撞、融合，女真族在学习汉族儒学文化的同时，仍强调本民族文化的传承，海陵曾对侍臣曰："上智不学而能，中性未有不由学而成者。太子宜择硕德宿学之士，使辅导之，庶知古今，防过失。诗文小技，何必作耶。至于骑射之事，亦不可不习，恐其懦柔也。"① 所以，金朝初期的各位皇帝将围猎作为习武演阵，保持善骑射的民族传统的最主要的方式。

女真人的尚武民风随着战事的减少，以及儒学文化的影响，还是呈现减弱的趋势。大定三年（1163），世宗下诏给兵部郎中高通说："女直旧风，凡酒食会聚，以骑射为乐。今则弈棋双陆，宜悉禁止，令习骑射。从其居处之便，亦不可召集扰之。"② 二十四年再次下令，对屯戍军队要"制其奢靡，禁其饮酒，习其骑射"，以加强武备。③ 到章宗明昌四年，一些用于演武围猎的地方也被民田所占，谕点检司："行宫外地及围猎之处悉与民耕，虽禁地，听民持农器出入。"④

民风的变化在文人的诗作中也有所反映，生活在章宗、卫绍王、宣宗三朝的赵秉文，在其《长白山行》中写道："至今甲第多属籍，时清毬马争驰突。锦鞯貂帽猎春风，五陵豪气何飘忽。"金朝贵族生活日益奢华，雄武之气渐失。

女真人尚武民风的减弱趋势，只是相对其初入中原之时而言的，在《金史》中，章宗时期以后的入传的大臣们，仍然多以"善骑射"而被书于史册。如宣宗时期的完颜霆，"本姓李氏，中都宝坻人。粗知书，善骑射，轻财好施，得乡曲之誉"⑤。卫绍王时期的吴僧哥，"拳勇善骑射"⑥。说明金代的尚武民风还是有很好的社会基础的，并影响到汉族文化，如世宗时期的刘枢，"少以良家子从军，屯河间。同辈皆骑射，独枢刻意经史"⑦。

---

① 《金史》卷 82《海陵诸子传》，中华书局 1983 年版。

② 《金史》卷 80《阿离补子方传》。

③ 《金史》卷 44《兵志》。

④ 《金史》卷 10《章宗本纪二》。

⑤ 《金史》卷 103《完颜霆传》。

⑥ 《金史》卷 122《忠义·吴僧哥》。

⑦ 《金史》卷 105《刘枢传》。

金代女真族与汉民族等多民族间的错居融合，文化交融，使河北"质厚少文、气勇尚义"的质朴尚义的民风得到发展，成为金代文学特质形成的社会基础。清人张金吾认为，金人得北方巨山大川雄深浑厚之气，故其文章"华实相扶，骨力遒上"，况周颐认为"宋词深能入骨"、"金词清劲能树骨"①。

元代，蒙古族的尚武之风也是很突出的。

《元史·兵三·马政》：

> 元起朔方，俗善骑射，因以弓马之利取天下，古或未之有。

《建炎以来系年要录》卷96，绍兴五年（1135）：

> 是冬，金主亶以蒙古叛，遣领三省事宋国王宗磐提兵破之。蒙古者，在女真之东北，在唐为蒙兀部。其人劲悍善战，夜中能视，以鲛鱼皮为甲，可捍流矢。

蒙古族劲悍善战，善于骑射，又十分崇尚英雄，这些都是蒙古民族值得注意的文化现象。孟广耀指出：蒙古族的神话传说《化铁熔山》、《保牧乐》和英雄史诗《勇士谷诺干》、《智勇的王子希热图》等歌颂和塑造了人们理想中的人物，即不同类型的勇敢者，反映了对勇士的崇拜心理。而载于史册的勇士太多了。"极为勇猛"的孛端察儿、"勇敢和能干"的合不勒汗、"勇敢大胆"的忽图剌汗、"颇为英勇"的也速该、以"忠勇"相称的木华黎、"勇冠一时"的术赤台、"骁勇善骑射"的速不台等，都赢得了人们的尊敬和崇拜。不仅成年男子如此，蒙古"少女和妇女也像男子一样敏捷地骑马和驰骋"。"孩子刚刚长到两三岁的时候，便开始骑马而行、驾御马匹和纵马驰骋"，"表现得非常勇敢"。

---

① 胡传志：《金代文学研究》，安徽大学出版社 2000 年版，第 22 页。

　　蒙古人非常鄙视怯懦。哈剌真之战中，成吉思汗命术彻台率部"先发"，术彻台怯战，因而受到冷落、轻视。乃蛮部首领塔阳汗可作为怯懦者代表，其部下，甚至儿子古出鲁克都看不起他，说他是没有"脊背"的男人。《札撒》规定："所有临阵脱逃的人都要被处死"；当十夫集团的部分人走向战斗，"其他人则没有尾随"，其他人被处死；部分人俘虏，"战友不去解救"也要处死。这三种人在成吉思汗等看来都是可耻、低贱的胆怯者。①

　　蒙古族的尚"勇"和对英雄的崇拜，与辽金以来的河北民风是有相合之处的，据《元一统志》卷1记载，大都周围地区的民风多质朴尚义为其特色，如"蔚州之民，性质无诮，去华从俭，以耕织为生"②。隆兴路"俗混华夷，人多刚鸷而尚才勇，勤农桑而俭衣食。人尚义勇，节俭务农"。

　　大都以南地区，尚武之风渐弱，民风多质朴好农。河间路"风俗形势"条："其民质朴，不事浮华。民勤稼穑，女务农桑。献州寡求不争，有古人风。"大名路"按汉书：繁阳地之西偏，地薄人众，尤有河上纫之余风。今其人皆弃末逐本，勤力农桑。先人后己，务崇礼让。去轻薄之习，还淳厚之风。至有骥子舐母之目复明，犬去主不食而死，其风俗之丕变可见矣。先人后己，务崇礼让。"东昌路风俗形势条："习俗和睦。纯素节俭。有礼义。人多读书，有近古之风。俗近敦厚。家知礼逊。习俗节俭。"③永平府"习尚朴茂，人好礼让"④。大名府"先人后己，务崇礼让"⑤。

---

　　① 义都合西格主编，孟广耀撰写：《蒙古民族通史》第1卷，内蒙古大学出版社2002年版，第397—399页。

　　② （元）孛兰肹等撰，赵万里校辑：《元一统志》卷一，中华书局1966年版，第65页。

　　③ 《元一统志》卷一各路的"风俗形势"条。

　　④ （元）《乐亭庙学记》，《大明一统志》卷5《永平府》"风俗"条。

　　⑤ 《大明一统志》卷4《大名府》"风俗"条引《元志》。

第三节 宋辽时期燕赵文化的形成

一 民族错居的燕云地区

《辽史·营卫志》："长城以南，多雨多暑，其人耕稼以食，桑麻以衣，宫室以居，城郭以治。大漠之间，多寒多风，畜牧畋渔以食，皮毛以衣，转徙随时，车马为家。此天时地利所以限南北也。"长城以南地区即是辽占据的幽云地区，耕稼桑麻已有千余年的历史，也成为辽朝重要的粮赋供给地区。

辽占有幽燕地区后，为加强对这一地区的控制，不断将长城以北地区的居民迁移到这里，形成多民族错居的地区。天显元年（926），太祖阿保机灭渤海国，除将大部分渤海人迁到辽东外，还将贵族千余户迁到燕云地区，"徙其名帐千余户于燕，给以田畴，捐其赋入，往来贸易关市皆不征，有战则为前驱"[1]。辽会同五年（942），太宗"诏政事令僧隐等以契丹户分屯南边"[2]。辽朝还以军人的形式将本民族的人迁入幽州地区戍守，与其一同戍守的还有党项、女真、室韦等民族。"复有近界尉厥里、室韦、女真、党项亦被胁属，每部不过千余骑。"[3]《续资治通鉴》记载："国中所管幽州汉兵，谓之神武、控鹤、羽林、晓武等，约万八千余骑，其所署将帅，契丹、九女奚、南北皮室当真舍利及八部落舍利、山后四镇诸军约十万八千余骑，内五千六百常卫契丹主，余九万三千九百五十，即时南侵之兵也。"[4] 此外，在幽州地区自唐末五代就有奚族人迁到这里，"奚人常为契丹守界上，而苦其苛虐，奚王去诸怨叛，以别部西徙妫州，其族至数千帐"[5]。即早期迁到今河北怀来的奚人，人数也不会少于一万。苏辙《奉使契丹二十八首·出山》中云："燕疆不过古北阙，连山渐少多平田。奚人自

---

① （宋）洪浩：《松漠纪闻》，吉林文史出版社1986年版，第19页。
② 《辽史》卷4《太宗本纪下》。
③ 《宋史》卷264《宋琪传》。
④ 《续资治通鉴》卷24，"真宗咸平六年己酉"条。
⑤ 《新五代史》卷74《四夷附录第三·奚》。

作草屋住,契丹骈车依水泉。"考古人员在今河北北部、北京等地发现了许多契丹族墓葬,也说明当时有很多契丹族人口迁入该地的情况。韩光辉曾依据宫卫的数目,推测南京道和西京道的非汉族移民的数量,辽末在南京(今北京市)、西京(今山西大同市)、平州(治今河北卢龙县城)和奉圣州(治今河北涿鹿县)的宫卫提辖司共 37 个,依每提辖司管宫卫 1500 户计,共有 5.5 万余户,其中约 2/5 为契丹户,3/5 为包括汉人和其他少数民族在内的蕃汉转户。[1] 若以每户 5 口计,契丹户约有 2.2 万户,11 万人;汉人和其他少数民族在内的蕃汉转户 3.3 万户,16.5 万人。

幽州地区的汉族原居民不时受到战争和自然灾害等原因影响而被迁徙他地。据《旧五代史》记载:"刘守光末年苛惨,军士亡叛皆入契丹,自周德威攻围幽州,燕之军民多为寇(契丹)所掠,既尽得燕中人士。"[2] 又据《辽史·地理志》记载,上京道临潢县,"太祖天赞初南攻燕、蓟,以所俘人户散居潢水之北,县临潢水,故以名。地宜种植。户三千五百"。长泰县,"本渤海国长平县民,太祖伐大諲譔,先得是邑,迁其人于京西北,与汉民杂居。户四千"。定霸县"本扶余府强师县民,太祖下扶余,迁其人于京西,与汉人杂处,分地耕种。统和八年,以诸宫提辖司人户置。隶长宁宫。户二千"。潞县,"本幽州潞县民,天赞元年,太祖破蓟州,掠潞县民,布于京东,与渤海人杂处。隶崇德宫。户三千"。怀州,"会同中,掠燕、蓟所俘亦置此"。长春州长春县,"本混同江地。燕、蓟犯罪者流配于此。户二千"。乌州爱民县,"拨剌王从军南征,俘汉民置于此。户一千"。龙化州龙化县,"太祖东伐女直,南掠燕、蓟,所俘建城置邑。户一千"。原州,"本辽东北安平县地。显州东北三百里。国舅金德俘掠汉民建城。户五百"。福州,"国舅萧宁建。南征俘掠汉民,居北安平县故地。在原州北二十里,户三百"。顺州,"横帐南王府俘掠燕、蓟、顺州之民,建城居之。户一千"。镇州,"本古可敦城,统和二十二年皇太妃奏置。选诸部族二万余骑充屯军,专捍御室韦、羽厥等国,凡有征讨,不得抽移。渤海、女直、汉人配流之家七百

---

① 韩光辉:《辽代中国北方人口的迁移及其社会影响》,《北方文物》1989 年第 2 期。
② 《旧五代史》卷 137《外国列传一·契丹》,中华书局 1987 年版。

余户，分居镇、防、维三州"①。乌州爱民县以及原州、福州虽然只记载了是"俘掠汉民"所建，并没有明确指出"汉民"是燕、蓟等地的，但是，这些"汉民"应是幽云地区的。

东京道的沈州"乐郊县，太祖俘蓟州三河民，建三河县，后更名。灵源县，太祖俘蓟州吏民，建渔阳县，后更名"。祺州，"本渤海蒙州地。太祖以檀州俘于此建檀州，后更名"。祺州下辖的庆云县，"太祖俘密云民，于此建密云县，后更名"。龙州，"本渤海扶余府。太祖平渤海还，至此崩，有黄龙见，更名。保宁七年，军将燕颇叛，府废。开泰九年，迁城于东北，以宗州、檀州汉户一千复置"②。

辽的上京道和东京道接纳幽州汉民约有 18000 余户，近 10 万口。北宋雍熙三年（986）正月，宋琪向朝廷汇报辽朝的情况："自阿保机时至于今日，河朔户口（被辽）掳掠甚多，并在锦帐、平卢，亦迤柳城。辽海编户数十万，耕垦千余里。"③ 辽海地区的数十万编户大部分都是从幽云地区迁徙而来的汉人。

此外，幽州地区的人口还向白沟之南的北宋控制区域迁移。南迁主要原因不是五代中原王朝与北宋的策反和军队俘掠，就是辽国境内发生重大自然灾害或者战乱迫使人民南下避难。规模较大的迁移大约有五次。

第一次是辽太宗天显元年（926）十月，卢龙节度使卢文进在后唐的策反下，率所部 10 万人离开平州（治今河北卢龙县城）迁往后唐。

第二次是辽穆宗应历二年（952），瀛、莫、幽等州水灾严重，流民涌入中原，人数有数十万之众，后周下诏要求各州赈给安置。

第三次是辽圣宗统和四年（986），宋军北伐辽国，田重进击败辽军，辽将大鹏翼、何万通及渤海军 3000 余人被擒，俘获以万计。潘美攻下寰（治山西朔州东北）、朔（治山西朔州市）、云（治山西大同市）、应（治山西应县）等州，并奉朝廷之命将四州人民共 8236 户，78262 人迁入北宋境内，安置在汝州（治河南汝州市）、河南府（治河南洛阳市）、许州（治

---

① 《辽史》卷 37《地理志·上京道》。
② 《辽史》卷 38《地理志·东京道》。
③ （宋）李焘：《资治通鉴长编》卷 27，中华书局 1980 年版。

河南许昌市)等地。

第四次是辽圣宗太平九年(1029),辽国发生严重饥荒,饥民大批流向北宋。宋朝将其分送唐(治河南唐河县)、邓(治河南邓州市)、襄(治湖北襄樊市)、汝等州,分给闲田,使之定居下来。

第五次是辽天祚帝末年,金军开始灭辽战争,大举攻入燕云地区,燕人避战乱,将老幼南下。不久,辽亡。因惧怕金军,燕云地区的人民大批迁入北宋境内,分布在开封和河北、河东等地。在当时的情况下,必然会有一些契丹人卷入南迁的队伍。金军攻宋以后,有少量的移民,随宋高宗赵构迁入南方,如宋将苗傅统辖的赤心军即来自燕云移民。①

燕云地区在辽国统治之下接近200年,汉人的不断外迁,契丹、渤海等族的移入,使幽云地区成为多民族错居的地区,契丹族又是统治民族,在政治和文化上占据主导、优势地位,对幽云地区的民风影响很大,苏辙《奉使契丹二十八首·出山》中的诗句正反映了这一事实:"汉人何年被流徙,衣服渐变存语言。力耕分获世为客,赋役稀少聊偷安。汉奚单弱契丹横,目视汉使心凄然。""胡"文化的盛行,以及幽云地区的尚武任侠之民风的传承,燕云地区的文化已不同于北宋境内的北方文化。

二 戍守与耕战的白沟之南地区

自宋与辽划白沟为界,国分南北对峙之后,河北地区成为屏卫京师、防御辽军的前线,独特的战略地位使得河北所开展的经济活动多围绕这一战略目标展开。

界河正好处在山麓平原和冲积平原的两个不同方向上的倾斜所交汇处,致使在天津、保定之间形成低洼地带,出现一系列湖泊和洼淀,无论是古黄河,还是发源于太行山的河流,一般都沿这两个方向流至天津地区入海。这一低洼地带的湖泊和洼淀,成为宋朝阻止辽军骑兵南下、巩固边防的一道屏障。在宋太宗时开始修建塘泊,以水设险,即将诸河、淀和沼泽地区有计划地联系起来,使之形成一道天然防线,以阻契丹入侵。其东

---

① 吴松弟:《中国移民史》第四卷《辽宋金元时期》,福建人民出版社1997年版,第24—26页。

起沧州沿海，西至保州西北，凡绵延九百余里，规模十分宏大。这道屏障所起的军事作用，程民生评价道："大面积的塘水使敌军受阻碍，不能任意入侵，只有从西边无塘泺处、东边水浅处或通道而入。这使宋军缩短了边防线，不再全线防守，而可以集中兵力屯于要害，有利于阻击敌人。从而大大改变了过去那种处处应敌，兵分势弱的被动局面。"并指出"自宋真宗末年塘泺建成以来到北宋末宣和以前的一百多年中，宋辽双方没有发生过军事冲突，宋政府的主要精力用以对付西夏对陕西的侵扰。当然，景德元年（1004）宋辽'澶渊之盟'起了主要作用。但塘泺的战略作用，当是维持和平或冷战局面的物质保障，是应当重视的"①。

塘泺的修建，加强了界河的防卫，但是，也影响了沿边的民众的农业生产，"塘泊日益广，至吞没民田、荡溺邱墓，百姓始告病，乃有盗决以去水患者"。领屯田司杨怀敏奏请以盗决堤防律来处理私自决堤者，得到朝廷认可。于是，知雄州葛怀敏在塘中立木杆作为水面高低的标准，以防盗决。② 葛怀敏的做法只解决了保护塘泊的问题，却没有很好地解决百姓的生活问题。"夫善御敌者，必思所以务农实边之计。"③ 沿边民众的生活问题解决不好，导致边塞人口流失，直接影响到边塞社会的稳定与边塞的防御，也成为困扰宋王朝的一大问题。

何承矩则在此时建议利用塘泺的水资源，倡导种植水稻，以解决民生问题，得到宋仁宗的支持。何承矩至沧州，"因其势大兴屯田，种稻以足食"。这时，临津令黄懋亦上书，请于河北诸州兴作水田，"今河北州军陂塘甚多，引水溉田，省功易就，三五年内，公私必获大利"。朝廷让何承矩往河北诸州考察，何承矩考察后上书赞同黄懋的建议。朝廷以何承矩为制置河北缘边屯田使，"发诸州镇兵万八千人给其役，凡雄（河北雄县）、莫（河北任丘）、霸州（河北霸州）、平戎（河北文安县新镇）、破虏（河北霸州信安镇）、顺安军（河北高阳），兴堰六百里，置斗门，引淀水灌溉"。经过试种，并引进江南的早熟稻，最终取得丰收。"是年八月，稻熟。"起初，何

---

① 程民生：《北宋河北塘泺的国防与经济作用》，《河北学刊》1985 年第 5 期。
② 《续资治通鉴长编》卷 117，"景祐二年十月"条。
③ 《宋史》卷 300《王沿传》。

承矩、黄懋的引水溉田、种植水稻的举措，不仅粮食获得丰收，而且还收获了大量的鱼蛤等水产品，"自是苇蒲、蠃蛤之饶，民赖其利"①。

此后，王沿在邢州兴建水利，时任河北转运使的王沿，"奏罢二牧监，以地赋民。导相、卫、邢、赵水下天平、景祐诸渠，溉田数万顷"。王沿"初兴河北水利，导诸渠溉民田，论者以为无益。已而邢州民有争渠水至杀人者，然后人知沿所建为利"②。

何承矩、王沿的水利建设仅是河北地区兴修水利事业中比较突出的，这一时期河北的水利建设还有许多，据统计，河北有水利45处，凡5966060亩，占全国总数的16.5%，占河北田地总数的21.3%。③ 水利的兴修，带动了农耕经济的复兴，据程民生研究，元丰初年"河北垦田数为27906656亩，为全国第七位，而二税额则为9152000贯石匹两，为全国第一位，高于两浙、淮南等地一倍以上。这里固然有宋政府对各地剥削程度不同的因素在内，但如此大的差距，定是以生产状况为基础的，可以说明河北农业是全国第一流的"。

防御辽军南下，马匹作为"国之武备"是必须重点建设的。宋王朝以河北气候凉爽、水草充足，南近京都，北临边防线，在河北境内设立了官方最大的牧养战马的牧马监。据《宋史·兵志·马政》记载：宋真宗"景德二年，改诸州牧龙坊悉为监，赐名，铸印以给之。在外之监十有四：大名曰大名，洺州曰广平，卫州曰淇水，并分第一、第二。河南曰洛阳，郑州曰原武，同州曰沙苑，相州曰安阳，澶州曰镇宁，邢州曰安国，中牟曰淳泽，许州曰单镇。"这十四个牧马监中，大名一、二监，广平一、二监，淇水一、二监和安阳、镇宁、安国九监均位于河北，后来，位于河南的牧马监兴废不时，牧马都移牧于河北诸监。"凡牧监之在河南、北，天禧后，灵昌监为河决所冲。至乾兴、天圣间，兵久不试，言者多以为牧马费广而亡补，乃废东平监，以其地赋民。五年，废单镇监。六年，废洛阳监。于是河南诸监皆废，悉以马送河北。既而诏取原武监马赴京师，移河北孳生

① 《续资治通鉴长编》卷34，"淳化四年三月壬子"条。
② 《宋史》卷300《王沿传》。
③ 程民生：《论宋代河北路经济》，《河北大学学报》1990年第3期。

马牧于原武。"随着河北牧马数量的增加,"景祐二年,拣河北诸监马一千九百牧于赵州界,隶安阳监"。又神宗熙宁七年"后遂废高阳、真定、太原、大名、定州五监"。由此可知,河北牧地有 10 余处,分布于赵州、高阳、真定、卫、相、澶、瀛、定州和大名府之间。

牧马监不仅占地广大,而且所选择的土地多是良田美地,"凡牧地,自畿甸及近郡,使择水草善地而标占之。淳化、景德间,内外坊、监总六万八千顷,诸军班又三万九百顷不预焉"。内外坊、监和诸军班各自领有的牧马之地合计约有 9.89 万顷。到"治平末,牧地总五万五千,河南六监三万二千,而河北六监则二万三千"。治平末年,河北六监有牧马之地 230 万亩。又据当时相关规定,嘉祐八年,群牧司言:"孳生七监,每监岁定牝马二千,牡马四百,岁约生驹四百,以为定数。"可知每监大致饲养马匹 2800 余匹,又群牧司言:"凡牧一马,往来践食,占地五十亩。"这样,河北十余牧马监约占有农田 140 万余亩。牧马监一般饲养马匹的时候,还饲养牛、羊、骆驼之类的牲畜,以使马匹更好生长和充分利用牧地。宋代河北牧马地在 200 万亩左右,应该是正常的。

牧马监的设置,导致了与农耕之间的争地矛盾,随着宋辽和约的实施,双方战事减少,牧马监的牧地有时被农民占据,开垦成农田。神宗熙宁七年(1074)"诸监既废,淤田司请广行淤溉,增课以募耕者,而河北制置牧田所继言,牧田没于民者五千七百余顷"[1]。

宋代也是黄河等河流频繁泛滥、改道的时期,直接影响了河北的农业经济。黄河自东汉王景治理之后,安流了近 800 年,到了唐朝末期,下游河道已经淤高,黄河下游河口段就在 893 年发生了改道。进入五代,黄河决口频率提高,据统计,五代的 53 年内有 37 次决溢,平均一年零 5 个月1 次。北宋时期,黄河的改道、泛滥时常发生,1048 年,黄河在澶州商胡埽(今濮阳燕昌湖集)决口,北流至天津入海,形成黄河北派;1060 年,黄河又在魏县(今河北大名东)决出一条分流,东北流经今马颊河入海,是为黄河东派。自 1048 年至北宋灭亡,黄河时而北流(共49),时而东流

---

① 《宋史》卷 198《兵志·马政》。

（共 16），时而两股并行（共 15），时而决入梁山泊分南北清河入海。在北宋的 167 年间，决、溢、徙 165 次，平均一年一次，比五代时期还要频繁。① 其他诸河也多有河患，《宋会要辑稿·食货一》："河北郡县，地形倾注，诸水所经。如滹沱、漳、塘，类皆湍猛，不减黄河，流势转易不常，民田因缘受害，或沙积而淤昧，或波啮而昏垫，昔有者今无，昔肥者今瘠。"

黄河等诸河流的决溢、改道，人工开辟的陂塘军事防御工程，以及饲养马、牛、羊等的群牧监的设置，造成了河北自然环境的重大变化，也给河北的经济生产打上了明显的军事印迹。王沿上书议论道："河北为天下根本，其民俭啬勤苦，地方数千里，古号丰实。今其地，十三为契丹所有，余出征赋者，七分而已。魏史起凿十二渠，引漳水溉斥卤之田，而河内饶足。唐至德后，渠废，而相、魏、磁、洺之地并漳水者，累遭决溢，今皆斥卤不可耕。故沿边郡县，数蠲租税，而又牧监刍地，占民田数百千顷，是河北之地，虽十有其七，而得赋之实者，四分而已。以四分之力，给十万防秋之师，生民不得不困也。"②

地处边塞的地理位置和长期的生产、生活的军事特性，对河北地区的居民产生了极大的影响。苏辙在使辽期间谈道："居民异风气，自古习耕战。""夫耻怯尚勇，好论事，甘得而忘死，河北之人殆天性然。"③ 屡经战火洗礼的河北人，大都好斗敢战，民风彪悍，这也成为宋政府可资利用以抗辽军的资源。治平元年，宰相韩琦言："古者籍民为兵，数虽多而赡至薄。唐置府兵，最为近之，后废不能复。今之义勇，河北几十五万，河东几八万，勇悍纯实，出于天性。而有物力资产，父母妻子之所系，若稍加练简，与唐府兵何异？"建议朝廷在陕西、河北等地招募义勇。建议得到采纳。熙宁三年十二月，知定州滕甫言："河北州县近山谷处，民间各有弓箭社及猎射人，习惯便利，与夷人无异。欲乞下本道逐州县，并令募诸色公人及城郭乡村百姓有武勇愿习弓箭者，自为之社。每岁之春，长吏就

---

① 水利电力部黄河水利委员会编：《人民黄河》，水利电力出版社 1959 年版，第 42 页。
② 《宋史》卷 300《王沿传》。
③ 《宋史》卷 284《宋庠附宋祁传》。

阅试之。北人劲悍，缓急可用。"从之。①

弓箭社是河北百姓自发组织起来的，以保护家园。"不论家业高下，户出一人。又自相推择家资武艺众所服者，为社头、社副、绿事，谓之头目。带弓而锄，佩剑而樵，出入山坂，饮食长技与北虏同。""今来弓箭社人户既处边塞，与北人气俗相似，以战斗为生，寝食起居，不释弓马，出入守望，常带器械，其势无由生疏。"② 弓箭社这一民间自发组织形式后为政府利用，作为维护地方社会治安和抵御辽兵的重要力量。

第四节　金元时期燕赵文化的形成

一　地理区位的政治转换与地域文化

金元时期是燕赵民风渐变的时期，这一时期的民风开始由秦汉以来的"慷慨悲歌"之气，转而崇尚奢华之风。这一民风的改变与河北在金元时期的政治、军事定位的改变、地区人口构成的变化有很大的关系。

在元代之前，河北地区在全国政治、军事中的定位是在不断变化的，这种变化一直延续到元代。先秦时期群雄争霸，河北是燕、赵争雄的大后方，是割据一方的诸侯腹地，由此形成北燕南赵。第一个变化发生在秦统一全国之后，秦汉直到五代时期，河北始终是中原王朝的北方军事重地和重要的粮食供应地。第二个变化是此后的辽代，河北地区的北部从中原王朝防御北方游牧民族侵扰的军事重地，变成了北方游牧民族南下扩张其势力的军事前哨。第三个变化是在金代，河北又从游牧民族的军事前哨变成了北方割据政权的腹地，北京城由此崛起而成为北方的政治中心，也成为河北地区的政治中心，从此之后，河北的政治朝向和文化朝向开始由向西（长安或洛阳）、向南（开封），转而向北，由政治、文化的附属地区，变成政治、文化的核心区，京师腹地。这一变化是实质性、革命性的。第四个变化是在元代，北京城开始从北方割据政权的政治中心变成全国一统王

①　《宋史》卷 190《兵四》。
②　《苏轼集》卷 64《奏议十首·乞增修弓箭社条约状二首》，吉林文史出版社 1997 年版。

朝的政治中心，河北作为京师腹地的政治、军事定位再无法被其他地区所撼动。此后的明朝和清朝，河北的政治、军事定位得到持续加强，保持着全国政治中心区的地位。

受到地区定位变化的影响，这里的风俗习惯也随之而发生变迁。在元代定都之前，生活在这里的人们，其观念中的一个重要的主题就是战争，特别是河北北部、西北部地区（原燕赵边地）。在辽代之前，是中原王朝与北方游牧民族的长期军事对抗；在辽金时期，则是辽、宋与金、宋之间的长期军事对抗。甚至到了元代初年，仍然存在了很长一段时间的军事对抗。生活在这种社会背景下的民众如果没有"尚武"的精神，是不可想象的。而风俗习惯的形成与发展，必然要受到"尚武"精神的很大影响。

元朝统一天下之后，由战火频起、护卫京师安全的地区，变成了全国的都城所在地，成为全国都要保护的地区，即全国最安全的地方；北京城也成为达官贵人、巨商大贾们聚集最多的地方，还是总体消费水平最高的地方。这种定位的巨大变化，对社会风俗的影响也是巨大的。在人们的生活中，至少是在大多数人们的生活中，战争的观念已经渐渐远去，"尚武"的精神也随之而渐渐淡化。取而代之的，是人们的生活变得越来越奢靡，从元代到明清，动乱越来越少，和平时期越来越长，人们生活中的奢靡惯性对社会风俗变化的影响也就越来越大。

二 农耕经济的复兴

建立金朝的女真人和元朝的蒙古人都是草原民族，以畜牧为主，随水草而居。在他们南下进入中原地区之后，经过一段时间的对农业的破坏与认识，无论是金朝统治者还是元朝的统治者都接受了农耕经济。农耕经济在草原民族手中的复兴，标志着草原民族尚武之风渐弱与崇文好农之风的渐盛。

伴随着金政权的建立，大量女真人以猛安谋克组织形式南下进入中原地区，据《大金国志》记载，金朝末大名府、河北诸路有猛安130多个，人口数量约有397万。金朝政府为了保持统治者的地位、加强对征服民族的防御，南下的女真人都以猛安谋克组织，独立居住，"所居之处，皆不在州县，筑寨村落间。于千户百户虽设官府，亦在其间"①。即猛安谋克组织虽然杂处于汉族村落之间，但是有属于自己的一个独立的管理系统，与当地的汉族不相混杂。但是，这种情况在金朝初期运行的比较好，随着时间的推移，杂处双方间的交流增多，融合也是必然的现象，到金世宗时期，"山东、河北猛安谋克与百姓杂处"的情况已很普遍了。② 故此，金世宗于大定年间，对猛安谋克组织进行了大规模的整顿，以求维持最初的状态。南下的女真人虽然都处于猛安谋克组织的管理之下，然而受生活环境变迁的影响，他们也都开始从事农耕生产，土地、耕牛都由金政府提供。这也在某些方面促进了女真人与汉人的融合，也促使了河北等地区农业经济的恢复。

经过金代初期的动荡，河北等地区逐渐稳定下来，农业得到恢复，据宋徽宗宣和六年（1124）出使金国的许亢宗亲眼所见："东自竭石，西彻五台，幽州之地，沃野千里……山之南，地则五谷百果、良材美木，无所不有。"涿州（今河北涿州）即是"人物富盛，井邑繁庶"。燕京（今北京）就更加繁荣，"户口安堵，人物丰庶……城北有市，陆海百货萃于其中。僧居佛寺冠于北方，锦绣组绮，精绝天下。蔬旅、果实、稻粱之类，靡不毕出，桑柘、麻麦、羊豕、雉兔，不问可知"③。到金世宗时期，"中都、河北、河东、山东久被抚宁，人稠地窄，寸土悉垦"。④ 大定九年（1169），南宋使者楼钥进入河北境内后，发现"自此州县有城壁，市井繁盛，大胜河南……自南京（今河南商丘）来，饮食日胜，河北尤佳。可知其民物之盛否"。定州的新乐县（今河北新乐东北）"尤繁庶"⑤。农业恢复的另一表现是丝织业的发展，据《金史·地理志》载，河北仍然是丝织业生产的重要地区，金政府在燕京设署织造外，还在真定和河间设立绫锦院。出产丝织品的州县也有不少，如涿州产罗，河间府产无缝锦，大名府产皱、縠绢，平州（今卢龙）产绫。金代河北地区的丝织业总体水平虽然

① 《大金国志》卷3《屯田》。
② 《金史》卷92《曹望之传》。
③ 《大金国志》卷40《许奉使行程录》。
④ 金吾：《金文最》卷88，中华书局1990年版。
⑤ 楼钥：《北行日录》，《丛书集成初编》，中华书局1991年版。

比不上北宋时期，但是仍然获得持续的发展。

元代河北农业经济的恢复是从元世祖忽必烈时期开始的，虽然在此之前，忽必烈曾用汉法治理邢州，取得了良好的社会效果。忽必烈登基之后，在汉臣的辅助下，多采纳汉法以治汉地，对农业也是很重视，命臣下编辑《农桑辑要》作为指导全国农业生产的书籍，又在中央成立劝农机构，在地方设劝农使。中统二年（1261），姚枢任大司农，陈邃、崔斌、成仲宽、粘合从中等任滨棣、平阳、济南、河间劝农使。李士勉、陈天锡、陈膺武、忙古带为邢洺、河南、东平、涿州劝农使。至元七年（1270）立司农司，后改为大司农司，掌管农桑、水利、饥荒、学校等事务。确立了"国以民为本，民以衣食为本，衣食以农桑为本"的重农思想，促进了农业的发展。

元代在河北平原地区种植了麦类、粟类、水稻、大豆等农作物，小麦是河北种植最广泛的农作物，北部的涿州、南部的邯郸、中部的真定路和保定路等都有大面积的种植，一到春天就呈现出"穰穰黍麦青"的田园景色。粟类在河北的种植也不少，广平路、真定路、大都路、河间路等都有种植，粟还是广平路百姓的主要纳税粮食。水稻的种植因受水热等条件的限制，种植范围不及麦类与粟类，元初有人在保定清苑地区引蒲水为稻田，新城县还有一些稻、麦轮作区，"春麦收来秧稻谷"。大都地区水源较好，水稻的种植较其他地区多，如范阳"土风宜麦与稻"。豆类对土壤的要求不高，又可作为饥年的充饥食物，河北多有种植，滹沱河沿岸"禾麻菽麦郁郁弥望"；真定路一带的种植不在少数，元政府曾向这里征豆等以实河仓。据《析津志辑佚·物产》所载，豆类有黑豆、小豆、绿豆、白豆、赤豆、十八豆等品种。亩产量平均在 2 石左右，在全国来说并不是很高，所以，从元代开始统治者始终将注意力放在江南，而对腹内的农业关怀不够。虽然也有不少的努力，但是受河患、干旱、蝗灾等自然灾害的影响，始终没有解决好这一问题。

元代在河北还有一些屯田，据《元史·兵志》载，屯田是从中统三年（1262）开始的，到至大元年（1308）仍保持着。屯田主要分布在永清、河西务、霸州、保定涿州、河间、武清、新城等地区，从事屯田的军卒达到 2.2 万人左右，屯田数达到 1.3 万顷。

第五节 疆界、国家与节义

一 国界意识的形成与士大夫"士"风

自秦统一全国以来，历经汉唐，都强力向外拓展疆域，而疆域边界的形成又与农耕文明适宜区域的边界大致相同，最为明显的就是秦代的疆域边界。秦代的北部和西部疆界基本上与我国的 400 毫米等降水量线相重合，400 毫米等降水量线是我国一条重要的地理分界线，它是我国的半湿润和半干旱区的分界线，也是东部季风区与西北干旱半干旱区和森林植被与草原植被的分界线。自然资源的禀赋也使这条线成为农耕文明与游牧文明的分界线，所以，无论是秦汉还是隋唐，当它们将自己的疆域边界推进到这条自然分界线时，就已达到了理想状态和心理上的需求，无意将以传统农业为基础的政权疆界拓展到农耕线以外。在历史上多次出现了捐弃关中地区以西的"荒蛮之地"的争议，东汉建武十一年（35），"是时，朝臣以金城破羌之西，涂远多寇，议欲弃之。援上言，破羌以西城多完牢，易可依固；其田土肥壤，灌溉流通。如令羌在湟中，则为害不休，不可弃也。帝然之"①。北宋元祐初，司马光将弃河、湟之地。孙路挟舆地图示司马光曰："自通远至熙州才通一径，熙之北已接夏境，今自北关辟土百八十里，濒大河，城兰州，然后可以捍蔽。若捐以予敌，一道危矣。"司马光幡然醒悟曰："赖以访君，不然几误国事。"议遂止。② 关中之西北地区之所以会遭到多次捐弃之议，概因为这些地区已超越了传统的农耕区的范围，在士大夫的眼中已是荒蛮之地了，是可以放弃的地区。反对捐弃"蛮荒"地区的大臣都是从"蛮荒之地"具有捍蔽传统农业区的战略角度，来分析这些"蛮荒之地"的重要性，而非是"王畿"地区。

北宋时期，幽云地区对士大夫而言是传统的"王畿"地区，而非"蛮

---

① 《后汉书》卷 24 《马援传》。
② 《宋史》卷 332 《孙路传》。

荒之地"，故而幽云地区是必须夺回来的。占据幽云"王畿"地区的是"夷狄"契丹族，故而"尊王攘夷"成为北宋士大夫的历史使命了。石介在《中国论》中指出："居天地之中者曰中国，居天地之偏者曰四夷。四夷外也，中国内也。天地为之平内外，所以限也。夫中国者君臣所自立也，礼乐所自作也，衣冠所自出也，冠昏祭祀所自用也，衰麻丧泣所自制也，果瓜菜茹所自殖也，稻麻黍稷所自有也。东方曰夷，被发文身，有不火食者矣。南方曰蛮，雕题交趾，有不火食者。西方曰戎，被发衣皮，有粒食者。北方曰狄，毛衣穴居，有不粒食者。其俗皆自安也，相易则乱。"中国居天下之中，四夷居外，是天地自然划定的，只有"四夷处四夷，中国处中国，各不相乱，如斯而已矣，则中国中国也，四夷四夷也"①。古代中国人的"中国"常常是一个关于文明的观念，而不是一个有着明确国界的政治地理观念。在中国古人心目中，由于相信天下并没有另一个足以与汉民族相颉颃的文明，因此相当自信地认为，凡是吻合这种文明的就是"夏"，而不符合这种文明的则是"夷"，这个时候，国家的民族因素、空间和边界因素，都是相当的薄弱。

这种情况一直延续到唐代，到唐代中叶，情况才发生了根本性的变化，而到了宋代，这种变化更是剧烈。宋代虽然出现了统一的国家，但是，燕云十六州被契丹所占有，西北方的西夏国与宋对抗，契丹与西夏对等地与宋同称皇帝。民族和国家有了明确的边界，天下缩小成中国，而四夷却成了敌手。宋辽间的"南北朝"称呼，使得中国第一次有了对等外交的意识，漫无边界的天下幻影散去后，边界的划分、贡品的数量、贸易的等价、使节的礼仪等，都开始告诉人们"他者"的存在。②

宋人不再是东亚世界的中心，而面对北方的强邻，宋人可谓居于弱者的地位。东亚世界显然已是一个列国共存的国际社会。在这一国际社会中，合纵连横，盟会与战争，都取决于国力的强弱，也受经济利益的影响。岁币是以财富移转的方式换取和平地位的做法，例如朝贡与册封，可维持稳定的贸易关系，则又是以国际关系换取经济利益了。

---

① 《徂徕石先生文集》卷 10，中华书局 1984 年版，第 116 页。
② 葛兆光:《宅兹中国》，中华书局 2011 年版，第 49—51 页。

汉唐的中国，有一个多重同心圆的网络，以安排中国与四邻的关系，遵循古代文化秩序与政治秩序叠合的理想形态，五服或九服的结构中，中国居于中央，由此一层一层推展不同的政治单元与中国的相对关系。册封朝贡的制度由此而编织列国于天朝上国的四周。汉代的归义侯及唐代的羁縻府州，加上屯戍的军队，也都是维持普世帝国秩序的运作方式。唐中叶以后，这一理想秩序已明显崩溃，宋代的中国本土已不再有普世帝国的格局，中国其他部分的辽、金、元，都是由部族进入中国。在制度方面，他们必须保留自族的传统，又难免吸纳帝国的框架，却终于是两者的凑合，不能发展成为普世帝国。虽以蒙元的狂飙欧亚大陆，建立了一个空前的庞大军事帝国，却不能整合为一个普世秩序，终于难免分崩离析，解散为几个地方性的汗国。

宋人地处中国本部，继承中国政治文化的传统，普世帝国的朝代，终究是历史上留下的记忆。唐代帝国的华夷胡汉意识并不强烈，宋人则于夷夏之辨，十分认真，而民族意识于普世帝国理念，终究如圆凿方枘，不能相容！①

民族意识的形成，夷夏之辨的强化，使《春秋》学在宋代兴盛一时，代表者如孙复的《春秋尊王发微》、刘敞的《春秋权衡》、王晳的《春秋皇纲论》、孙觉的《春秋经解》、欧阳修的《诗解统序》，以及苏辙的《苏氏春秋集解》等，都申述尊王大义，讲夷夏大防。河北地处"夷夏大防"的核心地带，春秋大义、人臣之节的思想文化传播影响很大，河北"人性质厚少文，多专经术，大率气勇尚义，号为强忮"的文化风貌正是在这一学术氛围下形成的。出生于河北恩州（今河北清河）的何茂宏，其原籍是两浙路婺州义乌（今浙江义乌），"故公之状貌端厚，意象轩耸，而胸次疏豁。是非长短，人得以望而知之。读书为文，亦不肯过为巧丽，取于适用而已。大略似北人者。岂其风土固如此？"②祖籍江浙的何茂宏却因在河北出生，更多地受到北方民风的影响，质朴尚义，既有崇文之德，又具粗犷之气。

---

① 许倬云：《万古江河：中国历史文化的转折与开展》，上海文艺出版社2006年版，第169—170页。

② （宋）陈亮：《陈亮集》卷36《何茂宏墓志铭》，中华书局1987年版，第472—473页。

二　关羽崇拜与"忠义"民风

宋代的关羽崇拜助推了燕赵"忠义"民风的形成。北宋建立以来崇文抑武，形成了有宋一代的文弱之气。自太祖、太宗、真宗三朝，多承继了隋唐五代以来的尚武之风，代有名将涌现，仅在河北地区就形成了大名、真定、冀州、定州等地域特征很强的武将群体。仁宗之后，崇文政策产生了明显的社会效果，不仅武将数量明显少于文臣，而且武将的社会地位也明显低于文臣。以河北路为例，太祖、太宗、真宗三朝河北路有武将 57 位，文臣有 46 位；仁宗、英宗、神宗时期出武将 14 位，而文臣有 45 位，远超武将数量；哲宗、徽宗、钦宗时期出武将 1 人，文臣却有 21 位。① 武将数量不仅逐年减少，而且武将的后代也多弃武从文或沉寂无闻。如冀州籍武将主要活动在太祖时期，到真宗统治前期都退出了历史舞台。而且，其子孙不昌，亦是其共同的特点。② 武将的衰弱期与北宋朝对外的战争由积极进攻转为被动防守期相吻合，宋代文弱，外有强敌侵边，内有奸臣当道，无论是百姓还是统治者都渴望有一位儒雅武勇的武将，为百姓打不平，主持正义，为统治者戍边御敌。这种心理上的渴求，物化成对关羽的崇拜。

北宋时期城市经济发达，商业繁荣。市井文化兴起，成为百姓生活的一部分。勾栏、酒肆、茶楼等都已是平时市民休闲娱乐的场所。孟元老《东京梦华录》记载了北宋崇宁、大观以来，在京瓦肆伎艺："孙宽、孙十五、曾无党、高恕、李孝祥，讲史。李慥、杨中立、张十一、徐明、赵世亨、贾九，小说。王颜喜、盖中宝、刘名广，散乐。……孔三传、耍秀才，诸宫调。毛祥、霍伯丑，商谜。吴八儿，合生。张山人，说诨话。刘乔、河北子、帛遂、吴牛儿、达眼五，重明乔、骆驼儿、李敦等，杂扮。外入孙三，神鬼。霍四究，说《三分》。尹常卖，《五代史》。文八娘，叫果子。其余不可胜数。不以风雨寒暑，诸棚看人，日日如是。"③ 说《三分》讲的就是三国时期的故事，在民间说唱艺术中，关羽已成为百姓最喜

---

① 程民生：《宋代地域文化》，河南大学出版社 1997 年版，第 132、133 页。
② 石志生、秦进才主编：《冀州历史文化论丛》，河北人民出版社 2010 年版，第 437 页。
③ 孟元老：《东京梦华录》，中国商业出版社 1982 年版，第 32 页。

爱的人物，关羽在宋代能受到百姓喜爱，郑咸在《元祐解州重修关庙记》中说："谓侯英武善战，为万人敌耳。此不足以知侯也。""知侯"是如何认识关羽，郑咸回答道："方汉之将亡，曹孟德以奸雄之资，挟天子以据中原，虎视邻国，谓本初犹不足数，而况其下哉！独先主区区欲较其力而与之抗，然屡战数败矣。士于此时怀去就之计者，得择主而事之，苟不明于忠义大节，孰肯抗强助弱，去安而即危者。夫爵禄富贵，人之所甚欲也，视万钟犹一芥之轻，比千乘于匹夫之贱者，岂有他哉！尽忠而义胜耳。侯以曹公名为汉臣，实汉仇也。而先主固刘氏之宗种，侯尝爱汉爵号矣，苟为择其所事，则当与曹乎？当与刘乎？曹、刘之不敌，虽愚者知之，巴蜀数郡以当天下之半，其成功不可待也。侯岂以此少动其心哉！秋霜之严，见晛则消；南金之坚，遇刚则折，而侯之忠义凛然，虽富贵在前，死亡在居，不可夺也。孔融、杨修皆巨德元老，一日少忤曹公，乃戮而囚之。侯为曹公顷所得，不敢加无礼焉，比其去也，熟视而不敢追，然则侯之所以胜曹公者多矣。盖有以服其心而折其气，岂在行阵间乎？"① 郑咸指出了关羽受百姓喜爱和尊敬的原因在于关羽对刘氏汉政权的忠，对桃园三结义的义，并不仅仅靠超群的武艺。

　　"安史之乱"后导致了封建秩序的混乱，"置君犹易吏，变国若传舍"②，"天子宁有种耶？兵强马壮为之尔！"③ 重建封建等级秩序是宋代儒者的时代使命，他们尤其看重《春秋》，讲究"尊王攘夷"之大义，故而有宋一代研治《春秋》者尤多。关羽"好《左氏传》，讽诵略皆上口"④。史称关羽有"国士之风"。关羽的忠勇尚义，与宋代社会的需求十分契合，宋儒自然而然地将他的忠义神勇同尊王诛贼的春秋大义联系在一起，大加渲染，再造出了一代儒将形象。尽管宋元时期佛教和道教分别崇奉关羽为"监坛护法"、"崇宁真君"，但无论是在佛教寺院里还是在道教宫观中关羽形象并非释、老装束，而是一副典型的儒将派头：头顶绿色夫子盔，身着

---

① 蔡东洲：《关羽崇拜研究》，巴蜀书社 2001 年版，第 68 页。
② （宋）欧阳修：《新五代史记序》。
③ 《新五代史》卷 51《杂传·安重荣传》。
④ 《三国志》卷 36《关羽传》引《江表传》。

绿色袍，一手梳理长须，一手执《春秋》。这正是宋元儒士对关羽进行儒化改造在神龛上和戏曲中的艺术反映。①

关羽在得到北宋百姓与儒士们的尊崇之后，也开始受到统治者的重视，仁宗、哲宗和徽宗三帝，或赐关羽庙额，或加封关羽爵号，哲宗绍圣二年（1095）五月赐额"显烈"，徽宗崇宁元年（1102）十二月封武惠公，大观二年（1108）进封武安王。自三国至隋唐时期，对关羽祭祀、崇拜尚处于初始阶段，也是地域性的，荆州作为关羽镇守之地、解州为其祖籍、涿州是结义之地，当时百姓修建有关庙。唐朝时，关羽被列入武庙，武庙的主神是武成王姜太公，关羽只是配祀武成王的 64 员名将之一，其地位没有什么特殊之处。自宋徽宗的三次加封之后，关羽越乡侯、县侯，封公而进王，连升数级，迈出了由人到神转化的关键一步，被宋朝编入《正祀录》，成为国家崇祀的正神。② 关羽崇拜发展成为全国性文化现象，关羽祠庙随之大量涌现。据现存文献资料、石刻资料记载，宋、金、元时期关庙已遍布天下，而以荆楚燕赵居多。元儒郝经的《汉义勇武安王庙碑》载："（士）起义涿郡，战争于徐兖，奔走于冀豫，立功于江淮，而投于荆楚，其英灵义烈遍天下，故所在有庙祀……而燕赵荆楚尤为笃，郡国州县乡邑闾井皆有庙。"燕赵荆楚敬奉关羽尤为虔诚，关庙亦多于其他地方。关庙的祭祀活动，从金代起已固定为农历五月十三日。元代盛行五月十三日及九月十三日一年两祭。相传五月十三日是关羽生日，而九月十三日致祭不知何由。按清人俞樾的解释，是关羽于秋季水淹于禁七军之故。③

此后各朝对关公的崇拜有增无减，明清为盛。万历二十二年（1594），明神宗加封关羽为"协天护国忠义大帝"，并改关庙名称"忠武"为"英烈"，关公至此晋位为帝；万历四十二年（1614），明神宗加封关公为"三界伏魔大帝神威远镇天尊关圣帝君"。关公已由普通的民间小神晋升为位高号尊的帝王。清朝历代皇帝笃信关公，大造关庙，崇德五年（1638），

---

① 蔡东洲：《关羽崇拜研究》，巴蜀书社 2001 年版，第 70—71 页。

② 同上书，第 78 页。

③ 张雪年：《关羽与关羽文化》，武汉出版社 2006 年版，第 116 页。

皇太极在盛京敕建关帝庙，亲赐"义高千古"匾额。顺治九年（1652）四月，敕封关羽为"忠义神武关圣大帝"，规定"以四月初八、五月十三日祭，六月二十四日以太牢祀"①。雍正帝又追封关帝曾祖为光昭公、祖裕昌公、父成忠公，并设殿以时祭祀。又将关羽的后裔"授为世袭五经博士，以奉祀事"②。乾隆五年（1740），颁定祭祀关帝庙的祭品和仪注，享国家高规格的祭祀，并敕封关羽为"忠义神武灵佑关圣大帝"。到清末，对关公的封号累加追封长达 26 字，"忠义神武灵佑仁勇显佑护国保民精诚绥靖翊赞宣德关帝圣君"，香火空前鼎盛。

　　宋代官方和百姓对关羽的崇拜，以及对关羽的儒化，推动了燕赵"忠义"民风的发展。关羽的"忠义"和"武勇"成为燕赵民众学习的对象。

---

① 乾隆《山西通志》卷 167《祠庙》，华文书局 1969 年版。
② 《清朝文献通考》卷 105《群祀》，浙江古籍出版社 1988 年版。

第七章　质朴劲勇,耕织为生

——明朝时期的燕赵文化

第一节　明朝燕赵地区的民风文化

明朝建立之初,定都南京,一改辽金元时期的都城选择,燕赵地区再一次成为镇守北部边塞、防御蒙元南下的军事重地。明政府在燕赵地区设有北平布政使司,又部署了许多都司卫所,同时封朱棣为燕王镇守之。"靖难之役"之后,永乐帝已准备迁都北平(今北京),1421年正式迁都北京。明朝都城的北迁,使燕赵地区又恢复了金元时期的京畿地位。然而,这时的京畿与金元时期已有本质上的区别。金元的建立者都来自北方草原,南下建都北京之后,重要的防御方向是南方,北部草原却成为金元的重要根据地,如元朝在沿袭辽金朝的"四时捺钵"制度基础上,始终保持着两都制度,正如陈高华所指出的:大都和上都分别是治理汉地和联系蒙古本部的中心,"将大都定为首都,不但可以加强蒙古政权在中原的统治,还为实现统一全国的政治愿望准备了条件。以上都作为陪都,保持蒙古旧俗,联系蒙古宗王和贵族,则为蒙古民族的发展提供了较好的条件"[1]。在朱元璋的军队打到元大都时,元朝皇帝率大臣们能全身而退至上都开平(今内蒙古自治区锡林郭勒盟正蓝旗)重建元朝(史称北元),足见北部草原对他们的重要性了。

北元的出现,使燕赵地区既是京畿重地,又是防御前线。永乐帝迁都之时,

---

① 陈高华、史卫民:《元上都》,吉林教育出版社1988年版,第31页。

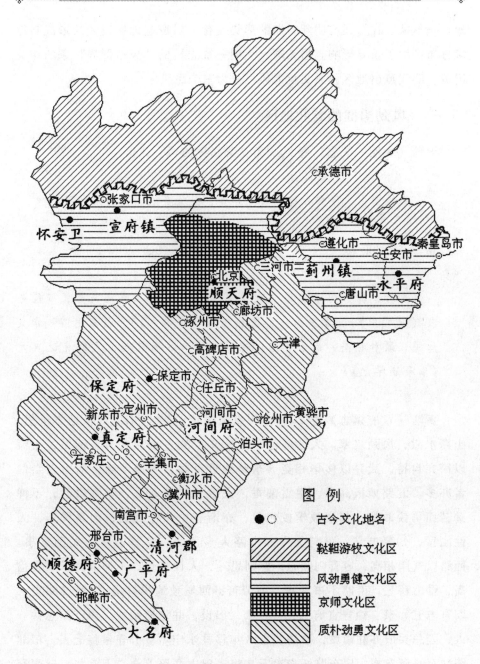

图 7-1 明朝时期的燕赵文化分布示意图

也将南京的驻防部队调到了北京周围,众多的卫所部队分布在了幽并之地。燕赵地区在金元与明朝时期的形势变化,对燕赵地区民风的形成与地域分布产生了重要影响。据天顺《大明一统志》的"风俗形势"条的相关记载,明代燕赵地区民风文化大体可分为三个民风区。

一 风劲勇健的冀北地区

天顺《大明一统志》卷5,"万全都指挥使司"风俗:

> 人性鸷悍,不惮战阵,喜立功业,勤俭务农,无浮末之习。

卷5,永平府:

> 人性劲悍,习于戎马(《隋书·地理志》)。人尚义勇,节俭务农(《元志》)。孝义为先,质朴相染(《郡志》)。昌黎之俗:孝义为先,质朴相染,勤于栽植,趋于稼穑。习尚朴茂,人好礼让(元《乐亭庙学记》)。

嘉靖《宣府镇志》卷20《皇明宣镇风俗论》:"旧志曰:地方千里,山高水激,风劲气寒。人性勇健,悖信义,故多贞烈之节。镇城,士流以简亢自持,武弁以侈华相竞。东路地近京师,习尚浮靡,而力农崇俭者亦多。北路地极高寒,霜雪偏蚤,人多于山泽业农,暇则讲武,不惮勤苦而勇锐敢战,其俗被学校之化,亦渐有中州之风焉;山高风烈,人性刚猛,知慕忠义,可与为守。中路人多勇力,不惮战阵,尤勤家事。西路以气岸相高,容喜则倾心,怒则思斗,人性骁悍,不惮战阵,服食俭啬,勤力耕艺。南路不事奢华,耐劳苦,西城独鸷悍好讼。"据《明史·职官志五》载:镇守宣府总兵官一人,旧设,驻宣府镇城。协守副总兵一人,副总兵旧亦驻镇城,嘉靖二十八年移驻永宁城。分守参将七人,曰北路独石马营参将,曰东路怀来永宁参将,曰上西路万全右卫参将,曰南路顺圣蔚广参将,曰中路葛峪堡参将,曰下西路柴沟堡参将,曰南山参将。游击将军三人,坐营中军官二人,守备三十一人,领班备御二人。万历八年革。① 宣府镇是明朝防御蒙元南下的九镇之一，是京师的北大门，下分东、西、南、北、中五路布防，每路都由参将统领，总于宣镇总兵。结合《宣府镇志·兵籍考》，"北路独石马营参将"管辖开平卫城、龙门卫城、龙门所城、云州所城、长安所城、赤城堡、马营堡、雕鹗堡、滴水崖堡、金家庄堡、青果堡、牧马堡、镇宁堡、镇安堡，即今河北张家口的赤城县境；"东路怀来永宁参将"管辖永宁城、怀来城、保安州城、隆庆州城、四海冶堡、鸡鸣驿等地，即今河北张家口的怀来县、宣化县南和北京的延庆区；"上西路万全右卫参将"和"下西路柴沟堡参将"管辖万全左卫、万全右卫、怀安城、柴沟堡、洗马林堡、新开口堡、新河口堡、张家口堡、渡口堡、膳房堡、西阳河堡、李信屯、宁远堡等，即今河北张家口的市区、万全县、怀安县等地；"南路顺圣蔚广参将"管辖顺圣西城、顺圣东城、蔚州城、广昌所城、深井堡、黑石岭、鸳鸯站等，即今河北省张家口的阳原县、蔚县和宣化县南部等地；"中路葛峪堡参将"管辖葛峪堡、大白阳堡、小白阳堡、青边口堡、羊房堡、常峪堡、赵川堡、隆门关等地，即今河北张家口市至赤城县之间的宣化县北部地区。② 宣府辖境较大，宣化镇城（今张家口的宣化区）和各路民风虽然有些差异，如镇城是军队驻守的中心，军官、军士是城中的主要人口，也是明朝与蒙古开展边贸的地方，形成武人们的"侈华相竞"之风气；东路的怀来、延庆等地，因受京师的影响而尚浮华。但是，从总体上来说，耐寒苦、尚勇惇义，是整个地区共同的特点，《重修保安学记》曰："其地为北门要冲，永乐乙未即复置州，然为民屯十数，编户不过百数。五方之人各一其性，土著之人十无二三而。又极邻胡虏，必以军堡戍守，杂以戈殳甲胄之士。唐新州记曰：俗尚武艺。盖今犹然。"③ 到了清朝初期，这里的民风依然如故，"民性刚直强悍"、"边风刚劲习武者多"、"士风从厚"④。

　　永平府，治所在今河北省卢龙县，包括现唐山市大部分地区、秦皇岛

　　① 《明史》卷76《职官志》。

　　② 嘉靖《宣府镇志》卷21《兵籍考》。

　　③ 《宣府镇志》卷16《学校考》。

　　④ 雍正《畿辅通志》卷12《风俗》"宣化府"所引《赤城县志》、《西宁县志》、《怀来旧志》。

大部分地区和辽宁省西南部地区。位于燕山之北,也是明朝防御蒙元南下的重要地区,在此设有蓟州镇,镇总兵初驻桃林口,后移迁安寺子峪(也称狮子峪),天顺年又移三屯营(今河北省迁西县境内)。管辖的长城最初东起山海关,西至镇边城(原名灰岭口),自增设昌平镇后,西改至慕田峪(今北京市怀柔区境)。管辖的长城东起山海关,西至慕田峪,全长880余公里。从《明一统志》所载,反映出永平府民风淳朴,重视农业,不尚浮华,又特别崇尚礼义。此地民风也在其他方志中有记载,山海关是京师东北的重要门户,边关战事时有发生,民风尚武慕义,《山海关志》云:"负气任侠,慷慨激壮。""弦诵风微,技击习炽。"《卢龙县志》亦有"人多刚猛而尚才勇,士好礼让"①。民风的另一特色是淳朴而好稼穑,承继了宋元以来的民风传统,故而《府旧志》记载:"孝义为先,质朴相沿,勤于毓材,趋于稼穑,洋洋乎美哉,是三五之淳风也。"②

二 尚浮华的京师地区

天顺《大明一统志》卷1京师"风俗形势"条:

> 多文雅士。《隋志》:自古言勇侠者皆出幽并,然涿郡、太原自前代以来多文雅之士,多技艺。《地志》:水甘土厚,人多技艺。
>
> 沉鸷多材力,重许可。唐《杜牧集》:幽并之地,其人沉鸷多材力,重许可。
>
> 多感慨悲歌之士(唐韩愈《送董邵南序》)。
>
> 自古号多豪杰。宋《苏轼集》:幽燕之地,自古号多豪杰,名于国史者往往而是。
>
> 人性宽舒(《舆地记》)。
>
> 劲勇而沉静(宋苏轼《燕论》)。
>
> 风俗朴茂。宋范镇《幽都赋》:风俗朴茂,蹈礼义而服声名。

---

① 雍正《畿辅通志》卷12《风俗》"永平府"所引《山海关志》、《卢龙县志》。
② 雍正《畿辅通志》卷12《风俗》"永平府"所引《府旧志》。

　　《大明一统志》引用了隋至宋代各时期文献人物对幽燕地区民风的评述，以总结京师地区的民风，即"多文雅士、重许可、人性宽舒、风俗朴茂"。这一总结大体反映了明初幽燕地区的民风情况，这从元末明初北平籍的文学家李延兴的诗文中也得到印证，其《上总戎》："大将军，出沙漠，万里河山尽开拓。马嘶紫塞霜草寒，雁飞白海烟涛阔。""明年草青春色浓，征人解甲醉卧林花红。我恨不识赵充国，又恨不识塞上翁，拔剑起舞歌春风"。《四库全书总目提要》论其诗文曰："其诗文俊伟疏达，能不失前人规范。长歌纵横磊落，尤为擅场。"① 陈田亦云："继本（继本名延兴）诗词峰磊砢，风格老成，有拔山盖世之气。明初北平诗家当以继本为开先。"② 李延兴博学多闻，名扬一时，开馆设教，"河朔学者，尊仰德业，担囊负笈，不远数百里来学"③。

　　随着京城的北迁，京师地区的民风也开始逐渐发生变化，特别是成化、弘治之后，京师民风与初期已有较大变化，引起不少文人的关注，如弘治时期的游潜记载道："燕赵河山钩距盘固百七十年，衣冠文物之化焕然盛备，旧习已移，其未纯者，冶容犷悍之俗尔。"④ 京师旧俗中只留下了女士喜好的浓妆艳抹和粗鲁剽悍之气。万历时期的谢肇淛记载道："京师风气悍劲，其人尚斗而不勤本业，今因帝都所在，万国梯航，鳞次毕集，然市肆贸迁，皆四远之货，奔走射利，皆五方之民，士人则游手度日，苟且延生而已，不知当时慷慨悲歌，游侠之士，今皆安在，陵谷之变，良不虚也。"⑤ 这一变化得到同一时期的王士性的印证，他在《广志绎》中说："燕、赵古称多悲歌慷慨之士，即如太子丹一事，何一时侠烈者之多也。千古侠骨如荆轲，不惜已头为然诺如樊於期，以死明不言如田光先生，荆卿所待与俱如狗屠，瞋目而筑撲秦王如高渐离，报仇而护穷交如燕丹。当时圣泽未远皆一行偏才，以末世视之，种种变何可及。至荆轲《易水歌》与《史》称'宾客皆白衣冠送'与'荆轲就车而去，终已不顾'二语，俱千古造化

　　①　《四库全书总目》卷168《集部二十一》，中华书局1965年版，第1456页。
　　②　陈田：《明诗纪事》甲签卷28，上海古籍出版社1993年版，第541页。
　　③　（元）李继本：《一山文集·原序》，上海书店影印本1994年版。
　　④　（清）于敏中等编纂：《日下旧闻考》卷146《风俗一》，《梦蕉诗话》，北京古籍出版社1981年版。
　　⑤　（明）谢肇淛：《五杂俎》卷3《地部一》，中华书局1959年版。

之笔。"现在去寻找荆轲、樊於期、田光等这样的人物已找不到了，"燕、赵古称多悲歌慷慨之士"也变成了沈德符对古人的一种追思，只好从《易水歌》中去发一声感叹了。① 幽燕地区作为京师经过一段时间的发展之后，受儒学等诸多方面的影响，金元以来的尚武民风有所转变，正是游潜所说的"衣冠文物之化焕然盛备，旧习已移"。这样的变化也让谢肇淛发出了"不知当时慷慨悲歌，游侠之士，今皆安在"的感慨。王岗通过对元明时期北京的端午节骑射风俗的变化分析了京师尚武之风的渐弱②，明代端午节骑射风俗，在北京仍十分盛行，"京师及边镇最重端午节……京师惟天坛游人最盛，连钱障泥，联镳飞鞚，豪门大估之外，则中官辈竞以骑射为娱。盖皆赐沐请假而出者，内廷自龙舟之外，则修射柳故事。其名曰'走骠骑'，盖沿金元之俗。命御马监勇士驰马走解，不过御前一逞迅捷而已。惟阁部大老及经筵日讲词臣，得拜川扇、香药诸赐，视他令节独优"。所谓的"走骠骑"，据明代人记载为："五月五日，赐文武官'走骠骑'于后苑。其制：一人骑马、执旗引于前，一人驰骑出，呈艺于马上，或上或下，或左右，腾掷趁捷，人马相得如此者数百骑后，乃衣蕃服臂鹰走犬围猎状，终场，俗名曰'走解'。观毕，赐宴而回。"清代人还专门摘出明人关于"走骠骑"的相关记载，"骠骑戏：明周宾所《识小编》：禁中端午，有龙舟、骠骑之戏。骠骑者，一人骑而持帜前行，后骑继之，各于马上呈弄巧技。盖以习骑乘云，实元制也。《彭时笔记》：五月五日，赐文武官走骠骑于后苑。即俗名'走解'者也。"骑射活动，分为宫廷与民间两个部分。宫廷的射柳活动，仍然是在皇城之内，已经变为"走骠骑"；而民间的骑射活动，则主要是在天坛的空阔之处。这一时期的骑射活动已经从皇家贵族、武将们练习征战技艺变为纯粹的全民性的娱乐活动，武将们也已经不再是活动的主角，而被太监们和"豪门大估"所取代。这种自唐代就兴起的骑射活动，在金元时期最为盛行，最初是以宫廷游戏和军旅游戏为主体，而逐渐增加了崇尚武功的文化内涵，历时数百年，最后，随着人们

---

① （明）王士性著，周振鹤点校：《广志绎》卷2《两都》，中华书局2006年版。

② 王岗：《元明时期北京风俗变迁考》，《北京历史文化研究——北京风俗史研究》，燕山出版社2007年版，第20—35页。

崇尚武功的意识不断退化,而又变成了以全民为主体的娱乐活动。特别是到明代中期以后,"尚武"之习俗渐衰,奢靡之风尚日盛,击球、射柳遂变为一种游戏。文武百官已经从骑射活动的参与者变成了旁观者,不再亲身体验骑马射箭、击球的技艺;原来骑射游戏中一争胜负的文化内涵也没有了,变成了纯粹的表演活动。

尚武民风的渐弱,使那些在军中服役之人也多不是勇武好战了。明隆庆初年,戚继光调任蓟州镇总兵官,负责京师北部边防。上任伊始,即由蓟辽总督谭纶出面,上疏请求征调三千名浙江士兵即"南兵"到蓟州镇,以增强防御。为何要调南兵来防御北敌?"夫燕、赵之人,素号骁健。昔人用之,北据强胡,西当秦晋,南却楚,东威齐,所向有成。古今天下,同一人也,何独今日之不然耶?""燕、赵之士,虽多慷慨,然近者锐气尽矣"。①

虽然从诸文人的笔下看到京师尚武之风的渐弱,然而他们依然记载了京师尚武之风的另一表现,如游潜所说的"犷悍","犷悍"即是粗犷勇悍;谢肇淛记载的"京师风气悍劲,其人尚斗而不勤本业";王士性的京师之人"又嗜辛辣肥釄,其气狂盛,多嗜斗狠,常以酒败,其天性然也"等。之所以游潜他们不认为这是京师尚武之风,主要是他们认为犷悍、悍劲、斗狠等,没有了"慷慨"的内含,缺少了此"尚义"的精髓,但是,由此我们尚能看到一些秦汉时期的燕赵风气。

京城是皇亲国戚和富商大贾们的聚集之地,商业发达,百物皆集,奢侈之风渐起。王士性云:"都人不善居室,富者一岁止计一岁之用。恣浪费,鲜工商胥吏之业,止作车夫、驴卒、煤户、班头而已,一切工商胥吏肥润职业,悉付外省客民。"奢侈之风沿袭到了清初,《顺天府志》云:"家无儋石而饮食服御拟于巨室,囊若垂罄而典妻鬻子以佞佛进香。甚则遗骸未收,树幡叠鼓,饭僧动费百千,贫家亦强为之。风会之趋,人情之化,始未尝不朴茂而后渐以漓,其变犹江河,其流殆益甚焉。"又"京师丧家出葬,浮费最多。一丧车或至百人舁之。铭旌有高五丈者,缠之以帛,费百余匹。其余香亭幡盖仪从之属,往往越分。又纸糊方相,长亦数

---

① (明)陈子龙:《明经世文编》卷322《谭纶〈□□事疏〉》,中华书局1962年版。

丈,纸房累数十间。集送者张筵待之,优童歌舞于丧者之侧,跳竿走马,陈百戏于道,尤属悖礼"①。

此外,京师妇女的好游与精干也颇引人注意。王士性说:"都人好游,妇女尤甚。每岁元旦则拜节,十六过桥走百病,灯光彻夜。元宵灯市,高楼珠翠,毂击肩摩。清明踏青高粱桥,盘合一望如图画。三月东岳诞,则耍松林。每每三五为群,解裙围松树团坐,藉草呼卢,虽车马杂踏过,不顾。归则高冠大袖,醉舞驴背。间有坠驴卧地不知非家者。至中秋后,游踪方息。昔人谓,辇毂之下,万姓走集,无怪乎醉人为瑞也。"又"妇人善应对官府,男子则否。五城鞭喧闹,有原被干证,俱妇人而无一男子者,即有,妇人藏其夫男,而身自当之"②。游潜所记载的女子"冶容",大概与此有相似之处。

《万历野获编》中有"窦氏全印"的故事:"正德六年辛未,江西华林大盗起,围瑞州府攻之。时缺守臣,独通判姜荣署印。姜先为工部主事,坐丁巳计典,谪是官。甫至郡,仓皇无备,亟集兵与战不敌,度势不能守,密以印畀妾窦氏匿之。贼果破城入廨署,求姜卒勿得,而得其妾,欲杀之,赖窦哀祈而免,遂执窦,濒行。窦已先藏印圊池中矣。时姜所部,高安人盛豹父子同罹难,潜语之曰:印在某所。幸以告我公,我且死矣。乃又绐贼曰:可速遣盛父报主人,持多金来赎我,今有盛子作质,不虑逸也。贼信之。偕至地名花坞乡者,诡以渴求饮,急投道旁井。贼退厝于僧院,以事上闻。诏义其事,旌之曰:贞烈。立祠植碑而祀焉。姜弃城当服上刑,台使者怜窦节侠,特委婉开其罪,且为叙功进同知。姜脱死归郡,才两月,复买一姝丽,时议遂大薄之。未几竟褫职去。窦,京师崇文坊人也。都中妇女以淫悍著闻,此女独从容就义,智勇兼备,即史册亦仅见。"③ 这几则材料都从不同方面说明京城妇女的强势。

明代京城妇女之风与北齐邺下之风十分相似,邺下之风是受鲜卑胡风

---

① (清)于敏中等:《日下旧闻考》卷146《风俗》引《顺天府旧志》,北京古籍出版社1981年版。

② (明)王士性著,周振鹤点校:《广志绎》卷2《两都》,中华书局2006年版,第206页。

③ (明)沈德符:《万历野获编》卷23《妇女》,中华书局2004年版,第589页。

影响，明代京城妇女之风当受女真族、蒙古族等妇女之风的影响，其实明永乐帝时期长期与蒙古征战，多少也受其影响，京城留有元时这种民风也是情理之中的事。

三 质朴劲勇的燕南地区

天顺《大明一统志》卷2，保定府"风俗形势"条：

> 轻生而尚义，有荆轲之遗风（《图经》）。
> 民质朴劲勇，不以浮华为习，而以耕织为生（郡志）。

卷2，河间府：

> 人多贵德，俗皆淳朴（郡旧志）。衣冠不乏，风俗熙熙（同上）。
> 农桑为先，务诗书为要领（郡志）。
> 民淳讼简，无强暴相凌之风（《景州旧郡志》）。
> 高尚气力，《寰宇记》："沧州古渤海地，风俗鸷戾，高尚气力"。
> 不事浮华，（元）《清州志》："其民质朴，不事浮华。民勤稼穑，女务农桑"。
> 寡求不争，有古人风（元《献州志》）。
> 俗尚祈祷，信鬼神（《莫州图经》）。

卷3，真定府：

> 性缓尚儒，仗义任侠（《通典》）。
> 土广俗杂（同上）。
> 人习文武，《真定厅壁记》："风物繁衍，地广气豪，人习为文则彬彬其质；习为武，则赳赳其雄。"
> 犷悍木强之习，可变礼义廉耻之风（苏过《送孙诲若赴官序》）。
> 人物雄豪（郡志）。

卷 4,顺德府:

> 人性敦厚,好尚儒学。《隋志》:"襄国,人性多淳厚,务在农桑,好尚儒学而伤于迟重。"
>
> 虽当安静无事之日,有战斗攻掠之备(沈括《尧山县厅壁记》)。
>
> 争讼不扰于官司,贫富相尚于赒恤(郡志)。民俗淳厚,稼穑惟勤(郡志)。
>
> 质厚少文,气勇尚义(《宋史·地理志》)。

卷 4,广平府:

> 土广俗杂,高尚气势(《汉书》)。
>
> 人性质直,尚俭约,勤稼穑(《隋书·地理志》)。
>
> 地杂斥卤,人多畜牧(《宋地理志》)。
>
> 风俗循美(《善政楼记》)。

卷 4,大名府:

> 俗近梁鲁,微重而矜节(《史记》)。
>
> 刚武尚气力(《汉书》)。
>
> 俗尚义,既有古推逊之风(《澶渊旧志》)。
>
> 先人后己,务崇礼让(《元志》)。
>
> 好学而乐善(《澶渊旧志》)。

保定府辖今河北保定地区,河间府辖沧州地区,真定府辖石家庄地区和衡水部分地区,顺德府辖邢台地区,广平府辖邯郸地区北部,大名府辖邯郸地区南部和河南安阳北部地区。保定诸府位于白沟河以南、黄河以北之地,为华北平原的重要组成部分,也是重要的农业生产区。从《明一统志》所载诸府民风来看,明代初期这一地区民风的质朴性很突出,勤于稼稿,耕织为业,而且又劲勇尚义。如保定府之唐县"旧志曰:山多地瘠,俗尚纯朴,有唐尧之遗风。按县志:唐风俭朴,遇虽佳节,不事奢靡,所从来矣。……按唐介燕赵间,《汉书·地理志》云,赵、中山地薄人众,丈夫相聚游戏,悲歌慷慨。岂当时去荆轲、高渐离辈未远,任侠之风渐久未衰,息欤。太史公有言:古北人民矜懻忮,好气任侠为奸。故其人雄杰不常,贤者多威棱尚气节,踔厉自将,无龌龊依违之气;愚者甚畏法禁,然而男勤耕作,女勤纺织,依山樵采,柴扉粝食,朴野质憨,有唐尧勤俭之遗风焉"。唐县质朴民风相沿传承,任侠雄杰之类的人物虽然不常有,但是憨直、尚气节的民风却一直保持着。博野县"士轻生而尚义,俗质朴而无文"。庆都县"邑据要冲,桑麻万井,章甫华胥,盖古仁让之域"。完县"水甘土厚,人从技艺,士尚敦朴,知廉耻而民易化"。祁州"明以来,民务本力学,有唐尧勤俭之风,然慷慨轻生椎埋嗜利者间有之。古云:燕赵多奇士。岂其性然欤,乃若质朴尚义,直道而行,未尝不同也"。新安县"旧志曰:虽居渥水之间而山脉水源发自燕冀,故其人皆刚介慷慨,崇朴略而少文华,淳厚之风相沿成俗"。涞水县"明一统志曰:民风质朴,男不游惰,女不冶容,勤务农桑"[1]。高阳县"深厚质朴,赋无愆期,邑僻易治"[2]。

河间府的阜城"士林雅重廉介,妇女克尽孝诚"。肃宁县"地僻民淳,简朴易理,士类镕铸圣化,濯磨特出"。任丘"敦道义尚廉耻,忠孝名节诗礼传家,君子所长。务纷华竞夸诞,富贵骄人,冯藉傲物,细民所短"。吴桥县"尚祈祷信鬼神,聘不计财,娶必亲迎。"东光县"地虽不广,民事勤耕,户虽不多,士知向学"。南皮县"军民杂处,悍鸷难驭,成化间士风恬退,子弟谦恭"。南皮悍鸷民风在成化年间渐而转变儒雅之气。盐山县"士尚名节,俗重信义,侈文信鬼,椎贩时有"。庆云县"不事诗书,农桑为业,迩来雅尚儒术,视昔有加"[3]。

---

[1] (清)陈梦雷编纂,蒋廷锡校:《古今图书集成·职方典》卷67《保定府风俗考》引各县志,中华书局、巴蜀书社1985年版。

[2] (清)陈梦雷编纂,蒋廷锡校:《古今图书集成·职方典》卷67《保定府风俗考》引"明大学士孙文正承宗风俗志"。

[3] 《古今图书集成·职方典》卷88《河间府风俗考》引各县志,中华书局、巴蜀书社1985年版。

　　真定府的真定县（今河北正定）"土瘠人众，军民杂处。性多敦厚，丈夫力佃作，给徭役，女子工针绣，仅取糊口而止。即奇羡之家无千金之藏，顾仗义任侠，婚姻丧葬交相为助，笃信巫尚鬼，轻生乐斗。亲亡好作佛事，墓圹鲜碑，氏族乏谱牒，则礼乐缺焉。迩年稍从泰侈，弃坚务镂，以相夸耀"①。冀州"冀地肥硗相半，男力稼穑，女勤纺织，但俗尚侈靡，止尽一年食用，或遇水旱多乏。其谨厚者由于天性，浇薄者成于气习。……重宾客，客至必备物款留，惧蹈简亵致使鄙笑。勤耕读稼穑无遗力，子弟皆送之师，读书修业，不限贫富。礼让渐兴"。元氏县"人性躁动，风气果敢，士重科目，民乐耕桑，敦道义尚廉耻"。晋州（今河北晋州市）"勤耕织，乐输纳，好祈祷，信鬼神。人性淳朴，风气果敢。士重科第，民乐耕桑。市井者文若胜于质，田野者质若胜于文"②。无极县"风气攸萃，礼仪渐兴，苐慷慨轻生、刚毅任侠。信鬼尚祈，嗜游弛业，犹不免燕赵之故俗。"藁城"居太行之东，人物豪雄，多慷慨尚节义，居民急农桑，崇礼让，输纳不敢愆期，服役如趋父事"③。

　　顺德府的南和县"在隆万间风俗淳厚，人心朴古，君子好义，小人力田。素称礼义之区，颇属易治"。平乡县"俗尚然诺，喜气节。虽平原、大陆之地气使然。然而吞炭屠狗之遗风依稀见之"。巨鹿县"巨鹿沙卤，无引灌蕃息之利，其民又不能忍小忿，辄斗且讼询之父老。弘治正德间，犹多素封，今殆赤贫矣。屡经兵燹，城陷者五，是以剥极则复。昔称忮诈椎掘，今则急上而力农，昔称弹弦跕蹋，今则纺织而宵作。独相聚游戏剽悍任侠之风，迪屡未静耳"。唐山县（治今河北隆尧县尧山乡）"士崇朴雅，不事边幅。民力耕织，不矜华侈。勤俭忧思，有陶唐之遗风"④。

　　根据所引各府县民风情况，燕南民风区还可以细分为尚义任侠区与质朴好农区。尚义任侠区主要分布在保定到石家庄之间的太行山东麓地带，

① 《古今图书集成·职方典》卷103《真定府风俗考》引《真定县志》。
② 《古今图书集成·职方典》卷103《真定府风俗考》引《冀州旧志》、《元氏志》、《晋州旧志》。
③ 乾隆《正定府志》卷11《风俗》引《元氏县志》、《无极县志》。
④ 《古今图书集成·职方典》卷117《顺德府风俗考》引《南和县旧志》、《平乡县志序》、《巨鹿县志》、《唐山县志》。

即今保定、石家庄市的东部地区；质朴好农区主要分布在沧州、衡水、邢台、邯郸地区。

河北民风在正德前后也发生了变化。由于商品经济的发展，"锱铢共竞"的经商风气促使人们重农轻商的观念发生转变，一些地区的质朴民风有了奢侈尚华的倾向。如嘉靖《南宫县志》："多去本就末，以商贾负贩为利。"① 藁城"民酷经营，而逐末计利之风炽"②。隆庆《赵州志》："成化、弘治间，俗尚勤俭，民多殷富，男务耕读，女务蚕桑，服蔽身体，屋蔽风雨，婚不论财，筵不尚华，妆奁亦甚朴素，是以民无游食。今也，不然矣，一遇凶荒，虽号富室者变称贷以卒岁，其他可知已。"③ 冀州"正德末年以来，俗竞奢侈，如婚礼服器、女红之类，至有破产为者。酒席务丰，丧葬多作纸偶、彩幢等物，备极精巧，劳数月而火一刻；奠送，水陆兼陈，恐后闾里之下。以此相高，浪费暴殄，莫此为甚"④。广宗县"娶妇者，弘正间衣饰宴会皆崇朴俭，后渐骛华，曳缟履丝，下逮氓隶，尤尚鬼信巫，享赛竞侈，其诸岁时仪节，大都与他邑不殊，不具论"⑤。内丘县"婚姻纳聘，旧时以麦、猪羊、花红、布帛等物，犹不失荆布之意，自万历后渐易以银钱金玉，遂不复言粟矣"⑥。弃本逐末者增多，民风不古引起统治者的注意，在正统六年下诏禁民奢侈，"洪武年间，官吏军民之家，衣服居室嫁娶丧葬，一应礼仪，具有定制。近年，富豪之徒，争尚侈靡，贫下仿效相袭成风，甚至荡废旌业，聚众讲尚。今后，所司严加禁约，敢有再犯者，罪之"⑦。然而，此风并没有得到控制，且有进一步发展的趋势。嘉靖时何良俊颇有感慨地说："余谓正德以前，百姓十一在官，十九在田，盖因四民各有定业，百姓安于农田，无有他志。官府亦驱之就农，不加烦扰，故家家丰足，人乐于为农。自四五十年来，赋税日增，徭役日

---

① 嘉靖《南宫县志》卷1。

② 嘉靖《藁城县志》卷1。

③ 隆庆《赵州志》卷9《杂考》，《天一阁藏明代方志选刊》，上海古籍书店1981年重印。

④ 《古今图书集成·职方典》卷103《真定府风俗考》。

⑤ 《古今图书集成·职方典》卷117《顺德府风俗考》引《广宗县志》。

⑥ 《古今图书集成·职方典》卷117《顺德府风俗考》引《内丘县志》。

⑦ 《明英宗实录》卷85，正统六年十一月，（台北）中研院历史语言研究所1963年校印本，第1695页。

重，民命不堪，遂皆迁业。昔乡官家人，亦不甚多，今去农而为乡官家人者荐已十倍于前矣。昔日官府之人有限，今去农而蚕食于官府者五倍于前矣。昔日逐末之人尚少，今去农而改业为工商者三倍于前矣。昔日原无游手之人，今去农而游手趁食者又十之二三矣。大抵以十分百姓言之，已六七分去农。"①

第二节　明朝燕赵民风文化的形成

一　屯军守边与冀北民风

宣府和永平府地处边塞，顾祖禹在《读史方舆纪要》对宣府和永平府的地理形势作了详尽的论述："（宣府）南屏京师，后控沙漠，左扼居庸之险，右拥云中之固。""盖镇境不守，则藩垣单外，而蓟门之祸所不免也。明初，开平、兴和列成相望，此犹为内地。自兴和移，开平弃，锁钥由是特重，张皇于平日，捍御于临时，此阃外之职矣。《边防考》：'居庸，京师门户。宣府又居庸藩卫也。'其地山川纠纷，号为险塞。且分屯置军，倍于他镇，气势完固，庶几易守"②。永平府"府西接蓟门，东达渝关，负山阻海，四塞险固"。"黄氏道周曰：'失营州，渝关之险犹可恃，失平州，则幽州以东无复藩篱之限矣。'明朝都燕，永平尤为门庭重地，乃大宁撤防于前，俺答滋衅于后，所恃以坐制内外者，惟在山海一关。咽喉之寄，可或忽哉！"③《明史》也指出："建文元年，文帝起兵，袭陷大宁，以宁王权及诸军归。及即位，封宁王于江西。而改北平行都司为大宁都司，徙之保定。调营州五屯卫于顺义、蓟州、平谷、香河、三河，以大宁地畀兀良哈。自是，辽东与宣、大声援阻绝，又以东胜孤远难守，调左卫于永平，右卫于遵化，而墟其地。先是兴和亦废，开平徙于独石，宣府遂称重镇。"④ 从顾祖禹和《明史》的论述可知宣府和永平府在京师防御体系中的

---

① 何良俊：《四友斋丛说摘抄记》卷 13《史九》，中华书局 1959 年版，第 111—112 页。
② 顾祖禹：《读史方舆纪要》卷 18《北直九》，中华书局 2005 年版。
③ 顾祖禹：《读史方舆纪要》卷 17《北直八》。
④ 《明史》卷 91《兵志三》。

战略地位,诚边陲重地。正因如此,洪武初期,"自永平、蓟州、密云迤西二千余里,关隘百二十有九,皆置戍守"①。据茅元仪《武备志·占度载·镇戍》载,在宣府地区的驻守官军就有 15 万余人,蓟镇驻守官军11.4 万余人,其中所辖蓟州驻守官军 3.9 万余人,密云驻守官军 9600 余人,永平驻守官军 2.2 万余人,昌平驻守官军 1.4 万余人,保定驻守官军2.9 万余人。正统、景泰之后,驻守官军数额略有变化,到万历末年,宣府镇驻守官军 7.9 万余人,蓟镇驻守官军 15.6 万余人,其中蓟州驻守官军3.1 万余人,密云驻守官军 3.3 万余人,永平驻守官军 3.9 万余人,昌平驻守官军 1.9 万余人,保定驻守官军 3.4 万余人。② 宣府镇驻守官军数额不足,蓟镇驻守官军人数却有较大增长,这与满族政权后金兴起,战略重心东移有关。

又据嘉靖《宣府镇志·征战考》统计③,自明洪武至嘉靖年间,明朝与蒙古在宣化地区征战 43 次,其中,洪武年间 6 次,永乐年间 3 次,宣德年间 1 次,正统年间 1 次,景泰年间 7 次,嘉靖年间 25 次。洪武与永乐年间的几次征战都是明朝主动出击,并取得战争的胜利;从宣德年间开始,明朝与蒙古的征战都以蒙古入寇开始,并以明朝被动防御,蒙古抢掠一番北撤而结束,特别是嘉靖年间蒙古南下的频率很高,几乎每年都南下,有的时候还一年内几次南下,如嘉靖十七年的夏、秋、冬三季蒙古三次南下;嘉靖二十五年七月、八月蒙古两次南下。这使宣府地区征战不已,军民时时讲武备战,这对宣府、永平府地区的尚武之风的兴盛有直接的促进作用。

宣府、永平府地区分布着 20 余万大军及马匹,所需粮草数量自是十分惊人,为保证战争与防御的需求,除了依赖内地粮草运往边地之外,边塞地区进行屯田生产,也是边地用粮的重要保证。洪武三年 (1370),郑州知州苏崎就向太祖建议"屯田积粟,以备边需"。太祖嘉纳:"诏中书省参酌以施。"④ 朱元璋对边塞地区驻守官军的屯田十分重视,说:"兴国之本,

---

① 《明史》卷 91《兵志》。

② 茅元仪:《武备志》卷 204《占度载·镇戍·蓟镇》,卷 205《占度载·镇戍·辽东、宣府》,华世出版社 1984 年版。

③ 嘉靖《宣府镇志》卷 26《征战考》嘉靖四十年刊本,成文出版社 1970 年版。

④ 邓球:《皇明咏化类编》卷 11《屯政》,(台北)国风出版社 1965 年版。

在于强兵足食。自兵兴以来，民无宁居，连年饥馑，田地荒芜，若兵食尽资于民，则民力重困，故令将士屯田，且战且耕。"① 洪武七年正月，朱元璋又强调守军屯田的重要性："今重兵之镇，惟在北边。然皆坐食民之租税……兵食一出于民，所谓农夫百，养战士一，若徒疲民力以供闲卒，非长策也。古人有以兵屯田者，无事则耕，有事则战，兵得所养而民力不劳，此长治久安之道。"② 北部沿边各地纷纷兴建屯田，"于时，东自辽东，北抵宣大，西至甘肃，在在兴屯"③。沿边诸军屯，"以都司统摄，每军种田五十亩为一分，又或百亩，或七十亩，或三十亩二十亩不等。军士三分守城，七分屯粮，又有二八、四六、一九、中半等例，皆以田土肥瘠，地方冲缓为差。又令少壮者守城，老弱者屯种，余丁多者，亦许其征收则例，或增减殊数，本折互收，皆因时因地而异云"④。宣府、永平府地区防御任务极重，屯田应采取七三式，即守军三分屯田，七分守城。随军北迁边塞的民户，也成为屯田的重要力量，据统计，宣化镇有官户 4551，军户124797，民户 2035。⑤ 屯田之初，不征租税，以恢复民力，到成化二十二年开始对垦田征收赋税，经总督尚书余子俊令庆阳府同知郭智检校宣镇垦田，共有 13070 余顷，每亩赋粮 3 升，可得粮 321 石，草 176 束。⑥ 永平府到万历六年有田 18339 余顷。

农田的开垦，一方面对解决边塞驻军的粮草起到重要作用，另一方面使跟随驻军来到边塞的军属们和移民们有了衣食来源，逐渐在边塞定居下来，成为防守北部边塞的重要力量。如永平府弘治四年（1491）人口为228944 口，到万历六年（1578）人口为 255646 口，⑦ 在 87 年间，人口增加 26702 口。增加的人口总数虽然不大，但是在明代北直隶总人口还在400 万人左右时，地处边塞的永平府的人口能不断增长是一件不容易的事

---

① 《续文献通考》卷 5，现代出版社 1986 年版。
② 《明太祖实录》卷 87，洪武七年正月。
③ 《明史》卷 77《食货一》。
④ 茅元仪：《武备志》卷 235《军资乘·饷一·屯田今制》。
⑤ 嘉靖《宣府镇志》卷十三《户口考》。
⑥ 嘉靖《宣府镇志》卷十四《贡赋考》。
⑦ 梁方仲：《中国历代户口、田地、田赋统计》甲表 69，上海人民出版社 1980 年版，第203 页。

情。边塞的巩固、人口的增多,驻守官军、民户子弟的出路成为一个新的问题,并涉及边塞的稳定。为此,洪熙元年(1424)在宣府设置隆庆、保安州学,这是宣府设学之始。宣德七年又设置万全都司学。嘉靖七年又建上谷书院。① 又据乾隆《宣化府志·学校志》,赤城县学是由景泰五年时"令边卫各置社学"时所设的社学改建;万全县学是明正德五年所建的万全右卫学;龙门县学是明弘治初所置的龙门卫学;怀来县学是明成化二十年置的怀来卫学;蔚州学虽无明确的建校时间,但也是明时所建;西宁县学为明天顺年建;怀安县学是明正德三年建;保安州学为明洪熙元年建。此外,怀来的二贤书院、宣镇的绿阴书院、西宁县的宁邑书院、保安州的保极书院等建于明代,② 学校、书院的开设,招收驻军官民子弟入学,接受儒学教育,参加科举考试。同时,按照内地各府贡院之例,万全都司贡院可每年向国家贡举3名。儒学教育的开展,使宣府、永平府地区的民风在尚武之气中又有了些文雅之风。"学校风化之原,自五帝成均而后代有创兴,宣郡虽用武之地,经前朝置卫,投戈讲艺者在在有之。及我朝化行,自近士气聿兴。"③ 宣府北路"地极高寒,霜雪偏早,农业之暇聚族讲武,近被学校之化,渐有中州之风"④。足见儒学教育的开展对当地民风改变的作用。

二　五方杂错的京师

明朝在攻取元大都之后,通过将元故官送至京师(即南京),"徙北平在城兵民于汴梁"⑤ 等措施,来减弱北平城中的故元势力,以加强明政府对元都城的统治。同时,在北平城置"燕山等六卫,以守御北平"。⑥ 六卫将士都为南方人,约有3.3万余人,连家属在内共计8.4万余人。随后,迁山西等地移民充实北平地区,如洪武四年,徐达将大漠南北的沙漠遗民

---

① 嘉靖《宣府镇志》卷18《学校考》。

② 乾隆《宣化府志》卷12《学校志》,成文出版社1968年版。

③ 同上。

④ 光绪《畿辅通志》卷71《舆地二十六·风俗》"宣化府"条引"北路旧志"。

⑤ 《明太祖实录》卷34,洪武元年八月;卷35,洪武元年九月。

⑥ 《明太祖实录》卷34,洪武元年八月。

32860 户迁到北平府宛平、大兴等州县境内安置；[①] 洪武二十二年迁山西沁州 589 户至北平、山东、河南境内。[②] 据统计，洪武至建文年间（1368—1402）迁入北平等府州县者达 86000 余户，计 46 万余口。朱棣登基之后，于永乐元年，"徙直隶江苏等十郡、浙江等九省富民实北京"[③]。即将浙江、江西、湖广、福建、四川、广东、广西、河南等地富户 3000 余户迁到了北京。都城北迁之后，又开始不断迁民于北京。从永乐到宣德年间，移民北京 16 次，江苏、浙江、山西、山东、南京等地移民有 8 万余户、40 余万人来到了北京城内及其州县。同时，南京、河南等地的军卫也被调至北京地区，以加强京城的防御力量，仅从南京调入北京的卫所就有 41 个之多，永乐宣德中调入北京地区的卫所至少达 57 个，约 79 万余口。[④] 众多官吏、军队人口聚集北京，北京城成为一个巨大的消费市场，消费需求的刺激，致使各地商贾、手工业者和服务性人员涌入京城，"今因帝都所在，万国梯航，鳞次毕集，然市肆贸迁，皆四远之货，奔走射利，皆五方之民"。大量军、民人口的迁入，使北京地区的人口迅速恢复起来，元末明初及"靖难之役"的战争所带来的人口损失得到了弥补，北京城呈现出繁华的景象，北京的城市人口也迅速增长，据韩光辉研究，北京城分置东西南北中五城城市巡城察院，每城下设有坊，坊下设铺。坊铺是北京城市管理的最基层单位，负责应役当差、编审户口和捕盗治安等职能。北京城内人口在洪武八年（1369）有户 7.21 万，口 14.3 万；至正统时达到鼎盛，正统十三年（1448）户 27.3 万，口 96 万，若再加上在京而未统计的人口，此时的北京已是百万人口的超大城市；万历之后，北京城内人口出现衰退，万历六年（1578）户 17.9 万，口 85.1 万；天启元年（1621）户 15.12 万，口 76.99 万。[⑤] 虽有衰退，北京城仍不失为一座人口众多的繁华城市。

在这"五方杂处"的北京城中，江南籍的人口数量占到了一定的比

---

① 《明太祖实录》卷66，洪武四年六月。
② 《明太祖实录》卷197，洪武二十二年九月。
③ 《明史》卷6《成祖纪》。
④ 韩光辉：《北京历史人口地理》，北京大学出版社1996年版，第259—264页。
⑤ 同上书，第104页。

例。北京城中的江南籍人口有的是随着政府的北迁政策而来的,有的是因在京为官而定居北京的,有的是入京经商等,原因虽然各有不同,却促使了北京城中江南籍人口增加。据明人所云:"偶阅丁亥夏《缙绅便览》,见六部尚书,吏部为杨公巍,山东海丰人。户部为宋公纁,河南商丘人。礼部为沈公鲤,河南归德人。兵部为王公一鹗,直隶曲周人。刑部为李公世达,陕西泾阳人。工部为石公星,直隶东明人。盖皆北人也。又通政司张公孟男,河南中牟人。大理寺为贾三近,山东峄县人。盖皆北人也。惟都察院左都御史吴公时来,浙江人。然二月前为辛公自修,又河南襄城人。而总督仓场左侍郎为胡公执礼,陕西永昌人。戎政尚书傅公希挚,直隶衡水人。又皆北人也。至于内阁大学士,中极殿则申公时行,直隶吴县人。建极殿许公国,直隶歙县人。武英殿王公锡爵,直隶太仓人。詹事府掌府少詹事赵公志皋,浙江兰溪人。翰林院掌院詹事兼学士徐公显卿,直隶长洲人。教习庶吉士吏侍兼学士朱公赓,浙江山阴人。礼侍兼学士张公位,江西南昌人。南院掌院谕德习公孔教,江西庐陵人。国子祭酒田公一隽,福建大田人。南国子祭酒赵公用贤,直隶常熟人。皆南人也。其南北人之异任,盖自古所无者。"① 在京城的高层政府官员中,已经有半数左右来自南方。又《广志绎》曰:都城人"恣浪费,鲜工商胥吏之业,止作车夫、驴卒、煤户、班头而已,一切工商胥吏肥润职业,悉付外省客民"。北京人在京城只从事一些车夫、驴卒、煤户、班头之类的职业,那些社会地位较高、收入较好的职业诸如手工业、商业和官府中的胥吏等,却都让给了江南人。在北京各大官府中任胥吏者,又以浙江绍兴、金华地区的为多。"绍兴、金华二郡,人多壮游在外,如山阴、会稽、余姚,生齿繁多,本处室庐田土,半不足供,其儇巧敏捷者入都为胥办,自九卿至闲曹细局,无非越人。次者兴贩为商贾,故都门西南一隅,三邑人盖栉而比矣。"②

五方之民杂处京师,然而各地民风各不相同,据王士性的《广志绎》记载:"中州俗淳厚质直,有古风,虽一时好刚,而可以义感。语言少有

① (明)王世贞:《皇明奇事述》卷1《南北大臣之异》。
② (明)王士性撰,周振鹤点校:《广志绎》卷2《两都》;卷4《江南诸省》。

诡诈，一斥破之，则愧汗而不敢强辩。"山东地区"山左士大夫恭俭而少
干谒，茅茨土阶，晏如也，即公卿家，或门或堂，必有草房数楹。斯其为
邹、鲁之风"。山西地区，"晋中俗俭朴，古称有唐、虞、夏之风，百金之
家，夏无布帽，千金之家，冬无长衣，万金之家，食无兼味"。江浙地区，
"两浙东西以江为界而风俗因之。浙西俗繁华，人性纤巧，雅文物，喜饰
馨帨，多巨室大豪，若家僮千百者，鲜衣怒马，非市井小民之利。浙东俗
敦朴，人性俭啬椎鲁，尚古淳风，重节概，鲜富商大贾。而其俗又自分为
三：宁、绍盛科名逢掖，其戚里善借为外营，又佣书舞文，竞贾贩锥刀之
利，人大半食于外；金、衢武健负气善讼，六郡材官所自出；台、温、处
山海之民，猎山渔海，耕农自食，贾不出门，以视浙西迥乎上国矣。"江
西地区，"江右俗力本务啬，其性习勤俭而安简朴，盖为齿繁土瘠，其人
皆有愁苦之思焉。又其俗善积蓄，技业人归，计妻孥几口之家，岁用谷粟
几多，解囊中装籴入之，必取足费，家无困廪，则床头瓶罂无非菽粟者，
余则以治缝浣，了征输，绝不作鲜衣怒马、燕宴戏剧之用"①。各地不同的
民风跟随着移民汇聚到京师，特别是江南人士，他们不仅数量大增，而且
多处在京城的统治阶层之中，对京城的社会风俗产生了深刻的影响，直接
冲击着幽燕地区传统的民风，使幽燕地区慷慨任侠之气被浮华之风所浸
染，民风不淳。

三　畿辅重地的燕赵

元末明初的战争使河北地区人口大减，"今燕赵齐鲁之境，大河内外，
长淮南北，悉为丘墟，关陕之区所存无几"②。"白昼烧通衢，戎马相践蹂。
屋化飞尘灭，莽莽草木茂。往年大姓家，存者无八九。兵兴岁无虚，稽事
废南亩。"③"全赵之地，弥望草棘，蔚为茂林，麋鹿游矣。"④明朝初年开
始向河北地区移民，以解决人口稀少问题。洪武二十一年（1388）八月，

---

① 王士性：《广志绎》卷三《江北四省》，卷四《江南诸省》。
② 《元史》卷186《张桢传》。
③ 李延兴：《一山文集》卷1《送李顺文》，北京图书馆出版社1998年版。
④ 民国《清河县志》卷1《总志》。

户部郎中刘九皋说："古者狭乡之民迁于宽乡，盖欲地不失利，民有恒产。令河北诸处，自兵后田多荒芜，居民鲜少。山东西之民，自入国朝，生齿日繁，宜令分丁徙居宽闲之地，开种田亩。如此则国赋增而民生遂矣。"① 朱元璋纳其言，并指出："山东地广，民不必迁。山西民众，宜如其言。"山西民众依命迁到河北地区，《明史》载："迁山西泽潞民于河北，后屡徙浙西及山西民于滁和北平、山东、河南。又徙登、莱、青民于东昌、兖州。又徙直隶、浙江民二万户于京师。"② "成祖核太原平阳泽潞辽沁汾丁多田少及无田之家，分其丁口以实北平。"③ 永乐七年（1409）六月，"命户部徙青州诸郡民之无业者居冀州，凡徙八百余户"。永乐十五年（1417），分山西平阳、大同等地人 "于北平、清河、真定、冀州、南宫"④。通过人口的迁移，河北人口得到一定程度的充实，洪武十四年（1381），北平布政司有 338517 户，1893403 口。到洪武二十四年有 340523 户，1980895 口。10 年增 2006 户，87492 口。靖难之后，户口又有所增长，据《明会典》卷 19 记载，弘治四年北直隶有 394500 户；万历六年有 425463 户。人口的增加促进了农业的发展，如巨鹿县在 "永乐初，京师草创，乃迁山西洪洞县五百家，听其开垦荒地，以为常业"⑤。清河县，"至明初移民后村落始星罗棋布，民多聚族以居"⑥。据《万历会典·户部·田土》记载，洪武二十六年（1396）河北有农田 58249951 亩，弘治十五年（1502）有 26971393 亩，万历六年（1578）有 49256844 亩。洪武时期的农田数额要比弘治时期的多 20 余万顷，这是不符合社会发展实际的，洪武初期，河北地区历经战火，人口大量减少，农田荒芜，虽然有移民迁入等恢复农业的政策与措施，但是，处于恢复时期的农田数额要超过经过 "仁宣之治" 之后的弘治时期的农田数是不太现实的。据张岗的研究，洪武二十六年的田亩数有误，依照《明太宗实录》的有关资料，洪武二十四年田亩数应为

①　《明太祖实录》卷 193。
②　《明史》卷 77《食货志·户口》。
③　同上。
④　《明成祖实录》卷 93、卷 188。
⑤　光绪《巨鹿县志》卷 1《地舆志·里社》。
⑥　民国《清河县志》卷 2《舆地志·村落》。

24.47 万顷。宣德时"又令北直隶地方,比照圣祖山东、河南事例,民间新开垦田,不问多寡,永不起科"①。这就更加推动了耕地面积的不断扩大。到弘治十五年统计,北直隶的土地已达到 269713 顷,比永乐初增加了24916 顷。②

明代在水利建设上也进行了很大的努力,河北在明代仍是河湖洼淀分布众多的环境,境内的漳河、滹沱河等时常泛滥,严重影响了农业生产,治理河湖洼淀是发展农业的基础。据《明史·河渠志》记载,明代治理漳河 11 次,滹沱河 10 次,浑河 14 次,河流的治理改善了农业生产环境,减少了自然灾害,取得较好的社会效果,如嘉靖十年(1531)对滹沱河进行了综合治理,既疏浚河身,又夯筑了宽大坚实的堤防,同时在堤岸上植树护堤,所以自此数十年没有发生大的水害。河北在水利建设上成就较大的是对地下水、泉水的利用。徐光启在《农政全书》中的《水利》建议说:"掘土深丈以上而得水,为井以汲之,此法北土甚多,特以灌畦种菜。近河南及真定诸府大作井以灌田,旱年甚获其利,宜广推行之。"凿井以灌田在河北各地推广开了,这在地方志中有很多记载,并取得了很好的社会效益与经济效益,如何浚于天顺年间任赵州知州,时逢大旱,他一方面开仓赈济,另一方面带领民众多凿井泉,以资灌溉,使赵州在大旱之年没有发生灾民逃亡四方的现象。③ 又嘉靖年间真定县发生大旱,知县邢尚简让民凿井抗旱,民无失业。④ 万历中谭昌言知栾城县,他在任时"助民穿砖井一百眼",离任后又助民"穿砖井三百眼,百姓世食其利"⑤。

自流泉在保定府、真定府、顺德府、广平府比较多,在洪武年间就开始被开发利用,资以灌溉农田,抵御旱灾。真定府有一大鸣泉,有泉数十穴,可灌溉农田百余顷,宣德时知县李守义又加以治理,仍可引水溉田,后渐而淤塞。万历四年知县周应中又加以疏理,溉田数十顷。

明代河北农业经济的恢复发展对解决京畿腹地民众的生活起到了重要

---

① 《明经世文编》卷200,夏言《勘报皇庄疏》。
② 张岗:《明代北直隶地区的农业经济》,《河北学刊》1989 年第 1 期。
③ 嘉庆《大清一统志》卷52《赵州名宦》。
④ 光绪《正定县志》卷35《方物》。
⑤ 陆陇其:《三鱼堂日记》卷下,中华书局1985 年版,第108 页。

的作用,同时还向中央提供粮赋。洪武二十六年（1393）夏税麦 35.328 万石,秋粮米 81.724 万石；弘治十五年（1502）夏税麦 43.5827 万石,秋粮米 101.75 万石；嘉靖二十一年（1542）夏税麦 43.5853 万石,秋粮米 101.9665 万石。三个年份的夏税麦在全国南北两直隶和十三布政司中居第 6 位,秋粮米居第 10 位,夏秋二税总量占全国收入的 5%。① 明代河北农业虽然有所发展,但是在全国的经济地位已远不能和隋唐时期相比,已不是中央政府重要的粮食供应地了。明代的王士性论道:"天下赋税,有土地饶瘠不甚相远者,不知当时征派何以差殊。想国初草草未归一也,其后遂沿袭之。如真定之辖五州二十七县,姑苏之辖一州七县,毋论所辖,即其地广已当苏之五,而苏州粮二百三万八千石,而真定止十一万七千石,然犹江南江北异也。若同一江北也,如河间之繁富,二州十六县,登州之贫惫,一州七县,相去星渊,而河间止粮六万五千,登州乃粮二十三万六千,然犹别省直异也。"② 王士性对河北与江苏、山东各府州之间的税赋不均大有感慨,然而事实上,河北的经济地位不仅落后于江南,也落后于山东、河南等地,税赋的差异也正是这一经济实力的反映,河北在隋唐时期的经济地位已让给江南了。

明代,河北地区的棉花种植与发展是一件大事。地处华北的河北地区有着适合棉花生长的气候条件,另外,蚕桑生产已远落后于唐代,丝织业重心的南移,使河北的蚕桑生产失去了政府的支持与技术支撑,发展缓慢,然而边塞军需和百姓生活所需的御寒和衣被材料急需栽培生产。棉花不仅可以夏做单衣,冬做絮棉,而且栽培技术简单,所以,明代是河北地区棉花逐步取代蚕桑的时期。嘉靖《南宫县志》记载,该县成化、弘治时还"亡不树桑饲蚕之家",嘉靖以后被棉花取而代之,竟"阡陌弥望,不见一桑"③。大名府地方历史上素推土宜桑丝,可是到了明后期,植桑者不过"什一而已,故织纴不广,男女衣服多布、多麻枲"④。由于棉花的广泛

---

① 梁方仲:《中国历代户口、田地、田赋统计》乙表 29,上海人民出版社 1980 年版,第 332—333 页。

② （明）王士性:《广志绎》卷 1《方舆·崖略》。

③ 嘉靖《南宫县志》卷 1《方物》。

④ （清）顾炎武:《天下郡国利病书》卷 4《北直·大名府》。

种植,农村的家庭棉纺织业得到迅速发展,有的州县竟至"耕稼纺织,比屋皆然"①。明代末年,肃宁县的棉纺织业取得引人注目的成绩,时人章鸣鹤的《谷水旧闻》称誉:"北方之布,肃宁为盛。"河北有植棉记载的府县有 42 个,并集中在冀中、冀南地区。如真定府所属 14 州县均种植棉花,真定府田赋棉花 15818 觔(斤),其中,真定县棉花 1069 觔;获鹿县棉花 1160 觔;井陉县棉花 1092 觔;阜平县棉花 490 觔;栾城县棉花 450 觔;行唐县棉花 2327 觔;灵寿县棉花 1647 觔;平山县棉花 1566 觔;元氏县棉花 1385 觔;赞皇县棉花 821 觔;晋州棉花 1061 觔;无极县棉花 1091 觔;藁城县棉花 762 觔;新乐县棉花 891 觔(斤)。②

从弘治十五年的赋税中,可知河北产棉情况:顺天府(今北京)棉花绒 9436 斤,真定府(今河北正定)京库花绒 35033 斤,保定府京库花绒 9574 斤,河间府京库花绒 30000 斤,顺德府(今河北邢台)棉花绒 5005 斤,广平府(今河北永年东南)京库花绒 14584 斤。

到明朝中期,弘治十五年(1502)全国各省实征地亩棉花绒的数额分别为:山东省 52449 斤,河南省 342 斤,陕西省 17172 斤,四川省 72851 斤,北直隶 103749 斤,共计 246563 斤,而河北(直隶)占总额的 40%,名列首位。③

农业的发展也使商业经济至明中叶以后逐渐活跃,为商人经商提供参考的《士商类要》详细记载北京由庐州府至江西、北京由真定府至汴城、北京由陕西至四川、北京由德州至山东、北京由真定府至山西、北京由蓟州至辽东、北京由宣府至大同府、北京由河南府至陕西的陆路交通④,形成了以北京为核心的陆路交通网络,保定、河间、真定等城成为交通咽喉之地,张瀚在《松窗梦语》中记载:"由广(平)、大(名)至顺(天)、(永)平,乃东西腰膂,南北舟车,并集于天津,下直沽、渔阳,犹海运之故道也。河间、保定,商贾多出其途,实来往通衢。"⑤ 大运河也是一条

---

① 天启《乐亭县志》卷 1《风俗》。
② 乾隆《正定府志》卷 10《田赋》。
③ 孟繁清:《河北经济史》(第二卷),人民出版社 2003 年版,第 376 页。
④ 杨正泰:《明代驿站考》,上海古籍出版社 2006 年版,第 345—348 页。
⑤ (明)张瀚:《松窗梦语》卷 4《商贾纪》,中华书局 1985 年版。

沟通南北贸易的重要通道,沿河之沧州、天津等城市发展起来。除了大运河以外,很多内河也给商业的繁荣带来了方便,如滹沱河介于卫运河和大清河之间,沟通着真定、河间府的商业贸易;大清河支流也给周边的商业带来繁荣,如保定府的高阳县,有唐、沙、滋诸河经其境,商业经济也很繁荣①;固安县内有清河流经县西,因此"富商大贾皆自远方而来,泛舟以营利。其本县居民,或以货物而贸迁,或以鱼米而生息,铺店如星,行市如蚁,诚一方之利源也"②。

河北地区农业生产的恢复发展、商品经济与城镇日益发达,为地区的教育事业提供的经济基础,对河北地区的教育事业的发展和科举兴盛起到了重要的推动作用,府州县学作为官办学校在各地相继兴建起来。

第三节　儒学复兴与耕读尚义

《元史·选举志》记载:"宋大兴文治,专尚科目,虽当时得人为盛,而其弊遂至文体卑弱,士习委靡,识者病焉。辽、金居北方,俗尚弓马,辽景宗、道宗亦行贡试,金太宗、世宗屡辟科场,亦粗称得士。元初,太宗始得中原,辄用耶律楚材言,以科举选士。世祖既定天下,王鹗献计,许衡立法,事未果行。至仁宗延祐间,始斟酌旧制而行之,取士以德行为本,试艺以经术为先,士褎然举首应上所求者,皆彬彬辈出矣。然当时仕进有多岐,铨衡无定制,其出身于学校者,有国子监学,有蒙古字学、回回国学,有医学,有阴阳学。"③ 忽必烈登基之后,大力推行八思巴为其设计的蒙古文字,各府州县均设有推广蒙古文字的蒙古字学校等。正是由于元朝政治构成的多民族性和文化的多元性,使其采取唐宋以来的科举取士有一定难度。同时,"为了维护蒙古人作为统治阶级的特权,忽必烈及其子孙一直拒绝科举考试制度。到了仁宗延祐二年(1315),为了整顿吏治,

---

① 孙承宗《洪济桥记》记载高阳城南关的航运情况,说:"东南之货贿,天津之渔盐,晋恒之材木,毕集于桥侧,而茶酒之务,相望于时。"

② 崇祯《固安县志》,《河北通史(明朝卷)》,河北人民出版社 2000 年版,第 202 页。

③ 《元史》卷 81《选举志》,中华书局 1976 年版。

才提出求贤取士的问题。商讨的结果是恢复科举考试制度。但是，自元仁宗延祐二年第一次开科至元惠帝至正二十六年（1366）最末一次取士，共51年，其间尚有6年（1336—1342）中断，科举制实际施行45年。元制：三年一科，45年中共开科16次，最多的一次取士101人（至正十二年，1351），最少一次53人（至正二十年，1360）共取士1200人左右。元代官僚总数为26690人，可见，科举考试制度所选官吏仅占全部官吏的1/22。因此，从时间上看，从成吉思汗建蒙古国（1206）到元朝被灭（1368），共经历162年，其中科举制仅实施了45年（1315—1336、1342—1366），时间很短。从规模上看，所取人数仅占全部官吏的1/22，这个数字，占相应时期中文职官员总数的百分之四，从比例来说，只相当于唐代和北宋的1/10。其规模可见一斑。再从录取人数来看，45年中仅录取了1200名左右，这也是科举考试制度实行以来的最低纪录。因此，时间短、规模小、录取人数少是元代科举考试制度的特点之一。"① 元代与宋代大不相同，科举已不是入仕最主要的途径，推举成为元代入仕的主要渠道，其中由吏出职为官是推举的主要方式，仅在成宗大德年间，每年由吏员升官入流品者近千员，几乎相当于元朝科举取士的总和。苏天爵曾慨叹曰："科举取士，三年止得百人，今吏属出身一月不知其几。"② 叶子奇亦曾说道："仕途自木华黎等四怯薛大根脚出身分任省台外，其余多是吏员，至于科目取士，止是万分之一耳。"③ 读书入仕之难，入仕后升迁之难，使元代的儒学教育不再受世人重视而趋于衰微。

明代建立后，一反元代的做法，将儒学教育视为济世兴邦、淳风厚民的大事，《明史·选举制》云："治天下当先其重且急者，而后及其轻且缓者。今天下初定，所急者衣食，所重者教人。衣食给而民生遂，教化行而习俗美。足衣食者在于劝农桑，明教化者在于兴学校。学校兴，则君子务德；农桑举，则小人务本。如是为治，则不劳而政举。"同时，经济的进步不仅为文化教育的发展积累了必不可少的物质基础，而且也激发了民间对

---

① 徐黎丽：《略论元代科举考试制度的特点》，《西北师大学报》1998年第2期。
② （元）苏天爵：《滋溪文稿》卷36《灾异建白十事》，中华书局1997年版。
③ （明）叶子奇：《草木子》卷4《杂俎篇》，上海古籍出版社2012年版。

发展教育的要求,驱动了人们对发展教育的热情,官办的儒学教育机构在各地兴建起来,儒学得到复兴。

书院和义学作为官学的补充,因其设置不受行政单位的束缚,在儒学复兴的大背景下和各地学子的需求之下,在各地兴办起来。据白新良《中国古代书院发展史》研究[①],有明一代河北新建书院 74 所,修复 8 所(见表7-1)。

又据吴洪成、张钰研究,[②] 明代河北共建有书院 93 所,以现今河北 11 个地级市分布来看,主要集中在河北中南部地区,北部地区依然欠发展,特别是承德市没有书院,呈现出分布的不平衡性(见表7-2)。

表 7-1　　　　　　　　　　明代河北各府书院设置情况

	设置时间	书院名称
顺天府	嘉靖朝新建	保定二程(金台)书院、通州通惠书院、霸州文明书院、密云后卫书院
	天启朝新建	京师首善书院
	万历朝新建	文安崇正书院、密云白檀书院、通州马闻道书院
	万历朝重修	霸县益津书院
	不详始建年代	平谷平川书院
	不详修复年代	房山文清书院
保定府	弘治朝重修	安州静修书院
	嘉靖朝新建	蠡县振英(有斐)书院、安州观光(正学)书院、祁州贞文书院、容城正学(正义)书院、定兴南台书院
	万历朝新建	清苑上谷书院、蠡县聚星书院
	崇祯朝新建	蠡县阳春书院
	不详始建年代	蠡县宙泉书院、定兴白河书院、易州成德书院
	不详修复年代	完县忠孝(养正、乐群)书院
河间府	嘉靖朝新建	献县万春书院、献县献陵书院、交河董子书院、任丘珍谟书院、任丘水东书院、东光兴贤书院
	正德朝修复	河间毛公书院、景县董子书院
	万历朝新建	沧州天门书院、南皮瀛洲书院
	不详始建年代	献县见麟书院

---

① 白新良:《中国古代书院发展史》,天津大学出版社 1995 年版。
② 吴洪成、张钰:《明代河北书院述论》,《江西教育学院学报》2013 年第 4 期。

续表

设置时间		书院名称
真定府	嘉靖朝新建	真定崇正（恒阳、天谕）书院、藁城滹阳书院、深州恒麓书院、深州文瑞（博陵）书院、宁晋正学书院、宁晋洨滨书院、井陉陉山书院、饶阳近圣书院、真定恒阳（常山、尊闻）书院
	隆庆朝新建	枣强大原书院
	万历朝新建	灵寿松阳（敬业）书院、冀州旧书院、元氏文清书院、临城乐天书院、衡水育贤书院
	不详始建年代	南宫东郭书院、南宫紫微书院、枣强养正书院、柏乡槐川书院
	不详修复年代	元氏封龙书院、元氏中溪书院
顺德府	嘉靖朝新建	顺德国士（龙冈、连城）书院
	不详始建年代	任县莲州书院
广平府	正德朝新建	永年漳川（紫山）书院
	嘉靖朝新建	成安育英书院、威县洺阳书院
	隆庆朝新建	肥乡崇德书院
	万历朝新建	广平清晖（莲花）书院
	崇祯朝新建	肥乡偃武（振武）书院、曲州公善书院
	不详始建年代	广平春熙书院
大名府	正德朝新建	大名元城（天雄）书院、大名黎公书院、开州明道书院、浚县性道书院
	嘉靖朝新建	长垣河内公（求仁、子路）书院、大名应龙书院、大名思诚书院
	隆庆朝新建	东明抚义（漆阳）书院
	万历朝新建	滑县欧阳文忠书院、清丰崇宁宫书院、大名洹阳（洹水）书院
	不详始建年代	浚县东山（阳明）书院
永平府	嘉靖朝新建	滦州横渠书院
	隆庆朝新建	卢龙北平书院
	万历朝新建	抚宁云从书院
	不详始建年代	卢龙孤竹书院

表 7-2　　　　　　　　　　明代河北书院区域分布

地区	石家庄	张家口	承德	秦皇岛	唐山	廊坊	保定	沧州	衡水	邢台	邯郸
书院数量	11	6	0	4	2	3	18	9	7	14	19

　　明代河北共建有书院 93 所，其中 25 所书院创建年代不详，其他 68 所的创建时间在洪武年间至崇祯年间，而建文、洪熙、宣德、天顺、成化和泰昌六朝没有书院创建，永乐、正统、景泰、弘治四朝只有一所书院创

建,明代河北书院的创建从正德年间开始起步,到嘉靖年间达到顶峰,其次是万历年间,两朝合计 48 所,占已知年代书院总数 68 所的 70.59%。全国书院的发展也是嘉靖和万历年间创建书院数居前两位。

各级学校和书院的发展,使科举也因教育的发展而兴盛起来。据雍正《畿辅通志》记载,京畿籍参加殿试考中进士的人数,从洪武至天顺,27 科共取进士 330 名;成化至隆庆间有明显增加,32 科共取进士 1355 名;万历以后稍减,24 科共取进士 599 名,[1] 明朝共录取进士 24866 名,河北籍的进士 2289 名,占全国总数的 9.2%,仅次于浙江和江苏,在全国位居第三,成为科举大省。具体到各个府,可以看出经济发达、位居政治中心地区的考中进士数较多,经济欠发达、偏僻的地区,考中进士数较少。据《明代城市与市民文学》一书中《明代进士分布表》[2] 记载:明代北直隶进士共 1707 人,其中,顺天府 419 人,保定府 244 人,河间府 250 人,真定府 314 人,顺德府 488 人,广平府 137 人,大名府 215 人,永平府 68 人,隆庆州 12 人。

各类学校的兴建、科举考试的成就,吸引更多的百姓子弟走进学校,勤学科考入仕,使耕读思想深入民心并深刻地影响着社会各个阶层,人们意识到要生存,只有勤于耕稼,要发展,只有读书仕进。这种耕读为业、学优则仕的观念依然牢不可破。如保定府的清苑县,"民俗务本不尚末作,不能商贩远方,且耻为胥吏,故邑中富室绝少,其衣食稍足者皆令子弟向学,虽穷乡下里必有塾师,弦诵之声达于四境"。只要在物质条件允许的情况下,河北农家都送子弟入学读书,走读书入仕之路。不仅农家子弟如此,就是富甲一方的商人也把科举应试作为他们的首选目标。[3] 农业经济的发展,儒学教育的兴盛,科举教育的发达,使燕南的河北地区务农桑勤耕稼,劲勇尚义的民风传承不衰。

---

① 张岗:《河北通史(明朝卷)》,河北人民出版社 2000 年版,第 284 页。

② 方志远:《明代城市与市民文学》,中华书局 2004 年版,第 52 页。

③ 刘虹、张森:《明清河北科举与经济关系刍议》,《河北师范大学学报》(教育科学版) 2009 年第 7 期。

第八章　民尚浑朴,敦孝悌而重节慨

——清朝时期的燕赵文化

第一节　清朝时期燕赵地区的民风文化

有清一代,对地方志的修撰十分重视,留下了大量的方志史料,仅燕赵地区就有康熙、雍正、光绪三个时期修撰的《畿辅通志》。风俗是方志中一项重要的内容,在通志和府州县志中都有详细记载,这就为我们研究清代畿辅地区的民风文化提供了大量基本史料。一地方之民风,不仅是为官地方的政绩的标志,而且还是作为首善之区的一项重要内容,直隶总督李卫在《畿辅通志》序中说:

> 夫古之建都者曰长安、曰洛阳、曰汴梁,而识者考论国势,咸以为不若燕京之盛。盖渤海东绕,太行西峙,前襟河济,后拱居庸。居高驭重,南面以临四海。诚所谓神皋天府,万国朝宗之地也。其民俗尚浑朴,敦孝悌而重节慨。又沐浴圣化,时亲云日之光,风气进而日上矣。

康熙时期修撰的《畿辅通志》因其从体例到资料方面都有所欠缺,使用稗官小说资料较多,故而以雍正、光绪时期的《畿辅通志》中所载的风俗资料来讨论燕赵地区的民风传承与演变。因为民风形成受多元因素的影响,致使各地民风相异,刚柔、轻重、迟速异质,故而以各州县民风的主要特征为标志,将具有相同、相似、相近民风特征的州县划归为同一类民风区,以讨论雍正、光绪时期燕赵地区的民风地域分布(见附录表3:清雍正时期燕赵地区民风资料分类统计和附录表4:清光绪时期燕赵地区民风资料分类统计)。据附录表3,雍正时期燕赵地区民风可划分为三个民风区:即燕北山地高原民风区,此区民风淳朴悍直,劲勇刚猛;白沟水系民风区,此区儒学教育较为发达,民喜读书,又慷慨尚义;河北平原民风区,此区古风淳厚,务本而勤于耕稼。

一 雍正时期燕赵地区民风文化

(一)燕北山地高原民风文化区

《旧宣镇志》:

> 山高水深风劲气寒,人性勇健,喜敦信义,故多贞烈之节。

这一地区主要分布在燕山以北,由山地向内蒙古高原过渡地区,以今河北北部的张家口和秦皇岛地区,也包括北京的顺义、天津的蓟县地区。这里地近边塞,山高气寒,形成以尚武为主的民风文化特征。

赤城"土厚重朴鲁无浇漓之习,民性刚直强悍,逼于饥寒盗窃亦不概见"。怀来"自沮阳来者,皆言怀人性刚直;自缙山来者,皆言怀土风从厚"。西宁"民间率重诗礼,与关内仿佛,但边风刚劲,习武者多。地处边陲,少娴文教,改设县治以来设学校,士人渐弦诵"。顺义"壤土块垒,地气冽寒,生其间者,材技豪劲,习尚淳朴"。蓟州"俗悍而漓,性沈而挚"。卢龙"人多刚猛而尚才勇,士好礼让"。山海关"负气任侠,慷慨激壮。弦诵风微,技击习炽"①。诸如昌黎人齐大勇,"幼颖异,通史书,素负大志。为诸生,应乡试不第,乃就武学,为武生。雍正七年,武闱又不第。大学士马齐素知大勇膂力过人,善弓马,兼长文事,为之称屈。上闻之,特命与新科武举在紫光阁一体考试,钦赐武举。明年,会试、殿试具第一,授乾清门头等侍卫,一时名噪都下"。乾隆时

---

① 雍正《畿辅通志》卷55《风俗》所引各州县志《钦定四库全书·史部·地理类三》,(台湾)商务印书馆1986年版。

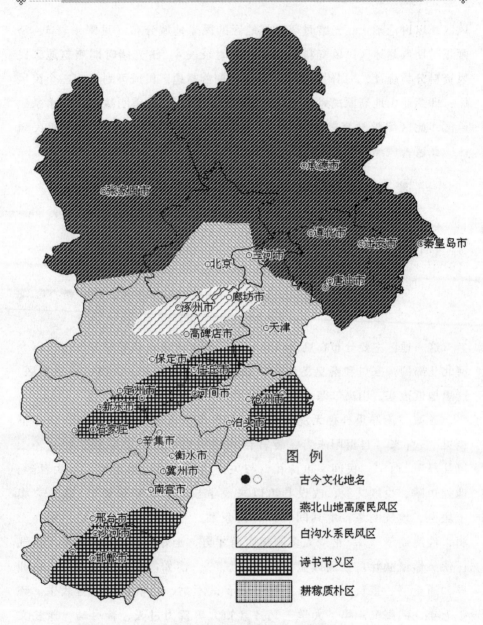

图 例

● ○ 古今文化地名

燕北山地高原民风区

白沟水系民风区

诗书节义区

耕稼质朴区

清雍正时期燕赵文化分布示意图

为湖广提督。①

---

① （清）徐世昌：《大清畿辅先哲传》，北京古籍出版社 1993 年版，第 277 页。

（二）白沟河水系民风文化区

康熙《霸州志》卷1《风俗》：

> 士大夫居处循理，尚气节，耻奔竞。

乾隆《直隶易州志》卷10《风俗》：

> 其崇本务，立节概，犹有先民遗范焉。
> 齐民务本者多，游惰者少，虽好争斗而豪恶者稀。

白沟河水系位于北京南部，这里曾是宋辽的边塞地带，也是京师南部的重要防线，西起易县、满城，经新城、霸州，东至廊坊安次（清东安县）。易州"英俊之域，簪冕所兴。山川明秀，豪杰挺生，地灵之所苞孕也"。涿州"水深土厚，风气高寒，草木则肤厚干强，鸟兽则羽劲毛毡，其人君子则高明直亮，小人则淳朴坚强"。霸州"郡西地皆平衍，民树桑枣，勤耕织，然当诸河之冲，频历水患。东多水，乡饶鱼盐席苇之利；南多污下，沮洳不得耕播，民多业渔。其俗朴野，愚钝倔强，不肯屈折，每秋水泛溢多携家徙别所。郡北沙薄不宜谷，民树榆柳植瓜果，人尚凉薄，俗习纤啬，与诸营屯接壤有军卫风"。满城"民性朴直而勤于耕桑，士习谨厚而乐于弦诵"。新城"俗熏京兆之华，人带塞垣之武"。东安"风气浑纯，而民俗质直。人性质而好刚，直而不校。士习儒业，农勤稼穑"[1]。

习武民风造就了许多名将，本区在清初出现10位名将，如东安的李锡命，朴诚有干略。乾隆四十九年，以一甲第二名武进士选侍卫。嘉庆元年从大军剿川楚教匪，尝单骑入贼营，生擒贼目以归。芭叶山之战，战功尤多。反贼为清大兵围困，弃寨退入山林，扼险死拒。李锡命挥众仰攻，山中矢石如雨下，李锡命奋不顾身，呼而先登，众从之，直捣贼垒。贼相顾

---

① 雍正《畿辅通志》卷55《风俗》所引各州县志。

惊曰："大刀李至矣。"相率宵遁。获粮刍无算。上嘉之。升广东罗定州副将。李锡命每次临阵都手执大刀，故军中有大刀李之名。后战殁于阵，赐云骑尉世职。①

（三）河北平原民风文化区

这一地区位于燕山以南、太行山以东，东临渤海，地域广大，以好农务桑、民风淳朴为主要特征，这一民风文化区又可分为两个民风文化亚区，即诗书节义文化区和耕读质朴文化区。

1. 诗书节义的民风亚区

康熙《藁城县志》赖于宣序：

> 藁城分隶畿辅，地接恒岳，拱翠巘以卫神京，水绕滹沱，带清流而朝沧海。连城拂汉，美哉，天堑之雄，长堤如虹，屹矣，金汤之固，土特宜于稻粱黍稷，产常富于布帛麻丝。忠厚俭勤，家留唐魏之遗风。俗悲歌慷慨，人袭燕赵之高风，是以代有伟人，朝多硕佐。

喜读诗书，又有慷慨尚义之风的民风区主要集中在两个地区，一是白沟河水系民风地带的东南侧，西南起自藁城、无极，向东北延伸，经祁州、高阳，而至文安县地。藁城"藁居太行之东，人物豪雄多慷慨，尚义节，居民急农桑，崇礼让；输纳不敢愆期，服役如趋父事"。无极"龙冈蟠拱于后，滋水带绕于前，风气攸萃，礼义渐兴，慷慨轻生，刚毅任侠，信鬼尚祈，嗜游弛业，犹不免燕赵之故俗"。祁州"人习凿轮之巧，家谙种树之书。燕赵之俗悍而漓。地狭而瘠，又迩沙滋滹沱三河，每际水涝易生盗贼"。高阳"风土深厚，民性朴质，多忠信义烈之士"。定州"俗敦淳朴，人务农桑，有勤俭之风，多慷慨之气。果于行义，号为厚俗，人无远虑，农桑外不事商贾"。文安"资性躁劲，习为质直，士重科第，民乐耕织。执正不阿，追燕市悲歌之节，有赵人慷慨之风"。通州"走集之交，聚会之所，习为商贾，勇于奔竞。喜声名者，有雄杰之风，好诗书者，多

---

① （清）徐世昌：《大清畿辅先哲传》，北京古籍出版社1993年版，第302页。

慷慨之致"。

另一分布地区在今河北的邯郸为中心的地带,广平"广邑风气雄劲,深沈大都,矜气节,敦礼让,务本业,多畜牧"。邯郸"任质无伪,尤为近古"。清河"清河以平干尾邑,僻处河滨,壤接山东,地多斥卤,惟侠烈之气远过邻封"。

此外,沧州地区亦是慷慨尚义之区,沧州"廉耻成风,志士鼓义"。庆云(今山东庆云县)"好经术,矜功名,务农桑,崇学业,文物彬彬而豪悍之习自若"。盐山"士尚名节,俗重信义,侈文信鬼,椎贩时有"①。

2. 勤耕稼,民风质朴的民风亚区

乾隆《正定府志》卷 11《风俗》:

> 士知读,农知耕,工商无奇滛。老妪弱息不废女红。冠礼,士大夫家或行之;婚礼,多不亲迎;丧尚佛祭。俗俭,男女遇,礼节易服,既事藏之,或亲朋有红白事,辄交相伙助。

勤耕稼,民风质朴是以小农经济为基础的农业社会民风面貌的重要标志,雍正时期这一民风区在燕赵地区占主导地位,北起今河北的唐山地区,向南经廊坊、天津及保定的东部、沧州地区的西部,至石家庄地区和邢台地区。如唐山地区的乐亭县"古称夷齐廉顽起懦,而滦乐为桑梓之乡,其被化尤切"。迁安"务本力作,不习奸伪,古心未凿"。玉田"山环水抱,人多秀而知学。人心质朴,古风独存"。滦州"朴而野,谨约而不浮,士敦信,农弃末,工贾罔尚淫艳"。

天津地区"民性淳良,俗皆淳朴,以农桑为先务,以诗书为要领。贵德耻争,民淳讼简。近来五方杂处,逐末者众,讼狱繁兴,习尚奢靡"。兴济"民性淳厚,俗信鬼神"。静海"勤农桑,尚祈祷,家少余积,人敬长上"。

保定东部的定兴"四达之冲,地势坦平,无奇货,俗尚质朴,民务农

---

① 雍正《畿辅通志》卷 55《风俗》所引各州县志。

桑，士敦学业"。博野"春之日，男驱犊女操筐，秋之日，圃坻积机云联"。蠡县"男务农桑，女勤织纴，服饰婚丧，俱崇朴素，虽大族亦然"。雄县"雄，泽国也，为三辅要地，俗勤俭，男耕读女蚕桑"。安州"古濡阳地，居九河下流，每岁禾稼将登，水至潦没，虽苇荻菱芡亦鲜成熟，百姓以渔樵为生业"。

沧州地区的西南部献县"水深源广，人秀地灵"。肃宁"地僻，民淳简朴易理，士类服驯教化。"莫州"俗尚祈祷，信鬼神"。任丘"诵读成习，耕桑为业"。交河"民淳讼简，不相凌暴"。宁津"民庶而富，俗敦而庞。沃野平畴，风俗淳厚"。景州"文武忠孝，代不乏人；密迩齐鲁，渊源洙泗。民淳讼简，无强暴相凌之风。州人习董子正谊，明道之训，至今人尚质行，户多弦诵"。吴桥"风俗淳厚，人心古朴，其君子文章都雅，其小人稼穑勤劳差称近古"。故城"地平衍有斥卤，民乐农耕，俗耻斗讼"。

石家庄地区的正定"缙绅先生抗言厉志，好尚儒学，犹有先古遗风"。行唐"地秀人杰，风淳俗美，号称礼义之邦"。灵寿"民安俭陋，冠昏蜡社外，无游逸之饮"。平山"士风耻入公门，民俗多尚淳朴，从令如响，质任自然"。元氏"士重科目，民乐耕桑。质朴尚义，务本力农"。南和"俗变（齐）鲁为礼义邦，号易治。君子好义，小人力田"。

邢台地区的广宗"民十七迁自山右，有陶唐氏之遗风，男力稼穑，女勤织纴，虽土瘠人贫而急公恐后，油然有亲上之义焉"。巨鹿"昔称忮诈椎掘，今则急上而力农，昔称弹弦跕躧，今则纺织而宵作"。威县"风俗淳美，务农力学，衣冠礼仪，为邻邑首称，人性多敦厚而过于持重"。磁州"滏阳，勤于营生，俭于费用。土浊人稀，习尚敦厚，雅重儒学，颇有古逊畔之风。磁之为郡，民素淳愿，良吏治之则事易集"①。

二 清光绪时期燕赵地区民风文化

经过 140 多年的发展，到光绪时期，燕赵地区各民风区也发生了一些变

---

① 雍正《畿辅通志》卷 55《风俗》，所引各州县志。

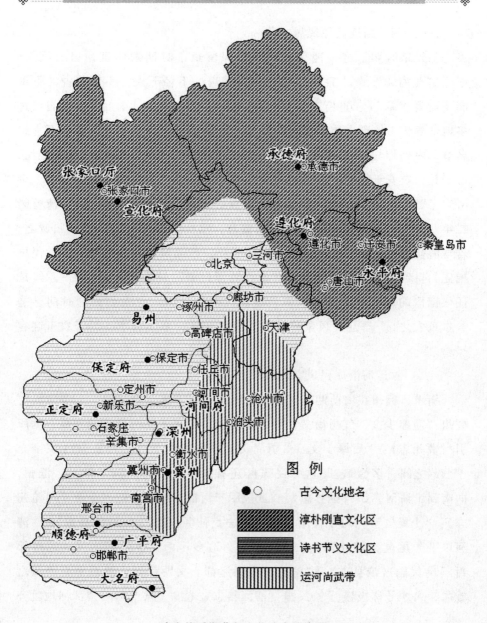

清光绪时期燕赵文化分布示意图

化,根据光绪《畿辅通志》提供的民风资料,可依据各州县民风的主要特征,将其划分为三个民风文化区和两个民风文化亚区。并依此可对雍正、光绪时期燕赵民风区的变化进行讨论。

（一）燕北山地高原民风文化区

至光绪时期，这一地区的民风多保留雍正时期的悍直劲勇的风气，据《宣化府志》载，宣化"文士自持甚高，不轻下人，不伸其说，不辍能谦受者盖寡"①。宣府之人不卑不亢，不轻易屈从于人，也不会为自己过多地辩解，正体现出质朴悍直的民风。万全县"文武士人皆持重，不肯毁名节，内外坦白心无畛畦，轻财好施，无悭啬之习"。赤城"奉圣之民，习于兵，农安于勤苦，不为浮华之行"。临榆县"士习诗书，谈气节，少所许可"②。临榆县为明代洪武十四年置的山海卫（治今山海关），清乾隆二年（1737）撤销山海卫，改置临榆县，割抚宁县深河以东地区归属之。若与清初山海关的"负气任侠，慷慨激壮。弦诵风微，技击习炽"的民风相比，自然是诗书之风渐起，已由"弦诵风微"转为"士习诗书"。但是任侠慷慨的风气改变不多，依然是谈气节重言诺。卢龙到民国时期已是务本重农之区，"县民风素称朴厚。出作入息，率能务本，对于农事饶有经验"③。

（二）古运河沿岸民风文化区

衡水、冀州在清前期就有尚武之风，衡水"衡介燕赵间，士多慷慨"。冀州"质厚少文，气勇尚义，号为疆悍"④。到了光绪时期依然如故，据所引《冀州志》："质厚少文，气勇尚义，号为疆悍。"《衡水县志》："衡介于燕赵之间，多慷慨。"这一民风区还有所扩大，向北到了献县、沧州，向南到了清河，如《献县志》："武风甲于河郡，故数有魁多士者。"《沧州志》："士尚气节，习于诗书，尊吏畏法，耻事斗讼。"《清河县志》："清河以平干尾邑，僻处河滨，壤接山东，地多斥卤，惟侠烈之气，远过邻封。"⑤ 民国《沧县志》："沧邑，古渤海郡。文明武健，泱泱乎有表海之雄风，人才号称极盛。"⑥ 民国《清河县志》卷9《风土志》："清河地毗齐

---

① 光绪《畿辅通志》卷71《风俗》引《宣化府志》，华文书局1968年版。
② 光绪《畿辅通志》卷71《风俗》引各州县志。
③ 民国《卢龙县志》卷10《礼俗》，成文出版社1968年版。
④ 雍正《畿辅通志》卷55《风俗》所引各州县志。
⑤ 光绪《畿辅通志》卷71《舆地二十六·风俗》引各州县志。
⑥ 民国《沧县志》，徐国桢《沧县志序》，成文出版社1968年版。

赵，席古燕赵之风，人民任侠好武，则亦有悲歌之遗意矣。古语有曰：礼失而求诸野。又曰：观于乡而知王道之易，易也。故凡留心治化者，莫不惟风土是问。然俗与化移，物随境迁。至于今尤有殊别不同这点。则欧风东渐是也。吾清风土正新旧过渡时期，备录之，亦异日之鸿爪也。作风土志。"民国二十三年，署理清河县县长刘绍先为《清河县志》作序写道："志载民情敦朴而好侠。余因之有感焉，周礼六行任居其一，孔子亦称北方之强；曾子曰：士不可以不弘毅，任重而道远。仁以为己任，是故任也者处乎仁而节之以义，古圣贤之至行也。侠则任之流而其道不备，故曰侠者狭也。今世之大患俗浇漓而民皆窳。诚能本天赋之敦朴，行儒者之任而毋为闾巷之侠，无事则各勤其职，各尽其分，讲道德守法律而为良民，有警则被发缨冠保卫乡里，或执干戈以赴国难，捍御寇仇而著忠勇之节，虽有隐患强邻，奚足为害?! 若夫男耕女织，勤俭耐劳，崇儒尚文，士习淳美，尤当扩充光大之，则他日赓续此志，宁不愈益人文彪炳也哉。"[①] 而这一民风区正好又处在大运河两岸，形成一个"气勇尚义"、"武风甲于河郡"的民风特征鲜明的运河尚武带。

（三）河北平原民风文化区

这一地区依然可分为两个民风文化亚区，即诗书节义文化亚区和耕读质朴文化亚区。

1. 诗书节义文化亚区

诗书节义文化区与雍正时期相比有所扩大，一是白沟河水系民风区的民风特征近似于诗书节义的特征。虽然光绪《畿辅通志》所载白沟河水系民风区的民风特征多与雍正时期相同，差异不大（见附录表4），其间的原因可能是多个方面的。但是从雍正以后相关州县的县志来看，有些州县民风的变化还有的。一地的民风自然环境没有多大变化的时候，政治环境的改变，也会对民风产生一定的影响，如东安县（今河北廊坊）从康熙十六年到乾隆十四年的 70 余年间，"国家教化滋浃，日月广深，加夫贤大夫大臣董导劝率，勤勤以抚柔兴起为意"。70 余年来国家和为政者的不断的滋

---

① 民国《清河县志》，成文出版社 1968 年版。

浸教化，使东安县民风有了些改变。据乾隆《东安县志》载："论曰：在上为风，在下为俗，其暴风感者下亦应之以暴，其德风感者下亦应之以德。故子游治武城而弦歌化，鲁恭为中牟宰而童子有仁心，所以，感之者微矣。夫一介之士，洁身修行，乡间犹化其德，而况居高御物者乎。东安为幽冀之墟，风气刚劲，俗多尚武，倘即昌黎（指韩愈，世称'韩昌黎'、'昌黎先生'）所为'慷慨悲歌者'非耶，以诗书礼乐之化，风俗所由日茂尔。我朝重熙累洽，既爱养之，又教诲之，深仁厚泽、沦浃肌髓者，百有余年于兹矣。士业诗书，农习南亩，其力勤以肆其用，俭以约其心，质直而无诈伪，惇伦纪恤鳏寡，重节义矜然诺，由斯以观，岂徒慷慨悲歌之旧俗而已哉。"① 东安县的"风气刚劲，俗多尚武"的民风经过百余年的教化，已成为重诗书、勤耕稼之区，悍直劲勇之气渐少，多了一些文雅，然而，重节义、矜然诺的慷慨之气却依然留存。

新城县在清朝时也多次修志，康熙十四年知县高基重、道光十七年知县李廷荣、光绪二十一年知县张丙嘉都曾撰修新城县志，道光《新城县志》所载新城民风云："畿辅旧志云：民质朴、劲勇，不以浮华为习，而以耕织为生。郡旧志云：士人文雅沈鸷而狃于俗，感时触事则悲歌慷慨之念生，犹然燕丹遗烈。间巷佣贩之夫，亦莫不怪悍不屈，硁硁然以急人为务，无阘茸呰窳之习。"② "硁硁然"一语出自《论语·子路》，子贡问曰："何如斯可谓之士矣？"子曰："行已有耻，使于四方，不辱君命，可谓士矣。"曰："敢问其次。"曰："宗族称孝焉，乡党称弟焉。"曰："敢问其次。"曰："言必信，行必果，硁硁然小人哉！抑亦可以为次矣。"孔子将士分为三等，"硁硁然"的人可列为第三等的士，③ "硁硁然以急人为务"，即"说到做到"，不问是非黑白而只管按照自己的言行做事，把扶危济困、帮助他人看成是最急的事。

县志所载民风多引用旧志，但是民风也有些变化，主要在新城县的儒学诗书教育的影响，新城士人多文雅而有燕赵之侠骨，间巷佣贩之夫亦是

① 乾隆《东安县志》李光昭序，卷8《风物志·风俗》，成文出版社1968年版。
② 民国《新城县志》卷20《地俗篇·礼俗》，成文出版社1968年版。
③ 杨伯峻：《论语译注》，中华书局2012年版，第194页。

悍直劲勇，为人侠义，没有庸碌、苟且偷生之气。民国二十四年（1935），县长侯安澜再修县志，该志的《序》中说："新城迤在皇畿之内，沐化最先，其土壤肥腴，俗尚淳朴，士传祖业，农服先畴。虽沧桑屡变，割据无常，而游其地，观其风，弦诵机杼之声不绝于四境，而贞孝节义之士，又时时见于闾巷之间，有（又）非浇风污俗之所能变易者。孔子曰：鲁无君子者，斯焉取斯？盖其所由来旧已。"又《礼俗》："新城之俗，朴实坚强，士娴弦诵，民务农桑，四时之礼率循旧章，婚丧与祭，古制尤详，罔敢越踰。"① 新城县的民风一直沿着文雅的方向发展，雍正时期的"人带塞垣之武"的尚武风气渐少，但是仍然有燕赵侠骨之气，并延续到了民国年间。

据民国《霸县志》的《附旧志风俗》记载："霸县三十年前，风俗朴茂。自光绪之末，新学输入，科举已停，一般文人高谈时务，兼之国家变更，新法名目繁多，教条充斥，未谙事实，先袭皮毛，家有新章，野无旧迹，成效未著，徒使生活程度日见增高。"又"我县惟务农一事尚能世世相承，若他业，则终身不改者已绝无仅有"② 。民国《霸县志》修于民国二十年（1931），该志所说的"三十年前"，也就是清末年间，这时的霸州地区农业之外的诸业未兴，耕读成习，民风朴质淳厚，已无军卫之风了。

满城县与其他诸县相似，民风古朴，务农为业，满城还有一个祈雨的礼俗，特为县志所载，足见其对农业的重视了。"满邑近山，恒苦旱。乡农聚众祈雨由来已久。祈雨先跪香三日，家家门首设水坛，坛插柳枝，过三日，遣人赴抱阳山或龙潭或一亩泉取水供之。乡众接水人各戴柳圈，举龙王牌，钲鼓喧阗，几等游戏。会雨降，则以为应验，演剧赛神，名曰谢雨。"③

百余年的变化，使雍正时期京城南部的白沟河水系地带的民风，渐少尚武之风，多了些耕读之气，文雅而有慷慨尚义之风。可以与"诗书节义民风亚区"融为一区。

---

① 民国《新城县志》卷20《地俗篇·礼俗》，成文出版社1968年版。
② 民国《霸县志》卷4《风土》"附旧志风俗"条，成文出版社1968年版。
③ 民国《满城县志》卷8《风土一·礼俗》，成文出版社1968年版。

二是保定、石家庄地区大部分州县的民风特征多具有诗书节义民风区的特征，又使这一民风区进一步扩大。如《保定府志》云："其俗愚悍少虑，轻薄无威，变有所长，敢于急人，燕丹遗风也。读书重授受，喜延名下设皋比诗文楷模大家。塾馆图籍园亭竹卉，藏素位置都雅，盖富而好礼者与。"燕丹养勇士为国的遗风对当地仍有影响，再加上诗书传授的影响，当地民风由悍直、少思考，没有威信，渐而变成"敢于急人"，讲求义信之民风了，得到"燕丹遗风"之真谛。又如《高阳县志》："缙绅先生耻尚逡巡，于是若疏，盖雅负刚阳，不工绕指，亦其习也。"刚直尚义的风气可望而知。其他如定州"俗敦纯朴，人务农桑，有勤俭之风，多慷慨之气"，正定府"风物蕃衍，地广气豪，人习文则其质彬彬，习武则其气赳赳，大有赵胜鲁连之风"，藁城县"藁居太行之东，人物豪雄，多慷慨尚义节"①。其民风文化中的侠义之气十分突出。

此外，邯郸地区仍是一个诗书节义文化区，广平地区"土厚俗纯，士重然诺，先王之遗风犹有存者"。广平县"风气雄劲深沈大都，矜气节，敦礼义"。成县"风俗纯美，务农力学，衣冠礼仪为邻邑首称，人性多敦厚而过于持重"。大名府"士人忠信质直，君子深思，小人任侠。性纯朴，气刚毅，颇称好学务本"②。

2. 耕读质朴文化亚区

这一地区与雍正时期相比，除在保定、石家庄部分地区有所变化外，其他地区多沿承着原有的民风文化，形成北自唐山，南到邢台、沧州南部地区的耕读质朴文化区。乐亭县"士雅重读书，村民衣食稍足，亦必令子弟就塾"。"乾隆初，武风鼎盛……嗣后文教日兴，人材蔚起，春闱至一榜得二人，秋闱至一榜得五七人。科岁两试取优等拨郡庠者，亦较他郡为多，近年春秋两榜尚不乏人，而读书应童子试者渐少，其数几不逮嘉道之半。世动盛衰，固有循环而其维持振兴之道，当自有在也。""农，邑东南近海，西北临河，膏腴之地可屈指计入。……且地狭人稠，糊口之资，每藉关外、口外水陆转运粒食，维艰是在。""工，邑人以游惰为戒，故士农

① 光绪《畿辅通志》卷71《舆地二十六·风俗》引各府县志。
② 同上。

之外间习为工，居肆者少。""商，邑地近边关，经商者多出口贸易。……城堡市集皆有定期，遇期远近毕聚，日夕而散，所易不过布、粟、鱼、盐之属，无他异物，而市布、粟者尤众，粟则来关外，以资一县之用。布则乐，为聚薮本地所需一二而运出他乡者八九，以农隙之时，女纺于家，男织于穴，遂为本业故，以布易粟，实穷民糊口之一助云。"① 玉田县"山环水抱，人多秀而知学"。邢台县"邑东南有水利，俗近奢逸。西北多山少平壤，崎岖险阻，甚或鸟道不通，其俗俭朴，终岁勤动，食杂糠粃，有力之家，亦皆裋褐不完，有终身不知肉味者。南郭阛阓列廛，四民杂处，方以类聚，好尚不一矣。其士则束脩自好，耻涉公庭。……其农颇勤畎亩，多井不时灌溉，百泉河上下数十村，堤插栉比，秔稻青葱，得水利焉。西北高田，待泽播殖，近川两岸间有水田，近山则石多土少，穿泉凿井，恒病无水"②。河间府"汉河间献王好学，慕古以招贤者，毛公之徒毕至，于是彬彬兴起，至数百年而流风未衰，及乎拓拔、高齐扰攘之余，儒生辈起，经术尤盛，斯其献王之力也"。新安县"人多贵德，俗尚敦朴"。阜城县"士林多雅重、廉介"。南皮县"士风恬退，子弟谦谨"。巨鹿县"昔称伎诈椎掘，今则急上而力农，昔称弹弦跕蹦，今则纺织而宵作"③。束鹿县城南一带，"地势平坦，五谷外间种花生，俗勤俭，以邻深冀，经商者颇多，亦致富之一因也"。城西北一带地多沙壤，"五谷外间有林木，习俗则多尚俭朴焉"。城西南一带"地尽沙瘠，不宜稼穑，人多朴拙，素鲜工商，贫苦固有由也"。城东南"地多白壤，人务稼穑，五谷外兼植蔬菜"④。束鹿县各区的土壤与种植物种虽有不同，但是人多质朴，务稼穑的民风是共同的。

　　从燕赵地区的民风文化的地域分布，可以看到：燕北山地高原民风区呈片状沿长城东西分布；燕南地区的民风文化区呈现南北向的带状分布。这使燕赵地区的民风文化区形成"一横三纵"的空间分布特征，形如倒写

---

①　光绪《乐亭县志》卷2《地理中·风俗》，成文出版社1969年版。
②　光绪《邢台县志》卷1《舆地·风俗》，成文出版社1969年版。
③　光绪《畿辅通志》卷71《舆地二十六·风俗》引各府县志。
④　光绪《束鹿县乡土志》卷9《区域》，成文出版社1968年版。

的"山"字。"一横"就是燕北的长城，"三纵"是京师通往中原、江南的三条重要的水陆要道，其中，运河尚武带与明清沟通南北的大运河走向一致；耕读质朴文化区是与自明代以来形成的京师通往山东、江南的驿路基本相同，即由顺天府皇华驿，南行经固节驿（今北京良乡境）、涿鹿驿（今河北涿州境）、清苑驿（今河北清苑县境）、汾水驿（今河北高碑店市境）、归义驿（今河北雄县境）、鄚城驿（今河北任丘市境）、瀛海驿（今河北河间境）、乐城驿（今河北献县境）、富庄驿（今河北泊头市境）、阜城驿（今河北阜城县境）、东光驿至山东德州，进入山东境界，由山东再分二路，一路达江宁、安徽、江西、广东，另一路达江苏、浙江、福建；诗书节义文化区与通往山西、河南地区的驿路相符，即由顺天府皇华驿，南行经固节驿（今北京良乡境）、涿鹿驿（今河北涿州境）、清苑驿（今河北清苑县境）、宣化驿（今河北定兴县境）、白沟驿（今河北徐水境）、金台驿（今河北保定境）、陉阳驿（今河北满县南）、翟城驿（今河北望都境）、永定驿（今河北定县境）、西乐驿（今河北新乐境）、伏城驿（今河北正定境）、镇宁驿（今河北鹿泉境）、关城驿（今河北栾城境）、鄗城驿（今河北赵县境）、槐水驿（今河北柏乡境）、中丘驿（今河北内丘境）、龙岗驿（今河北邢台境）、临洺驿（今河北永年境）、丛台驿（今河北邯郸县境）至河南境内，经河南再分二路，一路通往湖广、广西，另一路达云南、贵州；由伏城驿西行，越太行山可达山西、陕西。[①]

第二节　民风地域特征的形成原因

一　燕北山地高原地区

清代燕赵地区北部（今张秦地区）民风强悍尚武，仍保持秦汉以来的民风传统，其主要原因是"迫近胡寇"。自秦汉以来，这一地区一直是蒙古高原南下进入华北平原的重要过渡地带，先后有匈奴、鲜卑、突厥、女真、蒙古等民族活跃其中，《读史方舆纪要·北直九》："司南屏京师，后

---

① 杨正泰：《明代驿站考》，上海古籍出版社 2006 年版，第 113 页。

控沙漠,左扼居庸之险,右拥云中之固,弹压上游,居然都会。后汉末刘虞牧幽州,开上谷外市之利,通渔阳盐铁之饶,境内以殷富。唐乾宁初李克用侵幽、燕,拔武州,进围新州,而李匡筹败亡。朱梁乾化三年,晋将李嗣源攻刘守光,分兵徇山后八州皆下之,进取武州,而守光穷蹙矣。其后金人由此逼燕、云,蒙古再攻宣德,蚕食山北,遂并山南。盖万全不守则藩垣单外,而蓟门之祸不免也。"故而,立都中原的王朝都在这一地区设置军队,防御边塞。长期的边塞战争冲突,使当地百姓习武成风,"农业之暇聚族讲武"成为生活的一部分。这一状况在清朝统一全国之后得到了改观,起自北方的满族在南下之前就与北方草原上的霸主蒙古族结为同盟,天下统一之后,阻隔南北的长城不再是军事防御的前线,而是出现了长城内外是故乡的和平景象,和平统一的政治环境为农耕文明渐渐进入直隶北部地区提供了条件。明代虽然在这里推行卫所屯田,但是,这一时期的屯田农业是为解决军粮,是为军事防御的,这就使其农业的发展受到一定的影响。清代的统一,大量内地汉族的流入,促进了当地的农业发展。察哈尔地区处于内蒙古高原,草原辽阔,清初在这里设立了御马厂、太仆寺及礼部牧场。康熙九年(1668)将古北口、罗文峪及张家口处的大片土地拨给八旗兵丁作为庄田,逐步有了农业的垦殖。康熙中期之后,内地无田或少地的贫苦百姓开始来到这里,进行垦殖,但只是春来秋去,不在当地安居,被称为"雁行人"。农田垦殖给这里的百姓带来不少的效益,不少人安居于此,到雍正初年,张家口外的"各处山口僻隅",已有万人居住,并有不少地方是村落棋布的景象了,在册农田达29700顷。

古北口、喜峰口以外的热河是农业发展较快的地区。热河地区包括冀北山地北部和内蒙古高原的东南部,直到康熙初年,古北口仍是牧马之地,人烟稀少,甚为荒凉。康熙八年之后,将热河一带荒地拨给八旗官兵垦种,时热河两岸共有旗地19900余顷。康熙帝还遣人教八旗官兵树艺,并提供牛种。因当地土壤肥沃,水泉疏衍,政府又有鼓励垦荒的政策,内地人民也开始前往垦种,到康熙二十七年时,这里种植玉米,农舍旁还植有果木,已与内地农村无异了。

清道光时期承德府北部广大的山区和坝上高原,因为是皇家的狩猎围场，封禁甚严，到嘉庆年间围场内仍是林木森森，牲禽繁育。这时因国事日艰，"木兰秋狝"不再举行，围场的封禁日渐弛废，到同治二年（1863）将围场四周边界荒地 8000 余顷让人民开垦。围场开禁后，垦荒者闻风而至，"近而关内，远而山东之民襁负子来"，各地民人云集而至，林木茂密的皇家苑囿，变成了田亩相接之地，围场地区的人口也迅速增加，据光绪二十八年（1902）统计，有 36399 口，到光绪三十四年已增加到 75728 口，6 年间翻了一番，可见其发展之快。

据陈坦《宣化乡土志》记载，康熙年间宣化人口增至 22.2 万人，有耕地 133.34 万亩，民风淳厚，务农桑，"老少相爱，耕获以力相助，有上世遗风焉"①。百余年后，宣化地区的农田增至 693.71 万亩，垦殖率为 24.5%，永平府和遵化府的农田也达到 241.7 万亩和 188.97 万亩，垦殖率分别为 12.4% 和 21.5%，已处在较高的水平。

农耕文明的长期发展也使直隶北部的民风有所变化，《西宁新志》云："然值数百载兵革不兴，民气乐和，生殖大育，则虽一邑已不能无今昔之异。"又指出，这里"地阻山河，承明季用武后，故人沈毅而好胜……先年习尚武健，故家大姓，能挟持官吏短长，武断乡曲，则群相尊奉。今则多守分畏法，间有桀骜不驯者，众排之矣。家勤稼穑，虽城居必资于耕"②。

二 燕南平原地区

燕山以南地区是河北平原的主体，是农业开发最早的地区，宋时有"河北为天下根本"之称。但是，到清代以来，河北地区的气候转寒，正处于小冰期气候（1500—1850）。寒冷的气候期又可分为清前期的短暂气候寒冷期、清中前期的气候相对温暖期和清中后期的漫长气候寒冷期三个阶段。清前期（1640—1690）的气候较为寒冷，中国东中部地区每十年约出现 4.3 个寒冬年，其中，最冷十年（1650—1660）东中部地区冬季温度较 1951—1980 年低 1.3℃，这是小冰期最盛的时期。清中前期（1700—1770），其间最冷的年代出现在 1720 年，中国东中部地区冬季温度较

---

① （清）陈坦：《宣化乡土志》，（台北）成文出版社 1968 年版。
② （清）韩志超、杨笃修纂：《西宁新志》，（台北）成文出版社 1968 年版。

1951—1980 年平均偏低 0.2℃，最暖年代出现在 1700 年和 1760 年，东中部地区冬季温度较 1951—1980 年平均暖 0.3℃。由于气候转暖，该时段的寒冬年份仅为前一寒冷期的一半左右，每十年约出现 2.2 个寒冬年。1780 年以后直至清末，中国气候较为寒冷，特别是 18 世纪 70 年代，中国东中部地区冬季温度较 1951—1980 年平均低 1.4℃。[①] 气候较寒冷使自然环境发生了一些变化，如明代中叶河北平原中部还有许多大大小小的湖淀，有地跨任丘、新安、高阳三县境，周回 60 里的白洋淀；霸州境内有周回 400 里的高桥淀；雄县境内有淀泊 29 处，最大的矛儿湾，下连直沽，周回百余里，其他有周回 30 里的苍耳淀、周回 30 里的马务淀、周回 30 里的烧车淀、周回 30 里的莲花淀等，这些湖淀总称为东、西二淀。东淀诸湖淀到康熙后期因河道变迁而渐淤为桑田，只留下一个文安洼了。西淀的白洋淀，从顺治元年到光绪七年，由于泥沙淤积，湖区面积缩小了 7/10。[②]

清代也是河北平原自然灾害增多的一个时期。据统计，从乾隆元年（1736）至宣统三年（1911）的 176 年中，海河和滦河流域只有 18 个年份没有洪涝记载，其余的 158 年都有洪涝发生，总计海河流域为 5615 县次（每州县每年一次计）；滦河流域为 227 县次，共 5842 次。又据 1822—1911 年直隶地区灾害的统计说明，在这 89 年中，发生灾害的年份为 57 年，其中发生频率最高的是水灾，为 57 个年份，雹灾为 27 个年份，旱灾为 22 个年份，虫灾为 16 个年份。[③] 气候的寒冷、自然灾害的增多，对农作物的生长与分布的影响是非常明显的。据葛全胜研究，将夏、秋收成按"十分法"说明收成的好坏，如"收成十分"意味着特大丰收，"收成七分"表示年景一般。从 1730—1910 年全国平均夏、秋收成变化来看，夏季收成平均值为 7 分，秋季收成平均值为 7.4 分。1820 年前，中国农业收成普遍较好，收成在 7 分及以上，之后至 1911 年一直处于较低水平，在 6 分左右。其中 1830 年前后中国农业收成显著变坏，1855 年后则长期处在

---

① 葛全胜：《中国历朝气候变化》，科学出版社 2011 年版，第 588—589 页。
② 邹逸麟主编：《黄淮海平原历史地理》，安徽教育出版社 1997 年版，第 181 页。
③ 同上书，第 285 页。

恶化时期。①

在气候较寒、水利工程年久失修、河流的不时泛滥，频繁的自然灾害的环境下，河北地区的农业发展要取得一定成就就必须在选种、育种、灌溉、施肥等方面进行精耕细作，提高生产技术，加大劳动力的投入，才能使农业收成在较长的时期内保持普遍较好的水平，这是多么的艰难，务本俭朴、勤于耕稼成为常态。

燕赵地区是清王朝入关后首先占领的地区，为尽快恢复农业生产，顺治帝曾多次颁诏蠲免、赈济，奖励垦荒，但收效不大。清政府为解决入关满族贵族和军卒、百姓的生活颁布了圈地令，顺治元年十二月，"凡近京各州县区无主荒田，及明国皇帝、驸马、公、侯、伯、太监等死于寇乱者，无主田地甚多，尔部可概行清查，若本主尚存，或本主已死而子弟存者，量口给与，其余土地尽行分给东来诸王、功臣、兵将。此非利其地土，良以东来诸王、功臣、兵将等，无处安置，故不得不如此区划。然此等地土，若满汉错处，必争夺不止，可令各府州县乡村，满汉分居，各理疆界，以杜异日争端。今年从东先来诸王，各官兵丁及现在京各部院衙门官员，俱著先拨给田园。其后到者，再酌量照前与之。至各府州县无主荒田，及征收缺额者，著该地方官查明造册送部，其地留给东来兵丁"②。到顺治四年正月，"户部奏请：去年八旗圈地，止圈一面，内薄地甚多，以致秋成歉收。今年东来满洲，又无地耕种，若以远处府州县屯卫故明勋戚等地拨给，又恐收获时，孤贫佃户无力运送。应于近京府州县内，不论有主无主地土换拨去年的圈薄地，并给今年东来满洲。其被圈之民，于满洲未圈州府县内，查屯卫等地拨补。仍照迁移远近，豁免钱粮。四百里者，准免两年；三百里，准免一年。以后无复再圈民地，满汉两便。疏入，从之"③。

当时"凡圈田所到，田主登时逐出，室中所有皆其有也，妻孥丑者携去，欲留者不许携"④。属拨换土地者也得不到应有的土地，得到的也多是

---

① 葛全胜：《中国历朝气候变化》，科学出版社 2011 年版，第 641 页。

② 《清世祖实录》卷 12，顺治元年十二月，中华书局 1986 年版。

③ 《清世祖实录》卷 30，顺治四年正月，中华书局 1986 年版。

④ 史惇：《恸余杂记》"圈田"，（明）赵士锦等：《甲申纪事 纪事略 恸余杂记 南忠记》，中华书局 1959 年版。

无法耕种的盐碱荒地,按诏书应豁免租赋者也得不到落实,一些满洲贵族、旗主以薄换地为名大肆强占良田,圈地令又造成新的社会动荡,新的流民不断增加。

圈地涉及河北、山东、河南、山西、陕西、江苏、宁夏、四川等省的地区,尤以河北地区受害最深,仅顺治四年圈占的土地就涉及河北地区的42个府州县的丰饶之地,占清初河北地区8府17州115县的36.5%。清政府虽在顺治四年的圈地令中规定今后不许再圈地,实际上,圈地之风一直延续到康熙二十四年,前后四十余年,河北地区有25万顷土地被圈占(见表8-1)。被圈占的土地虽然划拨给东来的旗人,但是由于旗人是职业军人,不熟悉农耕生产,再加上清初战事较多,旗人也无力投入农耕生产,被圈的土地不是荒芜不垦,就是变成牧马放鹰之地。燕赵地区的农业经济受到的破坏远比仅受战乱影响的地区更加严重。

表8-1　　　　　　　　　清代河北各府州土地圈占情况[①]

府　州	原额（顷）	圈占田数（顷）	余额（顷）	圈占比率（%）
顺天府	81575.08	75046.69	6528.39	92.0
保定府	70453.72	46336.34	24117.38	65.8
河间府	67514.99	23993.65	43521.34	35.5
天津府	9202.34	6995.95	2206.48	76
宣化府	78186.07	3000.4	48175.75	38.4
承德府	19325.86	14213.11	5112.75	73.5
永平府	29221.67	21965.33	7256.34	75.2
遵化府	12826.07	11471.72	1354.35	89.4
易　州	10754.23	7512.46	3241.77	69.9
总　计	379060.03	210535.65	141514.55	

燕赵地区农业的再恢复和发展是与旗地的"民田"化同步的。清政府为了巩固其推行的圈地政策,还配套实行投充法和逃人法,以维护旗人的利益,但是这种落后的农奴制经济形态已远远不适应燕赵地区的社会发展,促成了"旗地"逐渐"民化"。大约从康熙以后,民典旗地的现象

---

①　李辅斌:《清代河北山西农业地理研究》,陕西师范大学博士学位论文,1992年。

已经出现了，到了乾隆时期，原有的"八旗地亩，原系旗人产业，不准典卖与民"的规定已成为一纸空文，乾隆二年，御史舒赫德在《八旗开垦边地疏》中说道："我朝定鼎之初，八旗生计颇为丰厚者，人口无多，房地充足之故也。今百年以来，甚觉穷迫者，房地减于前，人口加有什伯，兼以俗尚奢侈不崇节俭，所由生计日消，习尚日下而无所底止也。夫旗人之所赖以为生者，惟有房地，别无它项。若房地不足，虽百计以养之，究不过目前之计，终非久远之谋。"从京师附近解决旗人房地问题不太可能，"惟是京师房屋，尚可通融，而地亩则昔时所谓近京五百里者，已半属于民人"。"盛京、黑龙江、宁古塔三处，为我朝兴隆之地，土脉沃美，地气肥厚，闻其旷处甚多，概可开垦。"可达到"不惟京城劲旅，原无单弱之虞，而根本宝地，更添强壮之卒，事属两便"①。乾隆五年、六年，御史范咸、户部侍郎梁诗正均上《八旗屯种疏》，都以"内地已无闲旷之田，而边塞尚有可耕之土"为由，建议让八旗到边塞屯田，并认为这是解决八旗生计问题的唯一之法。② 随着旗地民田化，清初那种因社会动荡而形成的落后的生产状况已有大的改观，没有典卖旗地的旗人，也由原来"上则为官，下则披甲"的生活方式变成封建地主，正是这一转化，燕赵地区的农业经济恢复并发展起来，御史胡蛟龄建议让人多地狭的府州到奉天锦州等地垦荒③，人多地狭状况的出现，正是经济发展、人口增多的反映。

圈地民田化的转变、农业经济的恢复与发展也反映到白沟水系民风区的变化上。清初这一地区不仅有习武之风，而且也是清初武将较集中的地区，据《大清畿辅先哲传》卷8《名将传》统计，本区活跃在清初至乾隆时期的名将有诸如固安的王普、东安的李锡命、易州的许成麟、雄县的王清弼等10余位，占清初畿辅名将1/5多，乾隆之后，本地区再没有出现入集的名将了。

平原地带宜耕土地逐渐被开垦殆尽，人口的增加却没有停止，雍正二

---

① 《清经世文编》卷35《户政10》，中华书局1992年版，第865页。
② 《清经世文编》卷35《户政10》，御使范咸《八旗屯种疏》，户部侍郎梁诗正《八旗屯种疏》。
③ 《清经世文编》卷34《户政9》，胡蛟龄：《推广辟荒疏》。

年（1724），燕赵地区的耕地数为6259.4万亩，人口为340.7万口，人均
耕地面积为18.37亩；到嘉庆十七年（1812），人口增至2799.1万口，耕
地面积为7414.4万亩，只增加了1100余万亩，而人口却增加了2400万
口，这使人均耕地面积下降到2.65亩。按照当时的生产力水平，人均耕地
面积10亩左右才能维持1个人的生活所需，为了生存，迫使百姓将开垦的
方向转向了山地、水滨河尾地和盐碱地，这些湖淀河洼、盐碱荒滩和海滨
斥卤之地没有水利设施的修建是无法开垦出来的。《清史稿·河渠志》记
载，怡亲王允祥主持兴修了一批水利工程，例如堤、堰、闸、坝等兴起于
河湖地区，使一些"向称汙莱洳之乡"变成"岁以屡丰"的良田。天津一
带的大片海滨盐渍荒滩被改造成为稻田，仅城南的贺家口即达3000余亩。
一些淀泊洼地沿岸的百姓也相率围滨营田，文安县围垦湖淀3000余亩。这
一向盐碱荒滩要地的进程，到乾隆时期仍延续着，正定的无极县有方圆40
余里的荒碱沙地，当地的百姓通过种树治沙，使碱荒沙地4年后成为遍地
杂粮的良田。巨鹿县利用建闸涵，引水洗碱的方法，改良了碱地4万多亩，
布种秋禾，收成丰稔。天津沿海州县过去因斥卤不堪、无人认垦的"八旗
马厂地"，到现今也多被百姓开垦成农田。通过湖泊洼地及滨海地区的垦
殖，甚至山头地角的零星土地也因玉米、番薯等农作物的传入而被开垦出
来，到嘉庆二十五年（1820），直隶（今河北）地区的平均土地垦殖率达
到了31.7%（见表8-2）。

表8-2　　　　　嘉庆二十五年直隶地区各府州土地垦殖指数[1]

府　州	土地数（亩）	垦殖率（%）
顺天府	6212147	16.5
保定府	4522800	28.1
河间府	7153171	50.5
天津府	5272838	25.6
宣化府	6937122	24.5
永平府	2417350	12.4

---

[1]　李辅斌：《清代河北山西农业》，陕西师范大学博士学位论文，1992年。

续表

府　州	土地数（亩）	垦殖率（%）
遵化府	1889787	21.5
易　州	434303	4.2
正定府	3660506	15.3
顺德府	5211391	50.8
广平府	7246368	64.5
大名府	6586777	56.2
赵　州	2781778	56.9
深　州	2542443	57.8
定　州	1074441	31.8
冀　州	4036997	55.1
直　录	67980219	31.7

（注：表中不包括承德府及北三厅）

　　土地垦殖指数是一个地区耕地开发利用程度的指标，垦殖指数越高，说明农耕业的比重越大。从表8-2中可以看出，在不同地区，土地垦殖指数是不一样的，一些州府，如广平府、大名府、顺德府等垦殖指数都在50%以上，最高的广平府达到64.5%，而永平府、顺天府在20%以下，易州仅达到4.2%。土地垦殖指数低，一方面受人口数量的影响，另一方面深受自然环境的影响，广平府、大名府、顺德府，正好处于自然条件最为优越的太行山麓冲积平原地区，土壤肥沃，排灌便利，而且人口稠密。顺天、永平、易州等府州，山地、丘陵所占面积较大，限制了垦殖的规模，因而垦殖指数比较低。至于易州全属"土狭田硗"的山区，垦殖指数低下也是自然的了。

　　农业经济的发展，使更多的劳动生产力可以从农业生产中脱离出来，从事其他领域的生产和经营，各地方具有明显地域的特色的产业发展起来了。诸如，京城的消费带动了果园和蔬菜业的发展，沧州的"金丝小枣"远近闻名，枣树之多"动辄成林"，所产之枣，北上供给京师，南则随漕船运销江浙诸省，以使植枣成为当地的恒业。肃宁、深州盛产蜜桃，"肃宁县人多种桃为生，如艺稼然，其业者皆有桃园，多者千树，少者数百树。花时望之火蒸霞浮；秋落其实，市于四方，或走京师，都人称贵矣"①。梨的生产以交河、永年等地有盛名，交河之梨，被称为交梨，味香肉脆；永平县临洺镇的洺梨更是一方珍品，香脆无渣。蔬菜的种植中以安肃县大白菜的种植最为有名，安肃县有温泉资源，水土较温，秋间种植的白菜尤为肥美，味美、质细，且无粗筋，是送往宫廷的贡品。

农业经济的恢复与发展，稳定的生活方式为读诗书知礼仪、尚质朴的民风传承提供了物质基础。如灵寿县，同治《灵寿县旧志序》记载，"灵寿于真定三十二州县中最为瘠壤，其民遇丰岁，豆饭仅免沟壑，一遇水旱虫雹之灾，流离转死不可救药，盖在前代已然"。灵寿土地虽然贫瘠，但是灵寿县百姓却仍以农耕为食，民风质朴，同治《灵寿志》卷二《地理·风俗》记载："士勤诵读，尚质朴，贫或亲耕锄，间有奔逐末，人咸訾之。然绝无鼓众劫持伺议时政者，绰有古之淳风焉。"又云："灵民全无逐末，专务力田，供赋养家皆仰于此。且土地硗确力费而获薄，是以不能盖藏。"赞皇县地处太行山中段东麓，以山地和丘陵为主，深山区占全县面积的 22.23%，浅山区和丘陵占 69.52%，适宜耕作的山前平原区仅占 8.25%，土质亦属贫瘠，历史上有"七山一滩二分田"之说。光绪《赞皇县志》卷 3《风俗》记载："赞邑侧介山陬，土隘民贫，男力耕樵，女勤纺织，士多带经而锄。尚朴实、务俭啬，即绅者故，非礼服不用帛，非婚嫁大事不用酒肉。庶民短衣粝食，夙夜勤动，遇丰年亦庆如歉岁。盖赞本赵地，在古隶晋之东陲，故至今忧深虑远，尚有三晋遗风焉。"

三 运河尚武地带

由沧州、清河县、冀州等构成的运河尚武带，其尚武民风历史悠久，早在唐宋时期，这一地区习武已成风气，《太平寰宇记》："沧州古渤海地，风俗骛悍，高尚气力。"宋代冀州出现了许多闻名的战将，形成了冀州籍武将群。明清尚武民风更盛，特别是京杭大运河纵穿沧州内境，沧州、泊头、清河、河间均为水陆交通要冲，是南北商品流通必经之地或商品集散

---

① 乾隆《河间府志》卷 4《物产》，河间地方志办公室铅印本，2004 年。

中心，也是官府商贾走镖要道。至清代，沧州镖局林立，众多武艺高超的侠义之士也步入镖局，以保镖为业，镖局行业的兴起又促进了这一地区习武之风的盛行，在沧州武林中有许多名震一时的武林侠士，如"大刀王五"王子斌、"神力千斤王"王子平、"大枪"吴钟、"双刀"李凤岗、"神棍"王钟泉、"孙猴子"孙玉铭、"郭燕子"郭长生、"神枪"李树文、"飞腿"高玉亭、"飞镖李"李凤山、"铁巴掌"吴会清等。① 《沧县志》说："吾沧技击之风宿著于大河之北，而白山黑水之间尤为吾沧镖客肩摩之地，是以沧人之特色也。"②

青县民风亦烈，尚气节，重然诺，"抱侠义肝胆，以畸行著称"。"而社会节概之风独隆，慷慨悲歌久而未替。"③

清河地区的尚武民风也很浓烈，光绪《清河县志》卷1《风俗》记载："广平府志云：清河俗称敦庞勤俭，户习诗书。婚姻丧葬相为救恤，颇近古厚之风。"又云："旧令向日红尝称清河之俗颇同于信都、河间、博陵、恒山、赵郡、武安、襄国，其人多敦厚务农桑，学士先生雅习礼让，士好文而伤于迟重。乃今则彬彬然矣，顾多侠气，死生相赴，亦自古慷慨之遗焉。"④ 向日红曾于明万历年间在清河为官，并修纂《清河县志》，清河地区的任侠好武给他留下了深刻的印象，此尚武侠义的民风又一直流传到清代，特别是在光绪年间，冀鲁交界各州县乡民多习拳勇，名曰义和。清河县成为义和拳流行地之一，并成为义和团的重要基地。民国《清河县志》卷9《风土志》："清河地毗齐赵，席古燕赵之风，人民任侠好武，则亦有悲歌之遗意矣。"⑤

明清的武科举制度也拉动了运河尚武带的尚武民风的发展，自明成化十四年（1478）开设武科，到清光绪二十七年（1901）废武科。据地方志载，明代沧州人中武进士者49名，中武举者265名；清代中武进士者330名，中武举者813名。据民国《冀县志》卷19记载，冀县明代中武举者6人；清代中武进士

---

① 沧州武术志编纂委员会：《沧州武术志》，河北人民出版社1991年版。
② 《沧县志》卷8《人物·武术》，民国二十二年铅印本。
③ 民国《青县志》卷11《风俗》，（台北）成文出版社1968年版。
④ 光绪《清河县志》，（台北）成文出版社1968年版。
⑤ 民国《清河县志》，（台北）成文出版社1968年版。

15 人,武举者 56 人。① 清河县清代中武进士者 5 人,武举者 43 人②。

此外,沧州地区尚武民风的兴盛与当地回族的习武传统也有密切的关系。据于秀萍的研究,明朝初年有大量的回族将门来到沧州地区,分布在泊头、河间、黄骅、孟村、沧县、青县、献县等县市,并得到相关家谱的印证,如献县东辛庄《马氏谱》载:始祖马刚,为回族将领,燕王扫北,率三子由南京水西门外二龙港随军到河间府,后长子马广庆到河间府东南定居,立村"辛中营"。黄骅《王氏家谱》载:"维我王氏,原籍江苏省江宁府上元县。明永乐二年,我祖讳铭盘公,号新斋,为武德将军,勋劳绩著,北迁籍隶沧州城东北羊三木庄,钦赐准占沃野千顷,恩免赋役之劳数世。"沧县七里淀曹庄子《曹氏家谱》载:"始祖曹义美,原籍江南江宁府上元县二郎岗,官居三品指挥使,于明永乐二年(1404)随龙保驾到北京,后至五代祖曹孔嘉迁居七里淀西北建村,以姓氏取名曹家庄。"沧州其他回族诸姓家谱中都有类似的记载:刘氏祖天锡为锦衣卫银牌先锋;泊头杨氏祖讳诚为锦衣卫指挥使;吴氏祖祚永为直隶河间府盐运司沧州分司运判;丁氏祖讳士贤为燕王朱棣帐前京卫正三品指挥使等。这些将士迁移落户到沧州,形成众多回族村庄,并以武学传承族人,促使沧州回族崇尚武术。孟村回族自治县,系八极拳的发祥地,豪侠云集,英杰辈出。清康熙十五年(1676),孟村丁庄子武术大师丁发祥,于北京揭榜登擂,连败两个俄国大力士。康熙帝大悦,称其为"铁壮士武侠",并敕建丁庄子清真寺一座。③

沧州还是清代名将集中的地区,有康熙朝的沧州白斌、献县田畯,乾隆朝的河间哈应忭、哈元生、哈尚德和哈攀龙、哈国兴、哈文虎、哈文彪,任丘刘国梁、献县刘文忠,咸丰朝的河间董光甲、任丘郝光甲等,从清初绵延到清晚朝,名将辈出,为大清培养出不少擎国武将,如任丘的郝光甲,是道光十八年一甲一名武进士。咸丰年间多次参加平定粤匪、捻军的战斗,立有战功,后战死沙场。谥武节,恩骑尉世职。同治七年建专祠祭祀。河间人董光甲,为嘉庆十四年武进士。咸丰时随征洪秀权,战死沙

---

① 民国《冀县志》卷 19,(台北)成文出版社 1968 年版。
② 民国《清河县志》卷 10。
③ 于秀萍:《明清时期沧州武术兴盛原因述略》,《沧州师范学院学报》2012 年第 1 期。

场，赠提督衔，谥勇烈，入祀昭忠祠。特别是河间哈氏家族代代相承，名将满门，哈应忭、哈元生、哈尚德祖孙三代为清朝名将；哈攀龙一族也是祖孙三代，薪火相传，哈攀龙为乾隆二年一甲一名武进士，后官至湖广提督；其子哈国兴，乾隆十七年武进士。后为云南提督。在平定小金川之战中立有战功。哈国兴病重后，乾隆帝尤为关心，赏银千两存恤其家，并加赠太子太保。哈国兴去世后，赐祭葬如例，谥壮武，入祀昭忠祠。乾隆帝还命画工绘其图像挂于紫光阁，御制赞曰："中土回人，性多拳勇，哈其大族，每出将种，向略趱拉，屡举险要，中道病殂，成功未告。"①

沧州武将还有一个突出的特征就是多为武进士出身，13位名将中出身武进士者占7位，1位为武举人。武举人、武进士的产生都需要长期的延请武教头教授，研习武学。清代的武举科考每三年举行一次，分三场进行考试，第一、二场为外场，主要是对考生射箭、骑术及武功能力的考试，第三场为内场，主要测试策略及武经。所以，武举科考是文武并重，都需要长期的研习，才能在武举科考中脱颖而出。沧州籍武将中有父子均为武进士者，也有的是一甲一名武进士，武举成绩之突出，武将的大量出现和代代相承，足以说明沧州地区具有浓厚的习武之风，以及良好的武学传统。

清代，燕赵地区的民风文化虽然具有地域性特征，但是，无论是尚武任侠之区，还是耕读诗书之地，其民风中都蕴含着一个共同的文化精神——任侠尚义，尤其是燕赵之士，即乡绅和读书之人，多有"士尚名节"、"多忠信义烈之士"、"士林雅重廉介"之风。同治年间曾任直隶总督的曾国藩在考察了直隶士子之风后说："人才随土风为转移，信乎？曰：'是不尽然'。然，大较莫能外也。前史称燕赵慷慨悲歌，敢于急人之难，盖有豪侠之风。余观直隶先正，若杨忠愍、赵忠毅、鹿忠节、孙征君，诸贤，其后所诣各殊，其初皆于豪侠为近。即今日士林，亦多刚而不摇，质而好义，犹有豪侠之遗才。质本于土风，殆不诬与？"②

① （清）徐世昌：《大清畿辅先哲传》，北京古籍出版社1993年版，第315、308、270—272、283—286页。

② （清）李翰章编纂，李鸿章校勘：《曾文正公全集》之《杂著》卷3《劝学篇示直隶士子》，吉林人民出版社1995年版，第1811—1813页。

杨忠愍，即指明代著名谏臣、容城人杨继盛。嘉靖二十六年，杨继盛登进士第，初任南京吏部主事，后调升京师为兵部员外郎。杨继盛先以大将军仇鸾与蒙古首领俺答汗议和互市，是"仇耻未雪"，有辱国威，上书《请罢马市疏》，弹劾仇鸾，遭到仇鸾陷害，被贬为狄道（今甘肃临洮县）典史。

狄道地处边塞，番汉错居，教育落后。杨继盛到任后延聘经师、兴办学校，教授百余名当地的俊秀子弟，为筹集学费而卖掉了自己的马匹等，又让妻子张贞传授纺织技术，深受当地各族百姓的拥戴，称为"杨父"。

杨继盛复职后，又弹劾权臣严嵩，历数严嵩"五奸十大罪"。最后被严嵩杀害。"穆宗立，恤直谏诸臣，以继盛为首。赠太常少卿，谥忠愍，予祭葬。"敕建祠于保定，名旌忠。①

赵忠毅，是指明代时称"东林三君"之一的高邑（今河北高邑县）人赵南星。赵南星万历二年中进士，初授河南汝宁推官，因治行廉明升任户部主事，任职期间刚直不阿。后任吏部考功主事，因厌恶结党营私，得罪尚书杨巍引疾故里。万历十二年（1584），起任吏部文选司员外郎，直言上疏社会弊端，陈述救时要务，弹劾抨击危害国家的左都御史吴时来、左副都御史詹仰庇、黄洪宪，受到奸臣群起攻之，而再次引疾故里。

万历二十年（1592），赵南星再次被起用任吏部考功郎中。次年，赵南星协助尚书孙龙大计京官（考察官员），秉公执法，得罪了姻亲、权贵，被斥为民。赵南星贬官归里后，闲居方茹园，课子授徒，著书立说，声望大震，与当时的顾宪成、邹元标南北呼应，誉称东林三君。

天启元年（1627）熹宗即位，数次下诏，赵南星才领诏赴京上任，为吏部尚书。"当是时，人务奔竞，苞苴恣行，言路横尤甚。""南星素疾其弊，锐意澄清，独行己志，政府及中贵亦不得有所干请，诸人惮其刚严不敢犯。"权阉魏忠贤企图奉承拉拢，均被赵南星正色拒绝，魏忠贤怀恨在心。赵南星与左都御史杨涟等，疏奏皇上，陈述阉党二十四大罪状。魏忠贤、崔呈秀等对朝中忠臣一一诬陷杀害，天启五年，赵南星被削籍，戍边代州。

---

① 《明史》卷209《杨继盛传》。

崇祯皇帝即位，诏赵南星还朝。时任山西巡抚牟志夔为魏忠贤党羽，扣诏不发，赵南星未能见到诏书而含冤死于戍所，时年 78 岁。后崇祯帝钦为赵南星昭雪，赠太子太保，谥忠毅。

赵南星为官多年，几上几下，始终"慨然以整齐天下为任"，不畏权贵，史臣赞曰："赵南星诸人，持名检，励风节，严气正性，侃侃立朝，天下望之如泰山乔岳。"①

鹿忠节，即是定兴人鹿善继。其父鹿正，苦节自砺，急人之难，倾其家而不惜，远近尊之为鹿太公。鹿善继承其家风，为人勤谨，性情慷慨。明万历四十一年（1613）考取进士，授户部山东主事，与同僚袁世振起草全国盐法，因母丧归里。后补河南，主管辽饷。万历四十六年（1618），朝廷以对辽用兵为名加征田赋，此后逐年增加。善继体恤民生疾苦，对此极为愤慨。辽饷告急，欲上书朝廷以帑银补交之时，恰有广东一批银两运到，则愤然主张以广东银改充辽饷，神宗震怒，遂降职、减俸，责令补偿，并外调他职，后归故里。光宗登基，善继恢复官职。不久，改任兵部职方主事，跟随抗清将领孙承宗阅兵，后率兵至榆关（即今山海关），孙承宗任用善继为参赞，"布衣羸马，出入亭障间，延见将卒相劳苦，拓地四百里，收复城堡数十，承宗倚之若左右手"。在此期间，权臣魏忠贤陷害东林党人杨涟、左光斗、魏大中等人，鹿善继与其父及孙奇逢积极奔走救助，并说服孙承宗准备以带兵巡视蓟门为由，特别谨见天子，然后设法陈情援救左光斗等人。"奄党大哗，谓阁部将提兵清君侧，严旨阻之。"后孙承宗被排挤去职，鹿善继亦随之罢归。

崇祯帝即位后，鹿善继被召为太常少卿，管光禄寺丞事，后因病回家休养。崇祯九年（1636）7 月，清兵围攻定兴，鹿善继自动入城守卫，城陷而死。家人奔告鹿太公，鹿太公说："嗟乎，吾儿素以身许国，今果死，吾复何憾！"明朝褒其功绩，赠鹿善继大理卿，谥忠节，敕有司建祠。史臣评价说："士大夫致政或归乡里居，无封疆守土保民之责，可隐迹以自全，非以必死为勇也。然而慷慨捐躯，冒白刃而不悔，甚至灭宗覆族，君

---

① 《明史》卷 243《赵南星传》。

子哀之。"这正是名义，比生命更重要！民族的气节凛然，要高于自身的志向。其英风义烈，固不可泯没于宇宙间矣。①

孙征君，即明末清初的容城人孙奇逢。少倜傥，好奇节，而又克己好学，笃修内行，负经世之学，欲以功业自著。明朝天启年间，宦官魏忠贤专权，东林党人杨涟、左光斗、魏大中、周顺昌、黄尊素等人与之斗争失败，被先后下狱。孙奇逢与定兴人鹿正、新城人张果中等人积极奔走营救，并函请督师山海关的蓟辽总督孙承宗上疏相救，对魏忠贤形成威慑。魏忠贤急忙将左光斗等人处死，并诬陷左光斗等人贪赃数万两，不准将遗骸运回原籍。孙奇逢等又筹集士民捐助代为上缴，左光斗等人的遗骸最终被运回故乡。孙奇逢与鹿正、张果中等人的行为，一时义声震动儒林，被誉为"范阳三烈士"。

孙奇逢声名大起，朝廷交章屡征而不就，后避乱易州五峰山讲学，门生亲友跟从同往者有数百家。清建立后，孙奇逢举家南迁至河南辉县苏门山下的夏峰村，又多次征召不就而被称为征君。在隐居苏门期间，以讲学、著述为主，著有《理学宗传》、《四书近指》、《晚年批定四书近指》、《中州人物考》、《畿辅人物考》等，特别是《理学宗传》是孙奇逢的倾力之作，是先于黄宗羲《明儒学案》的一部学术史著，全面系统地反映了他的理学观点及对程朱理学和陆王心学的态度，与李颙、黄宗羲并称为"明末清初三大儒"。

曾国藩还指出，任侠之义与圣贤之道有相通的地方，"豪侠之质，可与入圣人之道者，约有数端。侠者，薄视财利，弃万金而不盼。而圣贤则富贵不处，质贱不去"。"侠者，忘己济物，不惜苦志脱人于厄。而圣贤以博济为怀。""彼其能力救穷交者，即其可以进援天下者也。侠者，轻死重气，圣贤罕言及此。然孔曰成仁，孟曰取义，坚确不移之操，亦未尝不与之相类。昔人讥太史公好称任侠，以余观此数者，乃不悖于圣贤之道。然则豪侠之徒，末可深贬。而直隶之士，其为学当校易于他省，乌可以不致力乎哉？"直隶士子们长期受到燕赵任侠尚民风的浸润、教化，具有了步

---

① 《明史》卷 267《鹿善继传》。

入圣贤之道的潜质与基础，只要直隶士子们努力学习，步入圣贤之道较他省的士子们要容易得多。有此良好的社会基础与民风氛围，直隶的士子们还有不致力于圣贤之道的理由吗？

风气是随着人事的变化而变迁的，只要有一两人好学而成为榜样，就有众多好学者追随，只要有一两人好仁而成为榜样，就有众多追随者皆思康济斯民。"杨、赵、鹿、孙，数君子者为之表。彼能艰苦、困饿，坚忍以成业，而吾何为不能？彼能置穷通、荣辱、祸福、死生于度外，而吾何为不能？彼能以功绩称当时，教泽牖后世，而吾何为不能？""倡者启其绪，和者衍其波"，就如涓涓细流汇成湍湍江河一样，"以直隶之士风，诚得有志者导夫先路，不过数年，必有体用兼备之才，彬蔚而四出，泉涌而云兴"①。

"君子之德如风，小人之德如草，风吹草偃。"君子的德行像风一样，普通百姓的德行就像草一样，风吹向哪个方向，草就会朝向哪个方向，普通百姓无论在什么时候都会自觉或不自觉地跟着君子前行。燕赵民风中的节义崇尚，使燕赵任侠尚义的文化精神深深地植根于燕赵大地人们的心中。

清末徐珂编辑的《清稗类钞》②收录了两则有关燕赵人士行侠仗义的故事，从一个侧面印证了清代燕赵民风中的任侠尚义之文化。

《赵士望解贾时泰狱》：

　　贾时泰，直隶蠡县人。少习拳勇，性愚直，见有为不义者，面责不少贷，里人严惮之。生平独喜击贼，所居为县南乡，南乡之村四十有二，遇有警，必率其村之勇者以俱赴，贼逸去，远近搜索，务尽其踪迹始已。

　　幽燕俗喜斗狠，而蠡、博、高、肃、献诸邑于山东之泰山、齐河壤地相接，其间椎埋剽劫之徒尤多。会世乱，所在蜂起，蠡之乡北东西焚掠无虚日，独南乡以时泰故，得无事。总督张某闻其名，使邑令

---

① 曾国藩：《劝学篇示直隶士子》，《曾文正公全集》之《杂著》卷三，吉林人民出版社1995年版，第1811—1813页。

② （清）徐珂编撰：《清稗类钞》，中华书局1986年版，第2618、2674页。

召之,独以击贼事。时泰固心喜,又重以大府命,毅然不辞。不与以官,止易其名,曰乡长。时泰受任,乃椎牛具酒食,聚东北西乡之豪杰而誓之曰:"自谋至谋,凡村几□,属之谋,其村之可属以事者,某任之,有事,则某与某毕其力,非是,有罚。乡之中有不良者,教之,不率,有罚,相隐庇罚同。凡某与某不善,闻于时泰,时泰不善,闻于官,不如约,有罚。"众皆听命惟谨。数年,蠡之乡大治,于是时泰以能击贼名于蠡。

《王花农醵金拯某令》:

　　伶人王四喜,号花□,深州人。年十四,家贫,堕伶籍,隶京师四喜部,以色艺称□。性豪迈,有幽燕侠士风,人以是重之。长洲某散馆出宰甘肃某邑,以不善理财亏官帑巨万,省吏闻之,怒,立奏褫其□,并下狱严追。胆怯者惧牵累,悉乘夜遁。辇下贵人有于某交厚者,将醵金为之营谋,然数巨,不易集。花农初不识某令,闻之,倡助百金,同人感其义,始各出囊赀代偿所亏,某使得出狱,而花农之名,则因是大噪。顾性孤介,不甚谐于俗,久之落落无所遇。后十余年,有人见于并州,年发长矣。而曲伎益精,并工琴,能书兰,长洲宋于庭填《八声甘州》一阕赠之。

性情耿直的贾时泰,扶弱救难、主持正义,以乡里安危为己任;性格豪迈、身为艺人的王花农能出手救助并不相识的人,而不求回报。他们的义举,正体现了燕赵侠士之风,诠释了燕赵任侠与节义的文化精髓。

第九章 慷慨悲歌、尚气任侠的流韵

第一节 铁肩担道义:近代尚武精神的复兴

一 铁肩担道义

李大钊1916年8月主编北京《晨钟报》时,设计了一个古钟的图案,印在每天的社论前边,每天在古钟上写一句警语,以便敲击古钟,唤醒民众。他在第六号报纸上写的警语是:

铁肩担道义,妙手著文章。

此联来源于明代第一谏臣杨继盛的《自题》联:"铁肩担道义,辣手著文章。"杨继盛为官时期正值奸相严嵩当政,他却不畏权臣奸党,敢于秉公直谏。此时蒙古俺答汗多次南侵,严嵩的死党、大将军仇鸾奏请与蒙古媾和互市。仇鸾以入京勤王之功,深得明世宗的信任,拜平虏大将军,节制诸路人马文官三品以下,武官副总兵以下不用命者俱许以军法从事,得密奏进,权倾一时。杨继盛"以为仇耻未雪,遽议和示弱,大辱国",上书《请罢马市疏》,直言互市对朝廷的危害,揭露了仇鸾的阴谋。遭到陷害下狱,后贬为狄道(今甘肃临洮县)典史。

互市失败,仇鸾被革职后,忧惧而死。世宗深知杨继盛之才,再度起用杨继盛。严嵩想使杨继盛为己所用,又调杨继盛任兵部武选司员外郎。

杨继盛"一岁四迁官",但他并没有因此而感激严嵩,而是"思所以报国"。嘉靖三十二年(1553),上任刚一个月就上奏《请诛贼臣疏》,弹劾严嵩。后杨继盛再次被投入死囚牢,杖击一百。有人送给杨继盛一副蛇胆以止痛,杨继盛拒绝,曰:"椒山自有胆,何必蚺蛇哉!"椒山,是杨继盛的号,自称辣椒。在监狱中自挽绝笔联:"铁肩担道义,辣手著文章。"

嘉靖三十四年十月,杨继盛受严嵩的谋害,被弃尸于市。临刑前作诗曰:"浩气还太虚,丹心照千古。生平未报恩,留作忠魂补。"并留《谕妻张贞》书给妻子,其中说:"古人云,死有重于泰山,死有轻于鸿毛,盖当死而死,则死比泰山尤重,不当死而死,则无益于事,比鸿毛尤轻,死生之际,不可不揆之于道也。"① 充分体现了以天下为己任的情怀。

杨继盛死后,燕京士民敬而悯之,以其故宅,改庙以奉,尊为城隍。

隆庆皇帝继位后,抚恤直谏诸臣,以杨继盛为首。追赠太常少卿,谥号忠愍,予以祭葬。隆庆二年,在保定民众的强烈要求下,在其故乡立"旌忠"祠,以祀之。② 吴时来撰《敕赐旌忠词碑》,称赞曰:

> 名岳降灵来太行,聪明正直刚以方。骑云而下三辅彭,秉节委质何相羊。奸谀得志越厥常,国是日非宠赂彰。逆党扇祸衅启疆,驾言马市为国殃。公怒冲发抗厥章,中遭忧患谪西羌。逆诛被昭服上襄,天子隆恩不敢忘。投身报主臣常道,稽首万言慨以慷。衅祸甚惊何可长,臣身不辞涂干将。天子动色心徜徉,奸臣胆落走且僵。视死如怡气弥扬,竟以刑化返故乡。临义之音何琅琅,披依五云肝与肠。③

"铁肩担道义,辣手著文章。"这副名联对仗工整,豪迈有力,勇任国是,义薄云天。李大钊十分推崇杨继盛的品德,并改动了一个字,将"辣"改为"妙",以此来警示世人。一字之改,李大钊赋予了此联以新

---

① 袁树珊:《命谱》,中州古籍出版社1995年版,第266页。
② 《明史》卷209《杨继盛传》。
③ 杨继盛:《杨椒山先生文集》卷2《附碑记·仙居吴时来撰〈敕赐旌忠词碑〉》,中华书局1985年版。

意,"抒发了中国共产党人的豪情壮志,同时又恰恰是我们整个中华民族的艺术写照"。后来,李大钊多次手书此联送给杨子惠、章士钊夫人吴若男等友人。①

二 近代尚武精神的复兴

清朝在取得"康乾盛世"的繁荣之后,步入了衰落的时代。导致大清王朝衰落的因素,早已隐藏在盛世之中,人口膨胀、物价持续上涨和失去制衡的专制皇权是盛世的三大隐患。人口的成倍增长不仅使中国成为世界人口大国,人口数占到世界人口的34.06%,而且还使可利用的土地都被利用殆尽,数以百万计的人口因无地可耕而成为流民,持续上涨的物价使百姓更加贫困,各种秘密会社如天地会等层出不穷,十分活跃。皇权空前强化,"出一言而盈廷称颂,发一令而四海讴歌"的政治迷信笼罩了整个朝廷乃至整个国家,导致政治腐败、因循保守和事关国家发展和中华民族前途的战略性决策的失误。而此时,清王朝的强盛与否,已不仅仅是对周边的民族、国家而言,而是与整个世界相比较而言。自15世纪末到18世纪,欧洲强国借助帆船、大炮和商业实力,迅速向东方进行殖民扩张。他们信奉的是优胜劣汰、弱肉强食的哲学,古老的中国开始领教与"温良恭俭让"大异其趣的西方文明的威胁。16世纪中,葡萄牙人从海上侵占了中国的澳门,17世纪初,荷兰人侵占了中国的台湾,俄国经由陆路从北方向中国进行包抄和蚕食。进入18世纪——特别是18世纪中叶以后,英国取代了西班牙、葡萄牙、法国等早期西方殖民强国,并打着"贸易自由"和"主权国家平等"的旗号对清朝统治下中国的主权开始进行冲击。此时的中国,正如马戛尔尼说的:"清帝国好比是一艘破烂不堪的头等战舰,它之所以在过去一百五十年中没有沉没,仅仅是由于一般幸运的、能干而警觉的军官们的支撑,而它胜过邻船的地方,只在它的体积和外表。一旦一个没有才干的人在甲板上指挥,那就不会有纪律和安全了。""只要我们派两三艘小军舰,不消两个月的功夫,就可以把中国沿海

---

① 晓言:《"铁肩妙手",出自何人之手?》,《中国广播》2006年第7期。

的海军全部摧毁。"①

　　"鸦片战争"及其之后的一系列对外战争的失败和丧权辱国条约的签定，彻底打破了天朝上国的神话，清朝政府的腐朽不堪、国家的沦丧、民族的危亡使有识之士们痛心疾首，迫使他们反思、图强，众多的有识之士认为尚武精神的衰落是导致国家危亡的重要原因。政府的腐败、社会的失控、洋人在华的强势，使下层百姓生活贫困而无依靠与希望，他们将命运的改变和对生活的期许都放到了侠士身上。无论是社会上层的国家精英的士阶层，还是社会下层的普通百姓，面对突如其来的极巨的社会转型，都将期许的目光凝聚到了侠士的身上。正如龚鹏程在《侠的精神文化史论》中论述的，"晚清社会文化变迁之巨，是人所共知的。在这个文恬武嬉、官贪民刁的时代，知识分子自觉对时代有责任，所以也就更向往正义之实现，也更期待英雄，或自己愿意成为拯救时代的英雄。对于各种现存的社会体制，更是力予批判，意欲'冲抉网罗'，以获得个体的自由和群体的解放"。

　　　　"在这种存在的基础上，他们的性格往往就倾向于侠。如龚定庵说'陶潜诗喜说荆轲，想见停云发浩歌，吟到恩仇心事涌，江湖侠骨已无多'（《己亥杂诗》），他不但自认为侠，也以侠客视陶潜哩！深受定庵影响的新民从报及革命党人，更常以侠士精神为号召，如秋瑾号'鉴湖女侠'、吴樾号'孟侠'、章太炎写《儒侠篇》，他的弟子黄侃也写过一篇《释侠》，他们均提倡复仇，赞扬侠以武犯禁。"②

　　梁启超是当时尚武精神的积极倡导者，他认为"然则尚武者，国民之元气，国家所恃以成立，而文明所赖以维持者也"。"吾所谓武，精神也，无精神而徒有形式，是蒙羊质以虎皮，驱而与猛兽相搏击，适足供其攫啖而已。"他论述了斯巴达人以"弹丸之国"，"举国民族，寥寥不及万人"而能击败十余万之波军，雄霸希腊；德国以铁血之政略，养成其英锐不屈之精神，能摧奥仆法，傲视于欧洲；俄罗斯以忍耐艰苦，坚朴雄鸷，习为

---

　　①　郭成康等：《康乾盛世历史报告》，中国言实出版社 2002 年版，第 41、79、83 页。
　　②　龚鹏程：《侠的精神文化史论》，山东画报出版社 2008 年版，第 184 页。

风气，虽为半开之国，文化程度不及欧美之半，仍能西驰东突，能寒欧人之胆；我东邻日本发挥而光大其武士道，好武雄风，举国一致，"彼日本区区三岛，兴立仅三十年耳，顾乃能一战胜我，取威定霸，屹然雄立于东洋之上也"。这些国家能取得如此成就，皆"惟尚武故也"。并指出："中国以文弱闻于天下，柔懦之病，深入膏肓，乃至强悍性成驰突无前蛮族，乃其同化于我，亦且传染此病，筋弛力脆，尽失其强悍之本性。"因此，诚欲养尚武之精神，则不可不具备三力，一曰心力。"盖心力散涣，勇者亦怯；心力专凝，弱者亦强。是故报大仇、雪大耻、革大难、定大计、任大事，智士所不能谋，鬼神所不能通者，莫不成于至人之心力。……今外人逼我，其圈日狭，其势其促，直不啻以百万铁骑蹙我孤军于重围之中矣，舍突围向前之一策，更无所谓生路。虎逐于后，则懦夫可蓦绝涧；火发于室，则弱女可越重檐。吾望我同胞激其热诚，鼓其勇气，无奄奄敛手以待毙也！"二曰胆力。"天下无往非难境，惟有胆力者无难境；天下无非畏途，惟有胆力者无畏途。""自古英雄豪杰，立不世之奇功，成建国之伟业，何一非冒大险、夷大难，则此胆力而来者哉？然胆力者，由自信力而发生者也。""国民自信其兴则国兴，国民自信其亡则国亡。"三曰体力。"体魄者，与精神有切密之关系者也，有健康强固之体魄，然后有坚忍不屈之精神。是以古之伟人，其能负荷艰巨、开拓世界者，类皆负绝人之异质，耐非常之艰苦。""其人皆为病夫，其国安得不为病国也？以此而出与狞猛枭鸷之异族遇，是犹驱侏儒以斗巨无霸，彼虽不持一械，一挥手而我已倾跌矣。呜呼！生存竞争，优胜劣汰，吾望我同胞练其筋骨，习于勇力，无奄然颓惫以坐废也！"梁启超一针见血地指出，当今的世界是强权的世界，一个国家如果没有强大的武力为后盾，就没有谈和平的权力。"呜呼！今日之世界，固所谓'武装和平'之世界也。列强会议，日言弭兵，然左订媾和修好之条约，右修扩张军备之议案。盖强权之世，惟能战者乃能和。"并大声疾呼："今日群盗入室，白刃环门，我不一易其文弱之旧习，奋其勇力，以固国防，则立羸羊于群虎之间，更何术以免其吞噬也？"①

---

① 梁启超：《新民说》，中州古籍出版社 1998 年版，第 183—192 页。

　　梁启超为了唤起国民的尚武热情，认清尚武的必要性，还"采集春秋战国以迄汉初先民之武德足为子孙模范者"，编成《中国之武士道》一书，借日本"武士道"之名，评说我国历史上的游侠，而且刻意强调了侠之"爱国"的精神，想借此培养国民的爱国之心，并在自序中说："闾里之有游侠，其武士道之末运乎！上焉既无尚武之政府以主持奖厉之，中焉复无强有力之贤士大夫以左右调护之，而社会不平之事，且日接于耳目，于是乎乡曲豪举之雄，乃出而代其权。太史公曰：缓急者，人之所时有也。夫生于专制政府之下，政治不修，法令不直，民之良懦者，其平居或往往不得衣食，委转沟壑。在上者既无道焉以振拔之矣，而法网严密，为陷于国中，或偶触犯，而非有意也，或并未触犯，而干侯之怨挟之，枉曲之吏从而罗之，则宛转无所控告，束身为鱼肉，以待命于刀俎己耳。于此时也，有人焉能急其难，致死而之生之，则天下之归之如流水也亦宜。故游侠者，必其与现政府常立于反对之地位者也。……太史公曰：侠以武犯禁，侠之犯禁，势所必然也。顾犯之而天下归之者何也？其必所禁者有不慊于天下之人心，而犯之者，乃大慊于天下之人心也。呜呼！我同胞，兴！兴!! 兴!!! 汝祖宗之神力，将式凭焉，以起汝于死人而肉汝白骨，而不然者，汝祖宗所造名誉之历史逮汝躬而斩也，其将何面目以相见于九原。"杨度在该书的序中对比分析中日两民族尚武历史不同所造成的迥异的结果，以期国人重振游侠人格之精神："日本之武士道，垂千百年而愈久愈烈，至今不衰，其结果所成者，于内则致维新革命之功；于外则拒蒙古，胜中国，并朝鲜，仆强俄，赫然为世界一等国。若吾中国之所谓武士道，则自汉以后即已气风歇灭，愈积愈懦，其结果所成者，于内则数千年来霸者迭出，此起彼仆，人民之权利任其铲削，任其压制，而无丝毫抵抗之力；于外则五胡入而扰之，辽金入而扰之，蒙古、满州入而主我。一遇外敌，交锋即败。至今欧美各国，合而图我，人为刀俎，我为鱼肉，国民昧昧冥冥，知之者不敢呻吟，不知者莫知痛苦，柔弱脆懦，至于此极，比之日本，适为反对，一则古微而今盛，一则古有而今无。现象之反如此，此其何故哉？"①

---

① 梁启超：《梁启超全集》第三册，北京出版社 1999 年版，第 1383—1385 页。

谭嗣同对侠义精神亦备加推重，在其所著的《仁学》一书中指出，"墨有两派：一曰'任侠'，吾所谓仁也，在汉有党锢，在宋有永嘉，略得其一体；一曰'格致'，吾所谓学也，在秦有《吕览》，在汉有《淮南》，各识其偏端。仁而学，学而仁，今之士其勿为高远哉！盖即墨之两派，以近合孔、耶，远探佛法，亦云汰矣。吾自少至壮，遍遭纲伦之厄，涵泳其苦，殆非生人所能任受，濒死累矣，而卒不死；由是益轻其生命，以为块然躯壳，除利人之外，复何足惜"①。

又进一步论述道："以时考之，华人固可以奋矣。且举一事，而必其事之有大利，非能利其事者也。故华人慎毋言华盛顿、拿破仑矣，志士仁人求为陈涉、杨玄感，以供圣人之驱除，死无憾焉。若其机无可乘，则莫若为任侠，亦足以伸民气，倡勇敢之风，是亦拨乱之具也。西汉民情易上达而守令莫敢肆，匈奴数犯边而终驱之于漠北，内和外威，号称一治。彼吏士之顾忌者谁钦？未必非游侠之力也。与中国最近而亟当效法者，莫如日本。其变法自强之效，亦由其俗好带剑行游，悲歌叱咤，挟其杀人报仇之侠气，出而鼓更化之机也。儒者轻低游侠，比之匪人，乌知困于君权之世，非此益无以自振拔，民乃益愚弱而窳败，言治者不可不察也。"② 谭嗣同不仅大力倡导尚武精神，而且还是尚武任侠精神的实践者，戊戌变法失败后，谭嗣同放弃了东渡日本避难的机会，慷慨地说："各国变法无不从流血而成，今日中国未闻有因变法而流血者，此国之所以不昌也。有之，请自嗣同始。"谭嗣同被捕后，在狱中意志从容，镇定自若，写下了"望门投止思张俭，忍死须臾待杜根。我自横刀向天笑，去留肝胆两昆仑"的豪壮诗篇，临刑时大声说："有心杀贼，无力回天，死得其所，快哉！快哉！"充分表现了一位爱国志士舍身报国的英雄气概。

在众多有识之士的倡导下，一个个胸怀奔流烈火、热血绝未凝固的仁人志士，纷纷将目光投向了豪侠义士，以此激发勇气，砥砺斗志。尚武崇侠在近代社会成为一种风气，也成为文化人的一种共识。南社是由柳亚子、高旭和陈去病等人发起的一个文化团体，鼓吹资产阶级民主革命，提

---

① 谭嗣同：《仁学》，中华书局 1958 年版，第 1 页。
② 同上书，第 54—55 页。

倡民族气节。柳亚子的《满江红·题剑魂汉侠图》反映这一时代尚武崇侠的文化取向：

> 　　荆匕良锥，叹底事，侠风消歇？蓦地里，逢君吴市，箫声激烈。壮士悲歌辽海曲，健儿醉踏沙场月。吊要离冢畔草连天，雄心切。
>
> 　　沼吴耻，几曾雪？报韩谊，终难灭！看不平棋局，唾壶击缺。青史百年薪胆恨，黄衫一剑恩仇血。问何时恢复旧中原，收京阙。①

　　他们的《南社诗文丛选》中所录各诗，多伤同志之死难、哀生民之流离者，而其中即往往有直标侠义，以当鼓吹之作，如方荣杲《题红薇感旧记》提到"那知侠义出平康，羞煞邯郸击剑郎"。刘国钧的《并游侠行》歌颂游侠"要遣功名到狗屠，男儿意气轻细作"。周亮《侠士行》亦云"手不斩仇人头，口不饮仇人血，侠士替天平不平，其情如山心如铁"。沈砺《吴中杂咏》说"要离冢外五人冢，犹占吴门侠气多"。高旭又曾画《花前说剑图》，同社诸人吟咏殆遍，因为这是他们共同的心声，他自己题诗云："提三尺剑可灭虏，栽十万花堪一顾，人生如此差足奇，真风流亦真雄武。"豪气干云。钱剑秋别有《秋灯剑影图》，柳亚子题云："乱世天教重游侠，忍甘枯槁老荒邱？""我亦十年磨剑者，风尘何处访荆卿？"也把他们这一伙人共同的想法点出来了。郑叔容在给柳亚子的信上谈到整个南社的诗文时，他用"蹑扶风豪侠之景，歌旗亭杨柳之词"来形容，可见这个革命团体确实也给了大众一个激扬侠风的印象。这种印象，跟他们自己的自白相当一致。②

　　在尚武精神的推动下，社会上形形色色的精武协会、武术团体、武术会馆等相继成立，无不以提倡"尚武精神"相标榜，武术成为一种可以振奋民族精神、铸就尚武国民的教育手段。上海精武体育会是当时影响力较大武协会，其宗旨旨在自强："提倡武术，研究体育，铸造强毅之国民。"同时，暗杀也成为当时很引人注目的热词，有很多知名人士都支持

---

① 柳亚子：《柳亚子诗词选》，人民文学出版社 1959 年版，第 202 页。
② 龚鹏程：《侠的精神文化史论》，山东画报出版社 2008 年版，第 186 页。

或参与暗杀活动，孙中山、黄兴都主张把暗杀作为革命的手段之一，就连文质彬彬的蔡元培，也认为革命只有两途：一是暴动，二是暗杀。

在近代的中国，暗杀成了中国近代变革图强的重要组成部分，一些热血青年将暗杀作为尚武精神的一部分，视作侠士壮举，诸如众所熟知的史坚如谋刺两广总督德寿（1900）、吴樾刺杀出洋的五大臣（1905）、徐锡麟刺杀安徽巡抚恩铭（1907）、汪精卫谋刺摄政王载沣（1910）、温生才击毙广州将军孚琪（1911年4月8日）、李沛基炸死广州将军凤山（1911年10月25日）、彭家珍炸死宗社党魁良弼（1912年1月26日）等。吴樾还著有《暗杀时代》一书，声称："今日之时代，非革命之时代，实暗杀之时代也。"以一己之力，和强权恶势力做殊死抗争，铤而走险，置生死于不顾。"宁牺牲一己之肉体。""化一我为千万我，前者仆而后者继，不杀不休，不尽不止。""不成功，便成仁。不达目的，誓不生还。"身为改良派首领的康有为、梁启超也曾积极策划暗杀，以达到改良的目的。陈独秀、鲁迅年轻时也曾组织、参加过暗杀团，据统计，清末总共发生了19次暗杀事件（一说有50余起，实际上也许更多）。先烈的热血促使更多的青年走上了革命的道路，豪侠之士层出不穷，蔚成风气。①

第二节　铁肩担道义的李大钊

一　求索"振奋国群之良策"

李大钊，字守常，生于光绪十五年（1889）10月29日，是河北乐亭县大黑坨村人。李大钊出生在清朝末年的社会大动荡的时代，各种维新、革命等学说流行于社会，对李大钊的成长有很大的影响。李大钊幼小聪慧，三四岁时开始读《千字文》、《百家姓》、《三字经》等启蒙书，因其刻苦勤奋，便以才思敏捷、能文善诗著称于乡里。家乡的文化对李大钊也产生了深远的影响，乐亭皮影是当地最为流行的民间艺术，很受百姓喜爱。每年农历二月十五日、六月十三日都会在大黑坨村的老母庙（即观音

---

① 孙洪柏：《论清末民初的侠义之风》，《聊城大学学报》（社会科学版）2011年第4期。

菩萨庙）会、元神庙会上，演出皮影戏，皮影戏一唱就是几宿。皮影戏的传统剧目有《青云剑》、《瓦岗寨》、《大隋唐》、《薛家将》、《罗通扫北》、《杨文广征西》、《岳飞传》等，讲述的多是侠肝义胆、精忠报国故事，歌颂的是燕赵文化中豪爽慷慨、为国为民不惜性命的崇高精神和英雄气节，这些影响着幼年的李大钊。后来，李大钊在任北京大学图书馆主任时，曾为家乡皮影艺人孙兆祥写了一部讴歌反抗帝国主义侵略的现代皮影戏《安重根刺伊藤博文》。安重根是一位朝鲜义士，伊藤博文是日本统治朝鲜的统监，李大钊在戏中热情歌颂了现代的爱国主义义士安重根，也体现出中国传统文化中蕴含的慷慨悲歌风韵在李大钊胸怀中的激荡奔放。①

　　1905 年，16 岁的李大钊原本要参加府里的科举考试，却因清政府进行教育改革，实行新式学校教育，废除了科举考试，这样，李大钊考入永平府中学读书。永平府地处山区，"负关阻塞，襟漆带滦，夷齐故里，清圣遗风"②。也是通往东北的交通要道，京畿辅地，有关社会变动的各种信息远比乡村要流通快、来源广，进一步激起了他的爱国热诚，使其迅速成长为具有现代爱国救国抱负的有志青年，在永平府中学，他对民族的兴亡、祖国的命运甚为关切，常常和要好的同学在一起讨论国家大事。他热烈搜寻当时宣传新思想的书刊，贪婪地读着康有为、梁启超等人的著作，几乎手不释卷。正像后来他在《狱中自述》里回忆的："钊自束发受书，即矢志努力于民族解放之事业。"③ 在永平府读书期间，李大钊结识了一位良友志士蒋卫平。蒋卫平"少有大志，慕班超、马志尼之为人，顾念时艰，慨然以天民先觉为己任"。他"常谈黄梨洲、顾亭林、王船山诸人之学说"，因"极慕谭嗣同之为人，改号慕谭"。为了进行改革，1910 年 8 月辍学到黑龙江国境一带考察，以备抗俄，不幸被沙俄军队杀害，尸体被抛入江中。蒋卫平遇害，对李大钊是一个极大的刺激，他非常悲痛，在 1911 年的《哭蒋卫平》中写道④：

---

① 张同乐：《论李大钊对中国传统文化的批判与继承》，《河北师范大学学报》2000 年第 4 期。
② 民国《卢龙县志·序》，（台北）成文出版社 1968 年印行。
③ 《李大钊传》编写组：《李大钊传》，人民出版社 1979 年版，第 6 页。
④ 周红兴、李如鸾编：《李大钊诗浅释》，四川人民出版社 1979 年版，第 13 页。

国殇满地都堪哭，泪眼乾坤涕未收。

半世英灵沈漠北，经年骸骨冷江头。

辽东化鹤归来日，燕市屠牛漂泊秋。

万里招魂竟何处？断肠风雨上高楼。

李大钊赞颂蒋卫平的爱国报国行动，称颂他为国而捐躯，是为"国殇"，值得全国人民为其涕哭哀悼。燕市屠牛，当指春秋战国时期的荆轲与善击筑者高渐离，他们"饮于燕市。酒酣以往，高渐离击筑，荆轲和而歌于市中，相乐也，已而相泣"。荆轲与高渐离是燕赵悲歌慷慨、任侠尚义的代表，诗中以燕赵侠士比之蒋卫平，对这位英才的不幸遇难深为惋惜，希望这位壮士能够乘鹤归来，能够继续在燕赵大地过着革命者的豪放生活。然而，国破山河碎，不知何处招还英魂？只能忍受着断肠般的痛苦，独上高楼默默地眺望远方。①

1907 年夏天，李大钊到天津求学。当时天津有三个学校正在招考：北洋军医学校、长芦银行专修所和北洋法政专门学校。李大钊不喜学军医，考银行专修所虽被录取，但他认为"理财致个人之富，亦殊违我素志"。一心期望着为祖国寻找出路的李大钊，"感于国势之危迫，急思深研政理，求得挽救民族、振奋国群之良策"，决定投考北洋法政专门学校。考入北洋法政专门学校之后，对祖国的前途深感忧虑，又对自己找不到救国为民的方法而焦虑、内疚，他写下了《登楼杂感》：

荆天棘地寄蜉蝣，青鬓无端欲白头。拊髀未提三尺剑，逃形思放五湖舟。久居燕市伤屠狗，数觅郑商学贩牛。一事无成嗟半老，沉沉梦里度春秋。②

此后，李大钊在北洋法政专门学校六年，刻苦学习法政诸学和英语、日语。比较广泛地接触了"新学"，对复杂的社会问题也有了更深的了解，

---

① 参见朱成甲《李大钊传》，中国社会科学出版社 2009 年版，第 37 页。

② 周红兴、李如鸾编：《李大钊诗浅释》，四川人民出版社 1979 年版，第 2 页。

"矢志努力于民族解放事业"，在不断前进的道路上孕育着革命的志向。①

北洋法政专门学校在辛亥革命爆发前，已有革命党人在活动，其中白亚雨对李大钊影响很深。白亚雨是学校的史地教员，辛亥革命时参加同盟会，成为同盟会京、津、保支部的重要成员。他那时就认为要求清政府开国会，是"与虎谋皮，无济于事"。他的革命思想，不但影响了李大钊同志，也团结了一批有革命倾向的青年。白亚雨学识渊博，待人热情诚恳，每慷慨陈词，"歌荆轲易水之歌，其声郁抑苍凉，听者皆涕泣相向"。辛亥革命爆发后，他在京、津、滦州、张家口一带为革命奔走，组织发动了滦州起义。起义失败后被捕，英勇不屈，从容就义。临刑时立而不跪，昂首宣称："此身可裂，此膝不可屈。"白亚雨为革命断头流血的壮烈事迹，深深地激励了李大钊，多年后李大钊仍一再在文章中悼念他。

辛亥革命后，李大钊密切注视政治局势的发展，并为新的共和国感到"隐忧"，1912年6月，他写了《隐忧篇》。革命果实被军阀篡夺之后，李大钊在1913年4月《言治》创刊号上，发表了感慨激愤的《大哀篇》，尖锐地抨击了当时的军阀官僚政治，指出："所谓民政者，少数豪暴狡狯者之专政，非吾民自主之政也；民权者，少数豪暴狡狯者之窃权，非吾民自得之权也；幸福者，少数豪暴狡狯者掠夺之幸福，非吾民安享之幸福也。""共和自共和，幸福何有于吾民也！"

1913年，李大钊东渡日本学习，考入东京早稻田大学政治本科，此时，李大钊已熟练掌握了日、英两种文字，更多地接触到了欧洲的社会主义思潮。他开始研究介绍马克思主义的著作，特别是日本早期工人运动著名领袖幸德秋水的一些著作，曾给他较大的影响。1915年1月，日本向袁世凯提出了企图灭亡中国的"二十一条"，李大钊积极投入反袁斗争之中，起草了《警告全国父老书》，呼吁全国人民一致反抗日本帝国主义的侵略，挽救祖国的危亡。12月袁世凯称帝，蔡锷在云南举兵反袁，李大钊所在的留日学生总会，积极支持云南的"护国军"，并代为筹措军饷。1916年1月，为联系反袁事宜前往上海，在回国轮船上写诗以明志②：

① 《李大钊传》编写组：《李大钊传》，人民出版社1979年版，第6—7页。
② 周红兴、李如鸾编：《李大钊诗浅释》，四川人民出版社1979年版，第46页。

义声起云南，鼓鼙动河北。

绝域逢知交，慷慨道胸臆。

中宵出江户，明月临幽黑。

鹏鸟将图南，扶摇始张翼。

一翔直冲天，彼何畏荆棘。

相期吾少年，匡时宜努力。

男儿尚雄飞，机失不可得。

1916 年，李大钊从日本留学回国后，面对中华民族遭受着西方列强的野蛮入侵和本国封建势力的腐朽统治，他在《新青年》上发表了《青春》一文，号召青年"冲决历史之桎梏，涤荡历史之积秽，新造民族之生命，挽回民族之青春"。他积极抨击以孔子为偶像的旧礼教、旧道德，与当时抬出孔子来维护自己统治的反动势力展开猛烈的斗争。他说："孔子生于专制之社会，专制之时代，自不能不就当时之政治制度而立说，故其说确足以代表专制社会之道德，亦确足为专制君主所利用资以为护符也。""而无知其人已为残骸枯骨，其学说之精神，已不始于今日之时代精神何也。"他号召青年永远"进前而勿顾历，背黑暗而向光明"，"以青春之我，创建青春之家庭，青春之国家，青春之民族，青春之人类，青春之地球，青春之宇宙"，以"乘风破浪"的气魄，"为世界进文明，为人类造幸福"①。这期间，李大钊还在《甲寅》上发表了《真理之权威》等 60 多篇文章，宣传马克思主义理论。

俄国十月革命成功的消息传到中国后，李大钊热情歌颂了十月革命的胜利，并预言"试看将来的环球，必是赤旗的世界"。五四运动的爆发，促进了马克思主义在中国的进一步传播。为了更好地传播马克思主义，李大钊在 1918 年春给林伯渠的信中，热情介绍了十月革命的情况，宣传十月革命。林伯渠在《党成立时期的一些情况》一文中写道："约在一九一八年三、四月，连续接到李大钊同志几次信，详细给我介绍了十月革命的情况及一些小册子、文件，并对目前中国形势阐述了他的所见，得到很大的

---

① 《李大钊选集》，人民出版社 1959 年版，第 71—80 页。

启发。如何联系群众，如何组织军队，在实际生活中有些新的认识。"① 可见，李大钊在介绍十月革命的同时，还阐述了他对目前中国形势的所见。随后，他又先后发表了《法俄革命之比较观》、《庶民的胜利》、《布尔什维主义的胜利》等文章。在这些文章中，李大钊初步揭示了十月革命的社会主义性质、世界历史意义及他本人对十月革命的态度。他指出："俄罗斯之革命是 20 世纪初期之革命，是立于社会主义上之革命"，它将是"影响于未来世纪文明之绝大变动"。他热情欢呼十月革命开创人类历史的新纪元，"从今以后，生产制度起一种绝大的变动，劳工阶级要联合他们全世界的同胞，作一个合理的生产者的结合，去打破国界，打倒全世界资本的阶级"。伟大的十月社会主义革命使李大钊同志开始了由革命民主主义者向共产主义者的转变，经过长期的探索，他已经找到了一条可以拯救民族于危亡的道路，李大钊将燕赵慷慨任侠之精神融入了马克思主义的宣传与中国革命的实践之中。

二　好像花草的种子，被风吹散在遍地

在俄国十月革命的影响下，中国反抗列强侵略、救国危亡的斗争进入一个新时期，李大钊成为这一新时期中国革命的领导者，他指出中国以后要进行的革命，不是法国式的革命，而是俄国式的革命，要走无产阶级革命的道路。在大力宣传马克思主义理论的同时，在北京大学成立了马克思主义研究会，指导社团活动，在李大钊的影响和直接引导下，毛泽东、周恩来、邓中夏、高君宇等一批先进的青年知识分子，以及林伯渠等一些参加过辛亥革命的志士，接受了马克思主义，成为坚定的共产主义信仰者。李大钊为中国共产主义运动的兴起培养了一代革命家。

五四运动爆发后，李大钊又积极领导了五四运动，他不仅发起、组织和指导了一些进步社团，还把爱国的青年学生组织起来形成一股巨大的力量。1918 年 5 月 21 日，爆发了北大、高师、法专、高工、医专、农专等校的学生参加的 2000 余人的游行请愿活动，反对中日秘密军事协定。不

---

① 贾天运：《李大钊研究点滴》，作家出版社 2008 年版，第 23 页。

久，北京和天津的学生很快组织起来，北京的一部分学生组织了学生救国
会，派出代表到天津、上海等地与学生进行联系。学生救国会为了加强联
系，扩大宣传，又组成《国民》杂志社，并派李大钊为他们的导师，指导
救国会和《国民》杂志社工作。1919 年，他又促使北大学生会成立。还组
织、指导和帮助新潮社开展工作。新潮社是五四运动前在北京大学出现的
著名社团之一，主要以反对封建伦理和封建文学为主要内容，李大钊不仅
积极为《新潮》杂志社撰写稿件，还帮助新潮社解决办公用房的困难。
1919 年 2 月 1 日，李大钊在《新潮》上发表了重要文章——《联治主义与
世界潮流》，文章指出："现在的时代是解放的时代，现代的文明是解放的
文明。人民对于国家要求解放，地方对于中央要求解放，殖民地对于本国
要求解放，弱小民族对于强大民族要求解放，农夫对于地主要求解放，工
人对于资本家要求解放，女子对于男子要求解放，子弟对于亲长要求解
放。现代政治或社会里边所起的运动，都是解放的运动。"① 同时，李大钊
还在北京大学、北京师范大学等高校，开设唯物史观、社会主义、工人的
国际运动与社会主义的将来、女权运动史等课程，宣传马克思主义理论，
并以唯物史观为指导讲解历史和回答现实问题。

　　1919 年 6 月 11 日，李大钊与陈独秀、高一涵等数人到城南游艺园分
头散发传单，陈独秀被捕，同年 9 月出狱。11 月，李大钊在《新青年》第
六卷第六号上发表了《欢迎独秀出狱》，诗中写道②：

　　　　你今出狱了，
　　　　我们很欢喜！
　　　　他们的强权和威力，
　　　　终竟战不胜真理。
　　　　什么监狱什么死，
　　　　都不能屈服了你；
　　　　因为你拥护真理，

---

① 《李大钊文集》（上），人民出版社 1984 年版，第 621 页。
② 周红兴、李如鸾编：《李大钊诗浅释》，四川人民出版社 1979 年版，第 87、88 页。

所以真理拥护你。

你今出狱了，

我们很欢喜！

相别才有几十日，

这里有了许多更易；

从前我们的"只眼"忽然丧失，

我们的报便缺了光明，减了价值；

如今"只眼"的光明复启，

却不见了你和我们手创的报纸！

可是你不必感慨，不必叹惜，

我们现在有了很多的化身，同时奋起；

好像花草的种子，

被风吹散在遍地。

在李大钊、陈独秀等人的宣传和鼓舞下，燕赵地区很快成为传播新文化和马克思主义的前沿阵地，"我们现在有了很多的化身，同时奋起"，"好像花草的种子，被风吹散在遍地"。

在新文化运动时，许多社团和报刊如雨后春笋般在全国各地涌现出来，在北京，除陈独秀、李大钊主办的《新青年》和《每周评论》外，还有李大钊、邓中夏等组织的国民杂志社出版的《国民》杂志，有赵世炎等组织的少年学会出版的《少年》半月刊，有北京大学学生组织的新潮社出版的《新潮》杂志，还有北京高等师范学校学生组织的工学会出版的《工学》月刊，还有平民教育社出版的《平民教育》、觉悟社出版的《党社新刊》等。据不完全统计，在1918年以后的5年时间里，公开发表过同情社会主义主张的人有240人之多，在1918—1922年前后，发表过介绍和同情社会主义文章的报刊多达220余种，占这一时期出版的280余种重要的社会科学类杂志及其报纸将近80%。① 这种浪潮也吹到燕赵地区，1919年4

---

① 张福记：《近代中国社会演化与革命》，人民出版社2002年版，第175页。

月 13 日，交通部唐山工业专门学校（原唐山铁路学校）的学生，在京津学运的影响下，创办了唐山历史上最早的白话文进步报纸——《救国报》。它以揭露日本军国主义者侵略中国，反动腐败政府出卖中国主权，号召人民团结起来，打倒帝国主义和反动军阀为宗旨。《救国报》不久被天津警察局无端查封后，爱国学生不畏强权政治，决定将《救国报》更名为《爱国报》继续出版。① 同时，9 月，热河省学生于方舟、韩麟符、陈境湖等青年还在天津参加了周恩来创办的觉悟社，还于 1920 年 4 月 1 日创办了《新生》杂志，这是一种"带社会主义色彩"的刊物，后来在李大钊的帮助下，也改为马克思主义研究会。同时，在李大钊指导下，北京学生到唐山宣传马克思主义，当时，唐山工业专门学校的学生于五四运动后期成立"人社"，是唐山市最早的学生进步社团。当时流行许多"救国方案"，有人主张实业救国，有人主张教育救国、医学救国，而人社则主张科学救国。他们认为：国家贫穷落后，一切都由帝国主义控制，主要原因是科学技术不发达。人社成员将"怎样做人，怎样救人"，同自己所学专业结合起来，即"站在科学的基础上我们做人，我们救人"。为此，1920 年 3 月 1 日，人社创办了自己的刊物——《科学的唐山》，把它作为宣传科学卫国的阵地。在创刊号的宣言中提出："要将非科学的中国化为科学的中国。"《科学的唐山》的主要任务是普及科学知识，由人社成员自己编写，也翻译一些外文科技资料。《科学的唐山》作为科普读物，对于宣传科学救国思想，推广科学知识，反对封建迷信，传播新思潮做出了一定的贡献。1921 年春，"马克思学说研究会"发起人之一邓中夏到保定直隶高等师范专科学校任教，以讲授白话文学（即现代文学）为掩护，在讲坛上公开讲授李大钊的文章和马克思主义的经典著作，使马克思主义和新文化运动在保定知识界迅速传播开来。

燕赵地区的学生运动迅速发展起来。五四运动爆发后，燕赵青年的爱国热情和革命精神空前高涨。各种学生联合会纷纷成立，如天津学生联合会、天津女界爱国同志会、保定市学生联合会等。为了响应北京学生的同

---

① 马建国：《冀东书报刊史料》，河北人民出版社 1995 年版，第 28—29 页。

盟总罢课，天津学界组织学生从 5 月 23 日起，15 所大中专学校的 10000
多名学生开始罢课。同时还开展了街头讲演和抵制日货等爱国活动。同
时，直隶省首府保定市也于 1919 年 5 月 22 日成立学生联合会，选举吴展
宜为会长。当时在保定育德中学赴法预备班学习的刘少奇、李富春、李维
汉等人也参加了学联成立大会。23 日，保定市中等以上各校学生 2000 多
人举行了响应北京学生的同盟总罢课，并发表了罢课宣言书。直隶督军曹
锟的督军府就设在此地，当时保定市有大中学校 12 所，是直隶省的另一文
化中心。6 月 5 日，保定育德中学的进步师生听到北京传来的消息后，大家
决定罢课，上街游行。学生吴震寰（吴玉章之子）带领育德中学学生，高举
标语，由西关向城中涌去。很快与其他几个学校的学生汇合在一起。学生慷
慨激昂地讲演，张贴标语，连曹锟督军府门前的两根大旗杆上都贴满了。

　　学生的爱国游行运动不仅鼓舞了学生的爱国热情，也深入农村，许多县
都投入这一运动中，大名、玉田、南宫、山海关、沧县、广平、威县、冀
县、定县、永年、临城、宁晋、武强、霸县、宁河、蓟榆、怀来、青县、枣
强、束鹿、杨柳青、徐水、深县、成安、顺德（邢台）、宣化、景县、遵
化、宁津、秦皇岛、芦台、龙关等地，有的召开公民大会，有的进行罢
课，有的组织讲演，各种爱国游行活动搞得有声有色。经过五四运动的洗
礼，民主革命思想在直隶人民中萌发，为马克思主义的广泛传播奠定了基
础，一批五四运动中的积极分子开始了新的道路的探索。①

　　随着学生运动的不断深入和马克思主义的传播，河北的工人运动也发
展起来，1917 年 11 月 10 日，北京、天津的《大公报》、《益世报》等报纸
作出"俄国克伦司基政府已被激进党政府推翻，现在组织纯粹社会党政府
与中欧诸国提出媾如"等歪曲事实真相的报道，河北唐山的工人阶级从苏
联回国的华工那里得到十月革命胜利的消息后，说："革命后的俄国，赶
走资本家，工厂归工人了，我们进行斗争，也可以那样。"李大钊同志也
借回家的机会向煤矿工人宣讲："俄国的十月革命，这是工人的胜利，将
来的世界必定是劳工的世界。我们工人要想不受剥削，不受包工头的压

---

①　谢忠厚：《近代河北史要》，河北人民出版社 1990 年版，第 237 页。

迫，就得要斗争，要斗争就得要有团体。"从而使直隶的工人阶级对俄国十月革命有了更清楚的认识。在十月革命的影响下，河北唐山的工人阶级先后举行了 6 次大规模的罢工，1920 年 5 月 29 日，唐山马家沟的矿工工人举行了罢工，接着，在京绥铁路、长辛店修车厂、正太路机器厂等企业中，连续发生了罢工斗争。1920 年 6 月 23 日，上海的《民国日报》认为："唐山开滦矿务局之罢工，突出于工人之自动。""全体工人，皆同一心，并非有人从中煽惑。"对唐山近几年连续的罢工斗争，该报认为："因时代关系，开滦矿夫时有罢工倾向。"① 这充分说明，十月革命的胜利启迪了工人反抗压迫和剥削的自觉性，也给传统的燕赵文化注入了新的思想境界和追求。

第三节　浴火中的燕赵文化

一　民族觉醒进程中的燕赵文化

近代的中国是多灾多难的，清政府的腐败、西方列强的军事入侵和文化侵略激起了人民的反抗，在推翻封建统治、争取民族独立和谋求近代化的过程中，燕赵人民始终站在前列，体现着燕赵文化的慷慨为国、侠义忘死的侠骨精神。

咸丰三年（1853），太平天国北伐军自安徽进入河南，直隶地区的望都、新乐、唐县等地的民众积极响应，组织农民武装与驻守当地的清军展开夜袭战，破坏交通线，狙击清军粮草供应，迎接太平天国北伐军。九月，太平天国北伐军攻取直南重镇临洺关，进入直隶地区。随后连克沙河、任县、隆平、柏乡，进入赵州境，当地许多百姓拿出粮食、蔬菜等支援太平军并踊跃参军，使太平军得到了补充，士气旺盛。太平天国北伐军转攻沧州，沿运河抵达静海、独流，在与清军的多次激战中，直隶民众都积极参与，支援北伐军。后因北伐军孤军深入而失败。

① 中华全国总工会中国职工运动史研究室、中国科学院近代史研究所：《中国工运史料》，工人出版社 1960 年版，第 57 页。

　　1900 年，义和团运动兴起，直隶民众纷纷响应，涌现出名震一时的义和团首领，如直隶新城人张德成、直隶静海人曹福田、威县沙柳寨人赵三多等。在抗击英、法等八国侵略军的战斗中，取得廊坊大捷，并在天津紫竹林、老龙头火车站、北京东郊民巷等地痛击了侵略军，天津、北京、涞水、涿州、青县等地洋教堂被付之一炬，沉重地打击了帝国主义势力。

　　1911 年 10 月 10 日，武昌首义成功，直隶革命党人积极筹划起义。12月 2 日，北京、天津、保定、通县代表及任丘的耿世昌、戴国栋、郑书城等 20 余人在天津召开共和会议，决定在北京、天津、保定、石家庄、滦县、通县、任丘等地举行起义，耿世昌被任命为任丘起义总指挥。12 月 9日，北京、天津、保定、石家庄、滦县、通县、任丘、文安、雄县等地的革命党人，在保定西关直隶高等农业学堂召开会议，决定 12 月 18 日在任丘首先起义，尔后北京、天津、保定、石家庄、滦县、通县各地互为呼应，以牵制袁世凯军队对已宣布独立的山西省进行攻剿。

　　12 月 18 日，起义军提出"打倒封建，建立共和，实行民主，全民安乐"的口号，得到民众的拥护。在当地上万名农民手持大刀、长矛云集的响应下，起义军攻占任丘县城。翌日，城中各商户、客栈、作坊、饭店照常营业，社会秩序井然。广大劳苦群众欢天喜地，奔走相告，杀猪宰羊，庆祝胜利。清政府即派保定清军到任丘围剿，革命军终因寡不敌众而失败。但是，革命党人领导的推翻清王朝封建统治的资产阶级革命得到了直隶广大民众的支持与拥护，使资产阶级民主思想在直隶农村得到了广泛传播，意义重大。

　　直隶地区第一批工人阶级还举行了中国煤矿工运史上的第一次罢工斗争。1882 年（光绪八年），开平煤矿工人为反对歧视当地工人、颁布多种约束工人的条例和私设刑具审讯工人，举行罢工，向矿务局要求同工同酬。使得清统治者的矿局大受打击，"知县束手无策"，"矿厂大半已陷于停工状态"。1891 年，开平煤矿再次举行罢工，反对外国技师压迫，迫使矿局和路局的外国雇员集体撤退到天津。反压迫斗争震动了反动的清政府及英国领事官，取得了一定胜利。开平煤矿工人的罢工斗争，表现了工人高度的组织能力，揭开了我国工人阶级反帝反封建斗争的序幕。

刘大年认为，民族独立与近代化是两件事，不能互相代替，民族独立不能代替近代化，近代化也不能代替民族独立。它们紧密地联在一起，不是各自孤立的。没有民族独立，就不能实现近代化；没有近代化，政治、经济、文化永远落后，不能实现真正的民族独立。中国人民百折不挠地追求民族独立，最终目的仍在追求国家的近代化。但是，民族独立与近代化毕竟是两个不同的问题，它们各有各的特定内容，民族独立是要改变国家民族被压迫的地位，推翻半殖民地半封建统治秩序，从根本上说是要解决生产关系的问题。近代化则是要改变中国经济、文化落后的地位，要发展以近代工业生产力为主干的社会生产力，从根本上说是要解决生产力的问题。两个问题的内容不同，解决的方法也就不一样。人们无法同时并举来实现两个任务，或者毕其功于一役。唯一解决的办法，就是走革命的路，推翻半殖民地半封建统治秩序，取得民族独立，为中国实现近代化打开新的天地。①

二 救亡图存时期的燕赵文化

抗日战争爆发后，面临日本帝国主义的屠杀和掠夺，燕赵儿女积极投入抗战的洪流中去，为慷慨侠义的燕赵文化注入了新血液与新精神。各种抗日武装和团体如雨后春笋般遍及华北，与日本帝国主义展开了殊死搏斗，"残酒忆荆高，燕赵悲歌事未消"，燕赵儿女谱写了一曲曲慷慨奔赴国难，誓死保卫家园的悲壮之歌。血与火的战场，洗涤着人民的灵魂，凝练着慷慨悲歌、任侠尚武的燕赵文化，燕赵精神也在血与火的洗礼中得以凝练与升华。

1933 年 5 月，日本全面侵华之前，张家口地区共产党员吉鸿昌、冯玉祥、方振武等就组织了察哈尔抗日部队，成立了察哈尔民众抗日盟军，主张联合各党、各派、各军，武装抗日和收复失地。抗日同盟军成为河北人民反对日本帝国主义的先驱，尽管这支队伍不久就被扼杀了，但它给了敌人很大打击，充分显示了中国人民在共产党领导下，为挽救民族危亡、反

---

① 刘大年：《当前近代史研究中的几个理论问题》，《人民日报》1997 年 1 月 11 日。

抗国民党反动统治所具有的坚强意志和崇高的英雄气概。

1937 年日本帝国主义占领华北后，河北冀东、冀中、冀鲁豫等根据地也相继成立了很多抗日组织，在敌后开展游击战争，以灵活多变的战略战术打击敌人。其中，冀东地区党组织根据党中央、北方局和晋察冀分局的指示，积极发动和组织冀东人民开展抗日游击战争。9 月，成立了"华北人民武装自卫会冀东分会"。团结一部分国民党人士和上层爱国人士共同抗日，会员达 15000 人左右。与此同时，冀东党组织还通过举办夜校对工农群众和自由职业者进行抗日救国的宣传教育。12 月期间，冀东党组织还召开了抗日人民代表会议，发动群众，组织武装，开展游击战争。1938 年 3 月间冀东党组织又领导开滦五矿工人搞了两次罢工斗争。

同时，冀中地区的回民支队也威震四方。冀中回民支队在马本斋司令员和郭陆顺政委的领导下，英勇杀敌，屡建奇功。1938 年初，回民支队在马本斋领导下得到迅速发展，成立了河北游击军回民教导队。同年 7 月，他们又与吕正操领导的冀中人民自卫军回民干部教导队合并，编为八路军冀中军区回民教导总队。次年，改编为八路军冀中军区回民支队，马本斋为司令员，郭陆顺担任该支队政治委员。这支队伍在马本斋司令员和郭陆顺政委的领导下，战斗在冀中和冀鲁豫边区一带，仅 1938 年内的几个月间就进行了几十次战斗，毙伤日军 500 多人。1941 年，这支队伍在子牙河东的沧石路上重创日寇。

冀中白洋淀的雁翎队更是名震河北内外，1938 年，日寇对位于保定、天津之间的白洋淀实行"三光政策"，使鱼米之乡变成了人间地狱。大张庄、郭里口一带有不少用大型火枪"大抬杆"打雁、打鸭子为生的猎人，在我地下党组织的领导下，拿起"大抬杆"参军参战，反抗日寇侵略，成立了游击队。他们利用淀上港汊的有利地形，采用声东击西、出奇制胜的战术，沉重地打击了日本侵略者。到了 1943 年，雁翎队更加强大了，在这年的上半年就端掉了鬼子在白洋淀上的 30 多个岗楼和据点。在抗日烽火越烧越旺的形势下，日本鬼子不敢在白洋淀活动。这支英勇善战的水上游击队，沉重地打击了日本侵略者，为白洋淀抗日根据地的重建与发展，为冀中党政军民坚持抗战做出了很大的贡献。此外还有敌后武工队、铁道游击队等各种抗日武装力量，在中国共产党的领导下，他们深入沦陷区与地下党组织相配合，采取灵活多样的战略战术，狠狠打击来犯之敌。他们英勇斗争的革命精神，彰显了河北人民战胜日本帝国主义的决心和勇气。以保定地区为核心的燕赵人民抗日斗争的事迹，成为保定籍作家们创作的源泉，涌现出一大批反映燕赵人民革命斗争生活的优秀作品，诸如《红旗谱》、《播火记》、《烈火金刚》、《平原游击队》、《小兵张嘎》、《野火春风斗古城》、《狼牙山五壮士》、《平原枪声》、《敌后武工队》、《新儿女英雄传》等，不仅讴歌了革命斗争时期的燕赵英雄，也成为激励一代代燕赵儿女成长的精神食粮。

火与血的洗礼，使燕赵风骨经历了凤凰涅槃而获重生。这次重生是在共产党领导下的重生与质的升华，使燕赵风骨的"任侠尚武"升华为在民族生死存亡、国家危亡关头而慷慨悲歌赴国难的英雄壮举，涌现出大量的可歌可泣的英雄，狼牙山五壮士、放牛郎王二小以及中共津南地委书记马振华、在冀南反"扫荡"中牺牲的冀南军政委员会主任刘铁之、冀东抗日大暴动的揭幕人王平陆、为抗日流尽最后一滴血的中共南宫县委书记李忠等，他们是英雄的燕赵儿女的代表，表现了大无畏的牺牲精神和团结一致、众志成城抵抗外敌的英雄气概，这种慷慨赴死的豪情，弘扬了民族大义，传承了中华民族宝贵的精神财富。

附　　录

表 1 秦汉时期侠客表

时代	人物	所属郡县 （今省份）	人物任侠记载	资料来源
西汉	窦婴	清河观津 （今河北衡水东）	任侠自喜，将兵，以军功为魏其侯。	《史记》卷 49《外戚世家》 《汉书》卷 97《外戚传上》
	张良	颍川城父 （今河南郏县）	居下邳，为任侠。	《史记》卷 55《留侯世家》 《汉书》卷 40《张陈王周传》
	季布	楚 （今属湖北）	为气任侠，有名于楚。时有"得黄金百斤，不如得季布一诺"。	《史记》卷 100《季布栾布列传》 《汉书》卷 37《季布栾布田叔列传》
	朱家	鲁（今山东曲阜）	朱家大侠。	《史记》卷 100《季布栾布列传》 《史记》卷 124《游侠列传》
	季心	楚（今属湖北）	气盖关中，遇人恭谨，为任侠，方数千里，士争为死。	《史记》卷 100《季布栾布列传》 《汉书》卷 37《季布栾布田叔列传》
	田叔	赵陉城 （今河北定州）	叔喜剑。	《史记》卷 104《田叔传》 《汉书》卷 37《季布栾布田叔列传》
	灌夫	颍阴 （今河南许昌）	夫不喜文学，好任侠，已然诺。谓已许诺，必使副其前言也。诸所与交通，无非豪桀大猾。	《史记》卷 107《魏其武安侯列传》 《汉书》卷 52《窦田灌韩传》
	汲黯	濮阳 （今河南濮阳）	合己者善待之，不合己者不能忍见，士亦以此不附焉。然好学，游侠，任气节，内行修絜，好直谏。	《史记》卷 120《汲郑列传》 《汉书》卷 50《张冯汲郑传》
	郑当时	陈 （今河南淮阳）	郑庄以任侠自喜，脱张羽於阸，声闻梁楚之间。	《史记》卷 120《汲郑列传》 《汉书》卷 50《张冯汲郑传》
	宁成	南阳穰 （今河南南阳）	致产数千金，为任侠，持吏长短，出从数十骑。其使民威重於郡守。	《史记》卷 122《酷吏列传》 《汉书》卷 90《酷吏传》

续表

时代	人物	所属郡县 (今省份)	人物任侠记载	资料来源
西 汉	田仲	楚 (今属湖北)	以侠闻。	《史记》卷 124《游侠列传》
	孟剧	洛阳 (今河南洛阳)	布衣游侠剧孟、郭解。以任侠显诸侯。	《史记》卷 124《游侠列传》
	王孟	符离 (今安徽省宿州)	以侠称江淮间。	《史记》卷 124《游侠列传》
	瞷氏	济南 (今山东济南)	以豪闻。	《史记》卷 124《游侠列传》
	周庸	陈 (今河南淮阳)	以豪闻。	《史记》卷 124《游侠列传》
	白氏	代 (今河北蔚县)	周庸之后，纷纷复出焉。	《史记》卷 124《游侠列传》
	韩无辟	梁 (今河南商丘)		
	薛兄	阳翟 (今河南禹县)		
	韩孺	郏 (今河南郏县)		
	郭解	轵 (后入关中) (今河南济源)	布衣游侠剧孟、郭解。	《史记》卷 124《游侠列传》
	樊仲子	长安 (今陕西西安)	为侠而逡逡有退让君子风。	《史记》卷 124《游侠列传》
	赵王孙	槐里 (今陕西兴平)		
	高公子	长陵 (今陕西咸阳东)		
	郭公仲	西河 (今陕西澄城、 大荔一带)		
	卤 (鲁) 公孺	太原 (今山西太原)		
	儿长卿	临淮 (今江苏洪泗县)		
	田君孺	东阳 (今江苏盱眙县)		
	孝宣 皇帝	长安 (今陕西西安 西北)	然亦喜游侠。	《汉书》卷 8《宣帝纪八》
	朱安世	京师 (今陕西西安 西北)	京师大侠。	《汉书》卷 66《公孙刘田 王杨蔡陈郑传》
	朱云	鲁 (今山东曲阜)	少时通轻侠，借客报仇。长八尺余，容貌甚壮，以勇力闻。	《汉书》卷 66《杨胡朱梅云传》

时代	人物	所属郡县（今省份）	人物任侠记载	资料来源
西汉	护羌校尉通长子次兄素	籍贯无考	护羌校尉通长子次兄素与帝从舅相善，两人俱游侠，宾客甚盛。	《汉书》卷69《赵充国辛庆忌传》
	卫子伯	籍贯无考	两人俱游侠，宾客甚盛。	《汉书》卷69《赵充国辛庆忌传》
	眭弘	鲁国（今山东曲阜）	少时好侠，斗鸡走马，长乃变节，从嬴公受《春秋》。	《汉书》卷75《眭两夏侯京翼李传》
	杜建	新丰（今陕西临潼）	建素豪侠，宾客为奸利。	《汉书》卷76《赵尹韩张两王传》
	稚季	京兆（今陕西西安西北）	稚季者大侠。	《汉书》卷77《盖诸葛刘郑孙毋将何传》
	王林卿	京师（今陕西西安西北）	侍中王林卿通轻侠。	《汉书》卷77《盖诸葛刘郑孙毋将何传》
	朱博	杜陵（陕西西安）	伉侠好交，随从士大夫，不避风雨。	《汉书》卷83《薛宣朱博传》
	壹生孺	籍贯无考	孺为任侠，州郡歌之。	《汉书》卷100《叙传上》
	萬章	长安（今陕西西安西北）	长安名豪	《汉书》卷92《游侠传》
	张回	长安（今陕西西安西北）		《汉书》卷92《游侠传》
	赵君都	长安（今陕西西安西北）		《汉书》卷92《游侠传》
	贾子光	长安（今陕西西安西北）		《汉书》卷92《游侠传》
	楼护	齐（山东临淄）	论议常依名节。长安号曰："谷子云笔札，楼君卿唇舌"，言其见信也。唯成帝时，外家王氏宾客之盛，而楼护为帅。	《汉书》卷92《游侠传》
	陈遵	杜陵（今陕西西安）	及郡国豪桀至京师者，莫不相因到遵门王莽时，诸公之间陈遵为雄，间里之侠原涉为魁。	《汉书》卷92《游侠传》
	原涉	阳翟（后迁茂陵）（今河南禹县）	祖父武帝时以豪桀自阳翟徙茂陵王莽时，诸公之间陈遵为雄，间里之侠原涉为魁。	《汉书》卷92《游侠传》
	杜君敖	霸陵（今陕西西安）	其名闻州郡者。皆有谦退之风。	《汉书》卷92《游侠传》
	韩幼孺	池阳（今陕西泾阳）		
	绣君宾	马领（今甘肃庆阳北）		
	漕中叔	西河（今陕西澄城、大荔一带）		

时代	人物	所属郡县（今省份）	人物任侠记载	资料来源
东汉	刘伯升	南阳蔡阳（今河南南阳）	好侠养士，性刚毅，慷慨有大节。	《后汉书》卷1《光武帝纪》《后汉书》卷14《宗室四王三侯传》
	赵林（赵缪王子）	邯郸（今河北邯郸）	好奇数，任侠于赵、魏间，多通豪猾，而（王）郎与之亲善。	《后汉书》卷12《王刘张李彭传》
	隗崔	天水成纪（今甘肃天水）	素豪侠，能得众。	《后汉书》卷13《隗嚣公孙述传》
	王遵	霸陵（今陕西西安）	少豪侠，有才辩。	《后汉书》卷13《隗嚣公孙述传》
	刘梁	南阳蔡阳（今河南南阳）	以侠气闻。	《后汉书》卷14《宗室四王三侯传》
	窦融	扶风平陵（今陕西咸阳）	家长安中，出入贵戚，连结间里豪杰，以任侠为名。	《后汉书》卷23《窦融传》
	马严	扶风茂陵（今陕西兴平）	通轻侠客。	《后汉书》卷24《马援传》
	马敦	扶风茂陵（今陕西兴平）	通轻侠客。	《后汉书》卷24《马援传》
	杜季良	籍贯无考	豪侠好义。	《后汉书》卷24《马援传》
	陈遵	京兆下邽（今陕西西安）	关西之大侠。	《后汉书》卷27《宣张二王传》
	孙礼	北海安丘（今山东安丘）	好游侠。	《后汉书》卷30《郎凯襄楷传》
	张堪（字君游）	南阳宛（今河南南阳）	以气侠立名。	《后汉书》卷31《郭杜孔张传》
	廉范（字叔度）	京兆杜陵（今陕西西安）	以气侠立名。	《后汉书》卷31《郭杜孔张传》
	楚王英	楚国（今江苏徐州）	少时好游侠，交通宾客。	《后汉书》卷42《光武十王传》
	郑飒	籍贯无考	任侠通剽轻，数与悝交通（桓帝弟蠡吾侯悝为勃海王）。	《后汉书》卷55《章帝八王》
	董腾	籍贯无考	任侠通剽轻，数与悝交通。	《后汉书》卷55《章帝八王》
	段颎	武威姑臧（今甘肃武威）	少便习弓马，尚游侠，轻财赂，长乃折节好古学。	《后汉书》卷65《皇甫张段》
	许劭	汝南平舆（今河南平舆）	少峻名节，好人伦，多所赏识。	《后汉书》卷68《郭符许》
	袁绍	汝南平舆（今河南平舆）	公族豪侠。	《后汉书》卷68《郭符许》《后汉书》卷74《袁绍刘表》

续表

时代	人物	所属郡县 （今省份）	人物任侠记载	资料来源
东 汉	董卓	陇西临洮 （今甘肃临洮）	以健侠知名。	《后汉书》卷72《董卓》
	袁术	汝南汝阳 （今河南汝阳）	少以侠气闻。	《后汉书》卷75《刘焉袁术》
	张邈	东平 （今山东东平）	少以侠闻。	《后汉书》卷75《刘焉袁术》
	王涣	广汉郪 （今四川射洪西）	少好侠，尚气力，数通剽轻少年。	《后汉书》卷76《循吏》
	杜硕	京兆杜陵 （今陕西西安）	豪侠，以货殖闻。	《后汉书》卷80《文苑·杜笃》
	戴良	汝南慎阳 （今河南正阳）	家富，好给施，尚侠气，食客常三四百人。时人为之语曰："关东大豪戴子高。"	《后汉书》卷83《逸民》

表2　　　　　　　　　河北道任侠者籍贯分布表

姓名	籍贯	活动时代	姓名	籍贯	活动时代
郭元振	魏州贵乡	初唐	冯燕	魏州豪人	中唐
张万福	魏州元城	中唐	吴保安	魏州人	盛唐
郭仲翔	魏州人	盛唐	刘黑闼	贝州漳南	隋末唐初
窦建德	贝州漳南	隋末唐初	崔造	深州安平	中唐
崔浞	深州安平人	中唐	穆宁	怀州河内	盛唐
周李祥	怀州河内	中唐	高适	德州蓨县	盛唐
李纲	德州蓨县	隋末唐初	高承简	幽州	中唐
高郢	德州蓨县	盛唐	甄济	定州无极人	中唐
刘雍	幽州昌平	中唐	侯四娘等3人	卫州	中唐
刘武周	河间人	隋末唐初	田環	平州卢龙	盛唐
崔光远	博陵人	盛唐	田悦	平州卢龙	中唐
田承嗣	平州卢龙	中唐	李顺	赵州	中唐
田守义	平州卢龙	盛唐	甄宪台	定州无极人	中唐
阳城	北平人	中唐			
甄济叔父	定州无极人	盛唐			

表3 清雍正时期燕赵地区民风资料分类统计表

民风区	州县	雍正《畿辅通志》		资料来源
		民风特征		
民风尚武	涿州	涿鹿之区，水深土厚，风气高寒，草木则肤厚干强，鸟兽则羽劲毛毨，其人君子则高明直亮，小人则淳朴坚强。		涿州志
	霸州	郡西地皆平衍，民树桑枣，勤耕织，然当诸河之冲，频历水患。东多水，乡饶鱼盐席苇之利；南多污下，沮洳不得耕播，民多业渔。其俗朴野，愚钝倔强，不肯屈折，每秋水泛溢多携家徙别所。郡北沙薄不宜谷，民树榆柳植瓜果，人尚凉薄，俗习纤啬，与诸营屯接壤有军卫风。		霸州旧志
	蓟州	俗悍而漓，性沈而挚。		蓟州志
	东安	风气浑纯，而民俗质直。人性质而好刚，直而不校，士习儒业，农勤稼穑。		东安县志 同上
	顺义	壤土块垒，地气冽寒，生其间者，材技豪劲，习尚淳朴。		顺义县志
	卢龙	人多刚猛而尚才勇，士好礼让。		卢龙县志
	山海关	负气任侠，慷慨激壮。弦诵风微，技击习炽。		山海关志 同上
	满城	民性朴直而勤于耕桑，士习谨厚而乐于弦诵。		满城县旧志
	新城	俗熏京兆之华，人带塞垣之武。		新城县志
	束鹿	男尚争竞，女巧机织，俗称强悍。		束鹿县旧志
	新安	新安虽居渥水之间，而山脉水源发自燕冀，其人多刚介慷慨。尚朴略而少文华，淳厚之风相沿成俗。		新安县志
	盐山	士尚名节，俗重信义，侈文信鬼椎贩时有。		盐山县志
	成安	民俗殷富，人性浇悍。		成安县志
	赤城	士厚重朴鲁无浇漓之习，民性刚直强悍，逼于饥寒盗窃亦不概见。		赤城县志
	怀来	自沮阳来者，皆言怀人性刚直；自缙山来者，皆言怀士风从厚。		怀来旧志
	西宁	民间率重诗礼，与关内彷佛，但边风刚劲，习武者多。小民愚不知法，或稍争竞，则奸者诱讼，足及公门而止。地处边陲，少娴文教，改设县治以来设学校，士人渐弦诵。		西宁县志 同上 同上
	易州	英俊之域，薮冕所兴。山川明秀，豪杰挺生，地灵之所苞孕也。		易州人物志 同上
	冀州	质厚少文，气勇尚义，号为强伎。		州志
	衡水	衡介燕赵间，士多慷慨。		衡水县志
	隆平	隆俗刚劲，每喜斗而轻生。		隆平县志
	曲阳	男勤耕凿，女勤纺绩，布衣粝食，朴厚而直，有唐尧之遗风。		曲阳县志

民风区	州县	雍正《畿辅通志》	
		民风特征	资料来源
读诗书，有慷慨之节气	通州	走集之交，聚会之所，习为商贾，勇于奔竞。喜声名者，有雄桀之风，好诗书者，多慷慨之致。	通州旧志
	文安	资性躁劲，习为质直，士重科第，民乐耕织。执正不阿，追燕市悲歌之节，有赵人慷慨之风。	文安县志
	祁州	人习凿轮之巧，家谙种树之书。燕赵之俗悍而漓。地狭而瘠，又迨沙、潊、滹沱三河，每际水涝易生盗贼。	祁州志 祁州志 同上
	高阳	风土深厚，民性朴质，多忠信义烈之士。	高阳县志
	阜城	士林雅重廉介，妇女知贵孝诚。	阜城县志
	沧州	廉耻成风，志士鼓义。	沧州志
	庆云	好经术，矜功名，务农桑，崇学业，文物彬彬而豪悍之习自若。	庆云县志
	无极	龙冈蟠拱于后，滋水带绕于前，风气攸萃，礼义渐兴，第慷慨轻生，刚毅任侠，信鬼尚祈，嗜游弛业，犹不免燕赵之故俗。	无极县志
	薰城	薰居太行之东，人物豪雄，多慷慨，尚义节，居民急农桑，崇礼让，输纳不敢愆期，服役如趋父事。	薰城县志
	唐山	急公后私，矜尚节义，燕赵慷慨之气习犹存。	唐山县志
	广平	广邑风气雄劲，深沈大都，矜气节，敦礼让，务本业，多畜牧。	广平县志
	邯郸	任质无伪，尤为近古。	邯郸县志
	清河	清河以平干尾邑，僻处河滨，壤接山东，地多斥卤，惟侠烈之气远过邻封。清河俗称淳厚勤俭，户习诗书，婚姻丧葬相救恤，颇为近古。	清河县志序 清河县志
	东明	东明土地沃衍，风气朴雅，慕善耻非，尚果敢喜正直。	东明县志
	广昌	路当要冲，人文络绎。	广昌县志
	定州	俗教淳朴，人务农桑，有勤俭之风，多慷慨之气。果于行义，号为厚俗，第人无远虑，农桑外不事商贾。唐建学以教民，文士辈出。宋为重镇，韩忠献公增修学校以化导之，苏文忠公复莅斯土，人渐于其化，兼习文武。	州志
勤耕稼，民风质朴	房山	房山密迩京师，僻处岩薮，士民质朴，专务耕读，不习末艺。	涿州志
	昌平	淳而少讼朴而无华。	昌平州志
	保定	婚姻以时，随其贫富，丧祭惟礼，称其有无，不事浮靡之习，颇有笃实之风。	保定县志
	乐亭	古称夷齐廉顽起懦，而滦乐为桑梓之乡，其被化尤切。	乐亭县志
	昌黎	士敦本实，绝浮夸，齐民厚愿，少文，输将早办，无逋赋之苦。	昌黎县志
	迁安	务本力作，不习奸伪，古心未凿。	迁安县志

续表

民风区	州县	雍正《畿辅通志》	
		民风特征	资料来源
勤耕稼，民风质朴	玉田	山环水抱，人多秀而知学。 人心质朴，古风独存。	玉田县志 同上
	滦州	朴而野，谨约而不浮，士敦信，农弃末，工贾罔尚淫艳。	滦州志
	定兴	四达之冲，地势坦平，无奇货。俗尚质朴，民务农桑，士敦学业。	定兴县旧志
	博野	春之日，男驱犊女操筐，秋之日，圃坻积机云联。	博野县志
	庆都	邑据要冲，桑麻万井，章甫华胥，盖古仁让之域。	庆都县旧志
	唐县	山居之民，力本耐劳，习尚俭朴，士无鲜衣，女无冶容，居无丹垩，有陶唐遗风。 男勤耕作，女勤纺绩，依山樵采，柴扉粝食，朴野质憨。	唐县志 同上
	蠡县	男务农桑，女勤织纴，服饰婚丧，俱崇朴素，虽大族亦然。	蠡县旧志
	雄县	雄，泽国也，为三辅要地，俗勤俭，男耕读女蚕桑。 士勤弦诵而秉末泽畔，尚于有古风。	雄县志 同上
	安州	安州，古澶阳地，居九河下流，每岁禾稼将登，水至潲没，虽苇获菱芡亦鲜成熟，百姓以渔樵为生业。	安州志
	献县	水深源广，人秀地灵。	献县志
	肃宁	地僻民淳，简朴易理，士类服驯教化。	肃宁县旧志
	莫州	俗尚祈祷，信鬼神。	莫州图经
	任邱	诵读成习，耕桑为业。	任邱县志
	交河	民淳讼简，不相凌暴。	交河县志
	宁津	民庶而富，俗敦而宠。 沃野平畴，风俗淳厚。	明李东阳 宁津县碑记 宁津县旧志
	景州	文武忠孝，代不乏人，密迩齐鲁渊源洙泗。 民淳讼简，无强暴相凌之风。 州人习董子正谊明道之训，至今人尚质行，户多弦诵。	景州学记 景州旧志 同上
	吴桥	风俗淳厚，人心古朴，其君子文章都雅，其小人稼穑勤劳，差称近古。	吴桥县志
	故城	地平衍有斥卤，民乐农耕，俗耻斗讼。 澹董以浚其源，东田沙溪以衍其流，科第相望，甲于他邑。	故城县志 同上
	瀛州	东光地虽不广而民事勤耕，户虽不多而士知尚学。	瀛州志
	天津	民性淳良，俗皆惇朴，以农桑为先务，以诗书为要领。 贵德耻争，民淳讼简。近来五方杂处，逐末者众，讼狱繁兴，习尚奢靡。	天津卫旧志 同上
	兴济	民性淳厚，俗信鬼神。	县志
	静海	勤农桑，尚祈祷。家少余积，人敬长上。	静海县志

续表

民风区	州县	雍正《畿辅通志》	
		民风特征	资料来源
勤耕稼，民风质朴	南皮	士风恬退，子弟谦谨。	南皮县志
	正定	缙绅先生抗言厉志，好尚儒学。犹有先古遗风。	正定县志
	行唐	地秀人杰，风淳俗美，号称礼义之邦。	明程师伊重修行唐文庙记
	灵寿	民安俭陋，冠昏蜡社外，无游逸之饮。	灵寿县志
	平山	士风耻入公门，民俗多尚淳朴，从令如响，质任自然。	平山县旧志
	元氏	士重科目，民乐耕桑。 质朴尚义，务本力农，君子崇道义，小人尚廉耻。 勤耕织，乐输纳，好祈祷，信鬼神。	元氏县志 旧志 同上
	南和	俗变（齐）鲁为礼义邦，号易治。 君子好义，小人力田。	南和县志 同上
	广宗	广宗民十七迁自山右，有陶唐氏之遗风。男力稼穑，女勤织纴，虽土瘠人贫而急公恐后，油然有亲上之义焉。	广宗县志
	巨鹿	昔称忮诈椎掘今则急上而力农，昔称弹弦跕躧，今则纺织而宵作。	巨鹿县志
	威县	风俗淳美，务农力学，衣冠礼仪为邻邑首称。人性多敦厚而过于持重。	威县旧志
	磁州	滏阳勤于营生，俭于费用。 土浊人稀，习尚敦厚，雅重儒学，颇有古逊畔之风。 磁之为郡，民素淳愿，良吏治之则事易集。	图经 磁州志 卢明理滏阳记
	南乐	南乐在唐虞为冀、兖二州之交，是畿内近地，淳风沕穆。	南乐县志
	魏县	魏有康叔之遗教，君子深思，小人俭朴。 矜尚节概，敦崇礼让，勤学尚友，务本力农。	魏县志 同上
	清丰	质而不华，俭而不侈，安于田里不事远游。	张耿臣清丰文庙记
	长垣	先人后己，务崇礼让。 垣为畿甸名区，沦浃久道之化最切，士多忠信朴茂，宜乎风俗之美，复异曩时。	长垣县志 同上
	蔚州	蔚民性质无诒，去华从俭，以垦田为生。	蔚州志
	延庆	地临险要，俗近淳朴。 男务耕稼，妇勤女红，无浮末之习，风俗之美，视昔有加。	延庆州旧志 同上
	保安	民安于朴，士务于勤。	保安州旧志
	新河	新河俗专务本，士不倦学，科目时闻，农不息耕，水旱无忧，敦朴茂而厌浮华，尚礼义而少机械。	新河县志
	武邑	民淳俗厚，不尚浮靡，士习其业，农勤于耕。	武邑县志
	赵州	好儒雅，勤耕稼。 山川环萦，风俗朴茂。 地属畿辅，政教渐摩，日趋文雅。 人不思远，家无素蓄，轻生嗜利。男女讼牒，攘臂一呼，易为震动。	州志 赵州名记 赵州旧志 同上

续表

民风区	州县	雍正《畿辅通志》	
		民风特征	资料来源
勤耕稼，民风质朴	柏乡	性多敦厚，务在农桑。	柏乡县志
	临城	甘澹薄，崇节俭，虽地瘠民贫，犹为易治。	临城县志
	宁晋	文物鲜华，衣冠济楚，冠婚丧祭备物尽文。	宁晋县旧志
	饶阳	士志约而行方，民性淳而情愿。 地狭民朴，俗无嚚讼。	饶阳县旧志 饶阳县碑记
	安平	士夫淳笃，百姓朴实，犹为近古。	安平县志
	深泽	地杂沙壤，家鲜蓄藏，而民无夙负。	深泽县志

表 4　　　　　　　**清光绪时期燕赵地区民风资料分类统计表**

类别	县域	民风	所引资料出处
民风尚武	宣化	山高水深风劲气寒，人性勇健，喜敦信义，故多贞烈之节。士流以简亢自持武弁，以侈华相竞。 文士自持甚高不轻下人不伸说不辍，能谦受者盖寡。	旧宣镇志 宣化府志
	西宁（今阳原）	民间率重诗礼与关内仿佛，但边风刚劲，习武者多。	西宁县志
	万全	文武士人皆持重，不肯毁名节，内外坦白心无畛畦，轻财好施，无悭啬之习。 人以气岸相尚，喜则倾心，怒则视剑。	万全县志 西路旧志
	赤城	奉圣之民，习于兵农，安于勤苦，不为浮华之行。 地极高寒，霜雪偏早，农业之暇聚族讲武，近被学校之化，渐有中州之风。	龙门县志 北路旧志
	卢龙县	人多刚猛而尚才勇，士好礼让。嘉靖以降，朴变而巧，野变而文，谨约变而夸诈，四民之习嫚嫚乎异矣。	卢龙县文庙碑记
	新城	俗薰京兆之华，带塞垣之武。	新城县志
	冀州	质厚少文，气勇尚义，号为强忮。	冀州志
	衡水	衡介于燕赵之间，多慷慨。	衡水县志
	献县	武风甲于河郡，故数有魁，多士者。	献县志
	沧州	士尚气节习于诗书尊吏畏法耻事斗讼。	沧州志
	清河	清河以平干尾邑，僻处河滨，壤接山东，地多斥卤，惟侠烈之气，远过邻封。	清河县志

续表

类别	县域	民风	所引资料出处
读诗书，有慷慨之节气	北京地区	士人文雅沈鸷而不狃于俗，感时触事则悲歌慷慨之念生，犹然燕丹遗烈。	顺天府志
	通州	喜声名者有雄杰之风，好诗书者，多慷慨之致。	通州旧志
	顺义	使气仗节擅杰鸷之风，好斗轻生间剽悍之俗，读慷慨悲歌之序，知燕赵之挺雄才，咏风潇水寒之歌，识幽燕之多壮士。	顺义县志
	固安	缙绅先生抗言厉志，犹有古风。	固安县志
	文安	执正不阿，追燕市悲歌之节，有赵人慷慨之风。	文安县志
	山海关	士习诗书，谈气节，少所许可。	临榆县志
	唐县	贤者多威稜尚气节，踔厉自将，无腥齪依违之气。……山居之民力本耐劳，习尚俭朴，士无鲜衣，女无冶容，居无丹垩地，有陶唐遗风。	唐县志
	完县	缙绅最为清雅谦冲、光明正大，青衿中多循循谨饬，不尚奇诡，故文雅静谧者多而器躁者不数见焉。	完县志
	望都	章甫华胥，盖古仁让之域。	望都县志
	高阳	风土深厚，民性朴质，多忠信义烈之士。	高阳县志
	定州	唐建学以教民，文士辈出，宋为重镇，韩忠献公增修学校以化导之，苏文忠公复莅斯土，人渐于其化，兼习文武。……俗教纯朴，人务农桑，有勤俭之风，多慷慨之气。	定州志
	石家庄地区	风物蕃衍，地广气豪，人习文则其质彬彬，习武则其气起起，大有赵胜鲁连之风。	正定府志
	正定	缙绅先生抗言厉志，好尚儒学，尤有先古遗风。	正定县志
	无极	龙冈蟠拱于后，滋水带绕于前，风气攸萃，礼义渐兴，第慷慨轻生、刚毅任侠，信鬼尚祈，嗜游弛业，尤不免燕赵之俗。	无极县志
	藁城	藁居太行之东，人物豪雄，多慷慨尚义节。	藁城县志
	束鹿	男尚争竞，女巧机织，俗称强悍。	束鹿县志
	邢台	邢州素号繁剧之郡，龙冈鸳水，地望甚雄，文物风流若一都会。	邢州庙学记
	邢台地区	邢襄素号文献之邦，英才蔚起，彬彬称盛。	顺德府学田记
	邯郸北部地区	广平畿南剧郡，土厚俗纯，士重然诺，先王之遗风犹有存者。敦厚勤俭，有重气侠尚奢浇者。	广平府学记广平府志
	广平	广邑风气雄劲深沈大都，矜气节，敦礼义。	广平县志
	成县	风俗纯美，务农力学，衣冠礼仪为邻邑首称，人性多敦厚而过于持重。	成县志
	邯郸南部地区	士人忠信质直，君子深思，小人任侠。缙绅先生过间里数徒步，不张车盖。性纯朴，气刚毅，颇称好学务本。衣冠文物之盛为畿南称首。	大名府志

续表

类别	县域	民风	所引资料出处
	延庆	男务耕稼。妇勤女红，无浮末之习，其俗之美，视昔有加。	延庆州志
	宁河	尚朴实，知廉隅，其父兄子弟相授受，师友相切劘，一以经书为本业，无作辍、无营求，虽困顿挫折，终不以夺其志。	宁河县志
	秦皇岛地区	明初习记诵而心理道者少，然多醇谨，经书务在讲实，子史亦多涉猎。	永平府志
	昌黎	邑人雅重读书，村里皆有塾师，虽家贫必令弟子就学，然或有读至数十年改业贸易者，若缙绅之家崇礼师儒，诵习经史率多根柢之学，自前明以来不乏达人。	昌黎县志
	抚宁	士尚实学，人好礼乐，有古夷齐风。	抚宁旧志
	乐亭	缙绅率恬让章逢（逢），多质朴。 古称夷齐廉颂，起懦，而滦乐为桑梓之乡，其被化犹切。	乐亭县志
	满城	土阜民厚，山川秀丽，家尚礼义。……小民勤本业而一意种植纺织，老幼耻狡诈。	满城县志
	蠡县	纯正守规无事浮夸。	蠡县志
	雄县	士勤弦诵而秉耒泽畔尚于有古风。	雄县志
好耕稼民风朴质	河间地区	汉河间献王好学，慕古以招贤者，毛公之徒毕至，于是彬彬兴起，至数百年而流风未衰，及乎拓拔、高齐扰攘之余，儒生辈起，经术尤盛，斯其献王之力也。	河间府志
	新安	人多贵德俗尚敦朴。	新安县志
	阜城	士林多雅重廉介。	阜城县志
	肃宁	士类服驯教化。	肃宁县志
	交河	仁爱好学倜傥乐施。	交河县志
	南皮	士风恬退子弟谦谨。	南皮县志
	盐山	士尚名节俗重信义。 士务经学不崇佛老。 士子闭户读书通经怀古科甲相继，皆由攻苦力学以得功名，绝少夤缘倖倖之事。即筮仕四方敬慎自守，及归林下囊无厚资，盖行已有耻心，节信义之风，由来旧矣。	盐山县志 盐山旧志
	涞水	士教简略，不事浮华，然好学力文者不多见，故科目如晨星焉。	涞水县志
	昌平	淳而少讼，朴而无华。	昌平州志
	霸州	郡西地皆平衍，民树桑枣，勤耕强，然当诸河之冲，频历水患，东多水乡，饶鱼盐席苇之利，南多汗下沮洳不得耕播，民多业渔。其俗朴野愚钝，倔强不肯屈折。每秋水泛溢多偕家徙别所。郡北沙薄不宜谷，民树榆柳植瓜果，从尚凉薄，俗习纤啬与诸营屯接壤有军风。	霸州志
	玉田	山环水抱人多秀而知学。	玉田县志

续表

类别	县域	民风	所引资料出处
好耕稼民风朴质	易州	州本英俊之域黼冕所兴。 世族多能由礼耻于干谒。	易州旧志 易州志
	井陉	士苦于贫乏者多，故耕读兼营，然颇以分自安，鲜荡检逾闲之习。	井陉县志
	南和	俗变几鲁，为礼义邦，号易治。	南和县志
	磁县	土浊人稀，习尚敦厚，重儒学，颇有逊畔之风。	磁州志
	赵州	地属畿辅，政教渐摩，日趋文雅。	赵州志
	宁晋	文物鲜华，衣冠齐楚。	宁晋县志
	巨鹿	昔称忮诈椎掘，今则急上而力农，昔称弹弦跕蹻，今则纺织而宵作。	钜鹿县志
	鸡泽	鸡本卫地，疑近淫靡，今则耕耨罔怠，刀尺相闻，其勤俭几与唐魏等，殆犹有康叔武公之旧乎。	鸡泽县志

参考文献

《战国策》，上海古籍出版社 1985 年版。

《史记》，中华书局 1959 年版。

《汉书》，中华书局 1962 年版。

《后汉书》，中华书局 1965 年版。

《三国志》，中华书局 1959 年版。

《晋书》，中华书局 1974 年版。

《魏书》，中华书局 1974 年版。

《北齐书》，中华书局 1972 年版。

《北史》，中华书局 1974 年版。

《隋书》，中华书局 1973 年版。

《旧唐书》，中华书局 1965 年版。

《新唐书》，中华书局 1975 年版。

《资治通鉴》，中华书局 1997 年版。

《宋史》，中华书局 1985 年版。

《辽史》，中华书局 1974 年版。

《金史》，中华书局 1983 年版。

（金）宇文懋昭撰，李西宁点校：《二十五别史·大金国志》，齐鲁书社
　　2000 年版。

《续资治通鉴长编》，中华书局 1980 年版。

《元史》，中华书局 1976 年版。

《明史》，中华书局 1974 年版。

《清史稿》，中华书局 1976 年版。

（明）张溥辑，殷孟伦注：《汉魏六朝百三家集题辞注》，人民文学出版社 1960 年版。

严可均：《全上古三代秦汉三国六朝文》，中华书局 1958 年版。

赵光勇主编：《汉魏六朝乐府观止》，陕西人民教育出版社 1998 年版。

张亚新：《六朝乐府诗选》，中州古籍出版社 1986 年版。

（北齐）颜之推撰，王利器集解：《颜氏家训集解》，上海古籍出版社 1980 年版。

（清）严可均辑，何宛屏等审订：《全晋文》，商务印书馆 1999 年版。

（魏）杨玄之撰，周祖谟校释：《洛阳伽蓝记校释》，中华书局 1987 年版。

（唐）韩愈著，严昌点校：《韩愈集》，岳麓书社 2000 年版。

《全唐文》，中华书局 1983 年版。

许作民辑校注：《邺都佚志辑校注》，中州古籍出版社 1996 年版。

李德裕：《李卫公会昌一品集》，中华书局 1985 年版。

（宋）苏辙：《栾城集》，商务印书馆 1936 年版。

《历代名臣奏议》，上海古籍出版社 2012 年版。

楼钥：《北行日录》，《丛书集成初编》，中华书局 1991 年版。

（元）孛兰肹等撰，赵万里校辑：《元一统志》，中华书局 1966 年版。

《中国方志》（华北地方·河北），成文出版社 1968 年版。

《天一阁藏明代方志选刊》，上海古籍书店 1981 年重印。

《大明一统志》，中华书局 1985 年版。

（清）唐执玉、李卫修，陈仪、田易纂：《畿辅通志》，《四库全书》本。

（清）李鸿章等修，黄彭年等纂：《畿辅通志》，华文书局 1968 年版。

（清）陈梦雷编：《古今图书集成》，中华书局 1923 年版。

《宣府镇志》，成文出版社 1970 年版。

（清）于敏中等编纂：《日下旧闻考》，北京古籍出版社 1981 年版。

（明）王士性撰，周振鹤点校：《广志绎》，中华书局 2006 年版。

（明）谢肇淛：《五杂俎》，中华书局 1959 年版。

（清）顾祖禹：《读史方舆纪要》，中华书局 2005 年版。

（清）赵翼著，王树民校证：《廿二史札记校证》，中华书局 1982 年版。

徐世昌撰：《大清畿辅先哲传》，北京古籍出版社 1993 年版。

［英］迈克·克朗：《文化地理学》，杨淑华等译，南京大学出版社 2005 年版。

［英］安德森等主编：《文化地理学手册》，李蕾蕾、张景秋译，商务印书馆 2009 年版。

王恩涌：《中国文化地理》，科学出版社 2008 年版。

赵世瑜：《中国文化地理概说》，山西教育出版社 1991 年版。

胡兆量等编著：《中国文化地理概述》，北京大学出版社 2009 年版。

王恩涌：《王恩涌文化地理随笔》，商务印书馆 2010 年版。

周振鹤：《中国历史文化区域研究》，复旦大学出版社 1997 年版。

唐晓峰：《文化地理学释义》，学苑出版社 2012 年版。

段连勤：《北狄族与中山国》，河北人民出版社 1982 年版。

吕苏生：《鲜虞中山国事表疆域图说补释》，上海古籍出版社 1993 年版。

何艳杰、曹迎春、冯秀环、刘英：《鲜虞中山国史》，科学出版社 2011 年版。

王素芳、石永士编著：《中山国探秘》，河北教育出版社 2002 年版。

沈长云等：《赵国史稿》，中华书局 2000 年版。

王彩霞：《燕国简史》，紫禁城出版社 2001 年版。

孙继民、郝真良等：《先秦两汉赵文化研究》，方志出版社 2003 年版。

胡克夫、杜荣泉主编：《燕赵文化史稿》，河北教育出版社 2013 年版。

王岗、邓瑞全、曹书杰主编：《中国文化世家（燕赵辽海卷）》，湖北教育出版社 2008 年版。

荣宁：《燕赵文化的嬗变与经济社会发展互动关系》，河北大学出版社 2010 年版。

段宏振：《赵都邯郸城与赵文化》，科学出版社 2009 年版。

张京华：《燕赵文化》，辽宁教育出版社 1998 年版。

秦进才：《燕赵历史文献研究》，中华书局 2005 年版。

卢云：《汉晋文化地理》，陕西人民教育出版社 1991 年版。

修海林：《古乐的沉浮》，山东文艺出版社 1997 年版。

严兰绅主编：《河北通史》，河北人民出版社 2000 年版。

吕思勉：《吕思勉读史札记》，上海古籍出版社 1982 年版。

王子今：《中国盗墓史》，中国广播电视出版社 2000 年版。

史念海：《河山集》，生活·读书·新知三联书店 1963 年版。

邹逸麟主编：《黄淮海平原历史地理》，安徽教育出版社 1997 年版。

罗根泽：《中国文学批评史·隋唐文学批评史》，商务印书馆 1947 年版。

王会昌：《中国文化地理》，华中师范大学出版社 1996 年版。

陈寅恪：《陈寅恪魏晋南北朝史讲演录》，贵州人民出版社 2007 年版。

陈寅恪：《唐代政治史述论稿》，上海古籍出版社 1997 年版。

陈寅恪：《隋唐制度渊源略论稿》，中华书局 1963 年版。

［美］冀朝鼎：《中国历史上的基本经济区与水利事业的发展》，朱诗鳌译，
　　　中国社会科学出版社 1981 年版。

葛全胜等：《中国历朝气候变化》，科学出版社 2011 年版。

陈山：《中国武侠史》，上海三联书店 1992 年版。

韩云波：《中国侠文化：积淀与承传》，重庆出版社 2004 年版。

戴伟华：《唐代幕府与文学》，现代出版社 1990 年版。

陈高华、史卫民：《元上都》，吉林教育出版社 1988 年版。

梁方仲：《中国历代户口、田地、田赋统计》，上海人民出版社 1980 年版。

韩光辉：《北京历史人口地理》，北京大学出版社 1996 年版。

苑书义等主编：《河北经济史》，人民出版社 2003 年版。

方志远：《明代城市与市民文学》，中华书局 2004 年版。

龚鹏程：《侠的精神文化史论》，山东画报出版社 2008 年版。

梁启超：《新民说》，中州古籍出版社 1998 年版。

谭嗣同：《仁学》，中华书局 1958 年版。

《李大钊传》编写组：《李大钊传》，人民出版社 1979 年版。

朱成甲：《李大钊传》，中国社会科学出版社 2009 年版。

朱文通：《李大钊传》，天津古籍出版社 2008 年版。

周红兴、李如鸾编：《李大钊诗浅释》，四川人民出版社 1979 年版。

贾天运：《李大钊研究点滴》，作家出版社 2008 年版。

谢忠厚:《近代河北史要》,河北人民出版社 1990 年版。

殷玮璋:《新出土的太保器及其相关问题》,《考古》1990 年第 1 期。

李玉瑞:《鲜虞人来自何方》,《文物春秋》1994 年第 4 期。

李玉瑞:《再谈鲜虞人来自何方》,《文物春秋》1996 年第 2 期。

吴荣曾:《汉代的亭与邮》,《内蒙古大学学报》(哲学社会科学版)2002
    年第 4 期。

韩云波:《论东汉和三国时期的游侠》,《西南师范大学学报》1995 年第 2 期。

刘勇:《东汉幽州突骑述略》,《首都师范大学学报》1998 年第 5 期。

胡宝国:《汉晋之际的汝颍名士》,《历史研究》1991 年第 5 期。

陈剑:《邺城遗址的勘探发掘与研究》,《四川文物》2005 年第 1 期。

李智君:《文化地理研究的范式转换与中国历史文化地理学》,《中国社会
    科学报》2010 年第 2 期。

刘飞滨:《文人·儒家思想·游侠精神》,《兰州大学学报》(社会科学版)
    2004 年第 4 期。

王晓卫:《北朝鲜卑婚俗考》,《中国史研究》1988 年第 3 期。

朱大渭:《儒家民族观与十六国北朝民族融合及其历史影响》,《中国史研
    究》2004 年第 2 期。

杨亦军:《北朝至唐的"尚武"之变与西域乐舞"东传"》,《北京化工大
    学学报》(社会科学版)2011 年第 2 期。

史念海:《唐代前期关东地区尚武风气的溯源》,《唐史研究会论文集》,陕
    西人民出版社 1983 年版。

邹逸麟:《试论邺都兴起的历史地理背景及其在古都史上的地位》,《中国
    历史地理论丛》1995 年第 1 期。

李梅田:《从洛阳到邺城——北朝墓室画像及象征意义的转变》,《考古与
    文物》2006 年第 2 期。

庄华锋:《北朝时代鲜卑妇女的生活风气》,《民族研究》1994 年第 6 期。

顾乃武、潘艳蕊:《唐代后期河北墓志作品悖流之尚武情怀探析》,《学术
    论坛》2011 年第 6 期。

李浩:《大唐之音　和而不同——以唐代三大地域文学风貌为重心的考

察》，《文学遗产》2005 年第 4 期。

戴伟华：《唐代文学与幕府关系的研究》，《淮阴师范学院学报》2000 年第 2 期。

王岗：《元明时期北京风俗变迁考》，《北京历史文化研究——北京风俗史研究》，燕山出版社 2007 年版。

张岗：《明代北直隶地区的农业经济》，《河北学刊》1989 年第 1 期。

徐黎丽：《略论元代科举考试制度的特点》，《西北师大学报》1998 年第 2 期。

吴洪成、张钰：《明代河北书院述论》，《江西教育学院学报》2013 年第 4 期。

刘虹、张森：《明清河北科举与经济关系刍议》，《河北师范大学学报》（教育科学版）2009 年第 7 期。

申国卿：《燕赵武术文化研究》，《体育科学》2010 年第 4 期。

刘汉杰：《沧州回族武术文化的内聚与外衍——以八极拳的传承、传播为例》，《回族研究》2005 年第 2 期。

韩红雨、邸枫：《"镖不喊沧"地方象征符号与乡村社会秩序》，《河北学刊》2012 年第 4 期。

张琴、董红刚、田雨普：《清代武状元分布与我国区域体育文化差异》，《体育文化导刊》2009 年第 1 期。

于秀萍：《明清时期沧州武术兴盛原因述略》，《沧州师范学院学报》2012 年第 1 期。

晓言：《"铁肩妙手"，出自何人之手?》，《中国广播》2006 年第 7 期。

张同乐：《论李大钊对中国传统文化的批判与继承》，《河北师范大学学报》2000 年第 4 期。

孙洪柏：《论清末民初的侠义之风》，《聊城大学学报》（社会科学版）2011 年第 4 期。

刘大年：《当前近代史研究中的几个理论问题》，《人民日报》1997 年 1 月 11 日。

邵盈午：《论近代尚侠之风的成因》，《徐州师范大学学报》2003 年第 4 期。

孙洪柏：《论中国近代侠士群体的特点》，《山西青年管理干部学院学报》2013 年第 1 期。

丁守伟：《谭嗣同、梁启超、章太炎与近代侠风》，《太原师范学院学报》

2007 年第 3 期。

汪聚应:《唐代侠风与文学》,陕西师范大学博士学位论文,2002 年。

陈旭霞:《燕赵文化脉理探析》,《中华文化论坛》2004 年第 3 期。

崔志远等:《燕赵风骨考论》,《河北师范大学学报》2002 年第 5 期。

魏建震:《由慷慨悲歌的民风到大气坦诚、重信守义的精神》,《河北学刊》
    2006 年第 2 期。

梁世和:《圣贤与豪侠——燕赵人格精神探析》,《河北学刊》2006 年第
    1 期。

李新、王春光:《"燕赵文化精神"成因新探》,《理论纵横》2007 年第 10 期。

后　记

  本书是河北省社会科学发展研究重点课题"任侠与节义：燕赵文化研究"（课题编号：201302003）的研究成果，是作者 2015 年承担的廊坊师范学院出版基金项目（项目编号：LSCB201501）。本课题的研究是在 2007 年河北省社会科学发展研究课题"燕赵文化的几次嬗变与经济社会发展互动关系研究"的基础上展开的。燕赵文化中值得研究的内容与方向很多，本课题侧重的是燕赵儿女身上所展现出来的豪气、任侠的文化现象。在本课题的设计、规划与写作方面，都得到了河北省社会科学联合会副主席曹保刚的关心与支持，特别是在本课题的选题与研究方向上，给予了具体的指导，使本课题的研究内容更加明确、特点更加突出，在此特向曹保刚主席表示衷心的感谢。

  课题初稿完成后，河北省社会科学联合会副主席曹保刚，北京大学教授辛德勇，河北师范大学教授秦进才，廊坊师范学院教授许振东、王玉亮等，都对初稿提出了宝贵的修改意见，促进了课题成果的完善与提高；特别是在 2015 年 8 月 2 日，本课题成果受到河北省委常委、宣传部部长艾文礼的重视，并作出重要批示："研究任侠与节义，很有必要，对于弘扬豪气文化很有益。请利用好研究成果，为文化强省建设服务。"艾文礼部长的批示是对本成果的肯定，是对课题组成员的极大激励。历史文化研究成果能够为河北省经济文化建设服务，完成了史学工作者的社会责任，也使史学研究更具现实意义。本课题组成员始终积极参与到课题的资料收集整理、调研与研究中，认真地完成了各自负责的工作任务，本书诸图由赵金涛老师清绘，为课题的顺利完成，付出了大量的心血；在本成果即将付梓之际，特向给予指导的专家教授、课题组成员和提供出版资金的廊坊师范学院，表示衷心的感谢。

陈新海　荣　宁

2015 年 10 月于榕枞斋